"十四五"时期国家重点出版物出版专项规划项目

深中通道建设关键技术丛书

广东省重点领域研发计划项目（2019B111105002）

钢壳混凝土沉管隧道设计方法和合理关键构造

宋神友　樊健生　徐国平　陈伟乐　聂建国◎著

人民交通出版社股份有限公司

北京

内 容 提 要

本书全面总结钢壳混凝土沉管隧道设计方法和合理关键构造的研究成果，系统介绍钢壳混凝土沉管隧道发展历史，内容涉及钢壳混凝土沉管隧道结构的合理构造与制造要求、型钢抗剪连接件受力性能及设计方法、构件抗弯与抗剪性能及设计方法、混凝土脱空影响及控制标准、抗震分析方法及减振控制等内容，技术先进、内容丰富，是国内首部钢壳混凝土沉管隧道构造、设计与建造方面的专著。

本书可供隧道工程科研、设计、施工人员参考。

图书在版编目(CIP)数据

钢壳混凝土沉管隧道设计方法和合理关键构造 / 宋神友等著. — 北京：人民交通出版社股份有限公司，2023.8

ISBN 978-7-114-18653-0

Ⅰ.①钢… Ⅱ.①宋… Ⅲ.①沉管隧道—隧道工程—设计　Ⅳ.①U459.9

中国国家版本馆 CIP 数据核字(2023)第 034350 号

Gangqiao Hunningtu Chenguan Suidao Sheji Fangfa he Heli Guanjian Gouzao

书　　名：	钢壳混凝土沉管隧道设计方法和合理关键构造
著 作 者：	宋神友　樊健生　徐国平　陈伟乐　聂建国
责任编辑：	朱明周
责任校对：	孙国靖　宋佳时
责任印制：	张　凯
出版发行：	人民交通出版社股份有限公司
地　　址：	(100011)北京市朝阳区安定门外外馆斜街 3 号
网　　址：	http://www.ccpcl.com.cn
销售电话：	(010)59757973
总 经 销：	人民交通出版社股份有限公司发行部
经　　销：	各地新华书店
印　　刷：	北京印匠彩色印刷有限公司
开　　本：	787×1092　1/16
印　　张：	19
字　　数：	412 千
版　　次：	2023 年 8 月　第 1 版
印　　次：	2023 年 8 月　第 1 次印刷
书　　号：	ISBN 978-7-114-18653-0
定　　价：	70.00 元

(有印刷、装订质量问题的图书，由本公司负责调换)

丛书编审委员会

总 顾 问：周 伟　周荣峰　王 太　贾绍明
主　　任：邓小华　黄成造
副 主 任：职雨风　吴玉刚　王康臣
执 行 主 编：陈伟乐　宋神友
副 主 编：刘加平　樊健生　徐国平　代希华　潘 伟　吕卫清
　　　　　吴建成　范传斌　钟辉虹　陈 越　刘亚平　熊建波
专家组成员：
　　综合组：
　　　周 伟　贾绍明　周荣峰　王 太　黄成造　何镜堂
　　　郑健龙　陈毕伍　李 为　苏权科　职雨风　曹晓峰
　　桥梁工程组：
　　　凤懋润　周海涛　秦顺全　张喜刚　张劲泉　邵长宇
　　　陈冠雄　黄建跃　史永吉　葛耀君　贺拴海　沈锐利
　　　吉 林　张 鸿　李军平　胡广瑞　钟显奇
　　岛隧工程组：
　　　徐 光　钱七虎　缪昌文　聂建国　陈湘生　林 鸣
　　　朱合华　陈韶章　王汝凯　蒋树屏　范期锦　吴建成
　　　刘千伟　吴 澎　谢永利　白 云
　　建设管理组：
　　　李 斌　刘永忠　王 璜　王安福　黎 侃　胡利平
　　　罗 琪　孙家伟　苏志东　代希华　杨 阳　王啟铜
　　　崔 岗　马二顺

本书编写组

组　　长：宋神友　樊健生　徐国平　陈伟乐　聂建国
参与人员（以姓氏笔画排序）：

深中通道管理中心
刘　迪　刘　健　许晴爽　张长亮　陈　越
金文良　夏丰勇　席俊杰　黄晓初　彭英俊
赖兆平　熊昊翔

清华大学
刘宇飞　邱盛源　郭宇韬　蒋骋昊

中交公路长大桥建设国家工程研究中心有限公司
马文朔　付佰勇　朱尧于　郭亚唯　郭昊霖

中交公路规划设计院有限公司
邓　斌　刘洪洲　秦辉辉　姬　海　黄清飞

上海市隧道工程轨道交通设计研究院
李　治　余　龙　陈正杰　陈　鸿　贺春宁

序　言

　　深中通道是集超大跨径桥梁、特长双向八车道海底沉管隧道、海中人工岛和水下互通立交为一体的大型跨海交通集群工程，是"十三五"和"十四五"国家重大工程，也是继港珠澳大桥之后又一项世界瞩目的百年工程。深中通道的建设，对广东实现"四个走在全国前列"、当好"两个重要窗口"具有重要战略意义，对构建和完善粤港澳大湾区综合立体交通网络、提高大湾区的"硬联通"和"软联通"水平具有重大意义。

　　深中通道海底隧道长约6.8km，沉管段长约5km，由32个管节和1个最终接头组成，是国内首座、世界规模最大的双钢板-混凝土组合沉管隧道。该沉管隧道工程首次应用了双钢板-混凝土组合结构新形式，极大发挥出双钢板-混凝土组合结构面外抗弯能力强、延性与抗冲击性能好、防水性能优异等优势。与传统钢筋混凝土结构方案相比，组合结构方案对变宽、深埋段适应性更好，结构尺寸更小，航道疏浚量小，适宜工业化建造，仅此一项即节省大量工程成本并减小对海洋环境的影响。钢翼缘板与隔板可作为混凝土浇筑模板，隔仓式结构使得施工中可从顶部预留孔浇筑自密实混凝土，从而实现钢结构制作与混凝土浇筑的场地分离，使得场地选择更为灵活，带来显著的经济效益。总之，沉管结构形式的创新是对钢-混凝土组合结构的重要发展。

　　依托广东省重点领域研发计划"复杂海洋环境下钢壳混凝土沉管隧道建设关键技术"的课题一"钢壳混凝土沉管隧道结构受力机理与设计方法"、课题二"钢壳混凝土沉管隧道结构合理构造"科研成果，本书对深中通道沉管隧道的结构理论、设计与构造等进行了深入的系列研究，具体涵盖结构合理构造与制造要求、连接件受力性能及设计方法、构件抗弯抗剪性能及设计方法、脱空影响及控制标准、抗震分析方法等内容。

　　本书是我国首部关于双钢板-混凝土组合沉管结构设计方法和关键构造的专著，

是工程专家与科研学者集体智慧的结晶。相信本书的出版,可为我国双钢板-混凝土组合沉管隧道建设提供强有力的理论支撑和技术指导,为相关从业工程技术人员及管理人员提供参考。

中国工程院院士
清华大学学术委员会主任
中国工程院土木、水利与建筑工程学部主任
清华大学土木工程安全与耐久教育部重点实验室主任
清华大学未来城填与基础设施研究院院长
2023 年 7 月

前　言

深中通道是世界首例集超宽钢壳混凝土沉管隧道、深水人工岛、超大跨桥梁、水下枢纽互通立交于一体的世界级超级工程,路线全长24.0km,采用双向八车道技术标准。为适应项目建设条件及技术特点,深中通道采用了世界首例双向八车道钢壳混凝土沉管隧道,是世界综合技术难度最高的跨海通道之一。

深中通道建设过程之中,深中通道管理中心、中交公路规划设计院有限公司、中交公路长大桥建设国家工程研究中心有限公司、上海市隧道工程轨道交通设计研究院、清华大学等单位勠力合作,实现钢壳混凝土沉管隧道在我国内地的首次应用,解决了受力复杂、机理不明的理论难题,克服了缺少设计规范、施工经验、质量验评标准等技术难题,打造一流的跨海集群基础设施,引领交通基础设施建设行业高质量发展,提升国家竞争力,为"交通强国"与"一带一路"建设提供有力支撑。

本书全面总结钢壳混凝土沉管隧道设计方法和合理关键构造的技术成果,系统介绍钢壳混凝土沉管隧道发展历史,内容涵盖钢壳混凝土沉管隧道结构的合理构造与制造要求、型钢抗剪连接件受力性能及设计方法、构件抗弯抗剪性能及设计方法、混凝土脱空影响及控制标准、抗震分析方法及减振控制等内容,技术先进、内容丰富,是国内首部钢壳混凝土沉管隧道构造、设计与建造方面的专著。

由于编者水平有限与时间紧迫,书中难免有错误与不妥之处,恳请读者批评指正。

作　者
2023年7月

目　　录

第 1 章　绪论 1
1.1　双钢板-混凝土组合结构的发展 1
1.2　本书主要内容 5
1.3　统一设计流程 7

第 2 章　钢壳混凝土沉管隧道发展历程 9
2.1　日本钢壳混凝土沉管隧道技术的发展 9
2.2　欧美钢壳混凝土沉管隧道技术的发展 11
2.3　钢壳混凝土沉管隧道在国内的应用——深中通道项目 13

第 3 章　深中通道沉管隧道合理构造与制造要求研究 17
3.1　钢壳混凝土沉管隧道合理构造 17
3.2　适宜连接件形式 26
3.3　受压翼缘适宜加劲形式 32
3.4　钢壳混凝土沉管结构合理工艺孔构造及浇筑工艺 37
3.5　沉管隧道管节钢壳制造技术要求 55
3.6　本章小结 58

第 4 章　型钢抗剪连接件受力性能及设计方法 60
4.1　连接件试验分析 60
4.2　连接件有限元分析 92
4.3　连接件承载力计算方法 96
4.4　考虑滑移效应的弹性应力分析 106
4.5　本章小结 118

第 5 章　构件抗弯性能及设计方法 119
5.1　性能试验 119
5.2　有限元分析 129
5.3　承载力计算方法 132

I

5.4 本章小结 ··· 138

第6章 构件抗剪性能及设计方法 ·· 139
6.1 试验分析 ··· 139
6.2 有限元计算 ··· 150
6.3 承载力计算方法 ··· 153
6.4 本章小结 ··· 163

第7章 混凝土脱空影响及控制标准 ·· 164
7.1 日本钢壳混凝土沉管管节制作情况及控制标准 ··································· 164
7.2 混凝土浇筑缺陷影响下的抗剪连接件承载力与刚度 ··························· 167
7.3 脱空控制标准 ··· 179
7.4 本章小结 ··· 182

第8章 超长沉管隧道抗震分析方法与减振控制 ·· 184
8.1 超长沉管隧道整体宏观模型及参数变化优选分析 ······························ 184
8.2 超长沉管隧道动力参数变化段的三维精细化分析 ······························ 230
8.3 超长钢壳混凝土沉管隧道减振控制技术研发 ······································ 274
8.4 本章小结 ··· 284

第9章 总结与展望 ·· 286

参考文献 ··· 287

第 1 章 绪 论

钢壳混凝土沉管是一种用于水下隧道工程的结构形式。一方面,与预应力混凝土方案、钢筋混凝土方案相比,钢壳混凝土沉管隧道结构具有承载能力强、防水性能好、预制场地要求低、施工速度快等显著优点,可降低结构全断面高度,减少疏浚量,适应超宽、变宽隧道结构,具有良好的应用优势及广阔的应用场景;另一方面,钢壳混凝土沉管隧道受力机制复杂,整体处于空间受力状态,存在多种弯剪传力机制。目前,我国内地尚无竣工的钢壳混凝土沉管隧道实例,设计方法很不成熟。国际上针对沉管隧道的研究主要见于美国、欧洲与日本,研究者研发了双钢板-混凝土组合结构等综合性能优秀的结构形式。本书通过理论研究、数值模拟、模型试验等多种研究方式,深入分析钢壳混凝土结构弯剪受力机理,形成了一套考虑结构弯剪受力、连接件受力与钢-混凝土界面脱空的钢壳混凝土沉管结构统一设计理论与方法,并分析了该结构的关键合理构造。

1.1 双钢板-混凝土组合结构的发展

钢壳混凝土沉管隧道结构是一种新型结构形式,相关研究和报道较少,属于双钢板-混凝土组合结构的一个新的分支。

1.1.1 剪力连接件与整体受剪性能

20世纪初提出的钢壳混凝土结构的受力主体为钢筋混凝土,钢壳主要用作防水与混凝土浇筑时的模板,这种结构还不能称为双钢板-混凝土组合结构[1-2]。20世纪70年代,如图1-1a)、b)所示的无界面连接、环氧树脂连接的双钢板-混凝土组合结构被先后提出(作为建筑楼板与桥梁结构使用)。研究发现这两种结构抗剪能力很弱,相当于素混凝土梁[3-5],由于界面上只有黏结作用,结构的组合性能很差。

20世纪末,交错栓钉式双钢板-混凝土组合结构、Bi-Steel(双钢板-混凝土)组合结构等沉管隧道结构被先后提出。研究发现,交错栓钉式、Bi-Steel(双钢板-混凝土)组合结构在承受面外剪力时,相比于无连接措施的双钢板-混凝土组合结构提升明显,其性能同配有腹筋的钢筋混凝土相似,此时,交错栓钉和焊接钢筋相当于钢筋混凝土中的腹筋,充当抗剪桁架模型中的拉杆;在计算抗剪承载力时,可参考混凝土设计理论,对混凝土部分(考虑集料咬合等作用)和钢筋部分的抗剪承载力求和,得到整体抗剪承载力[6-7]。对于双钢板-混凝土组合结构,由于相关试验较少,规范中建议按照钢筋混凝土理论,将隔板视为钢筋,按照只配置纵向隔板和横向隔板两种情况分别计算抗剪承载力,并取两种情况下的较大值作为设计承载力[8]。后文将详细介绍欧洲、日本规范对于双钢板-混凝土组合结构面外抗剪计算的规定。

近年来,具有不同界面连接形式的双钢板-混凝土组合结构被相继提出。为了方便施工,解决双钢板-混凝土组合结构尺寸受制造装备限制等问题,Liew、Yan等提出了如图1-1e)所示的互锁J形钩式双钢板-混凝土组合结构[4]。基于对互锁J形钩式双钢板-混凝土组合结构的受剪性能研究以及同类似结构的对比,Yan等[9-11]发现钢翼缘销栓对结构剪切承载能力有重要影响,现有规范[6]采用的是Eurocode 2规范[3]中的剪力设计方法,对于试验中的抗剪承载力预测偏于保守。如图1-1f)、g)所示,Leng等[12-15]提出了槽钢+栓钉、钢筋+栓钉的混合界面连接双钢板-混凝土组合结构,其中槽钢、钢筋连接内外钢板并参与抗剪,栓钉作为钢-混凝土界面剪力连接件。Leng等分别进行了简支梁与连续梁的剪切试验,提出了双钢板-混凝土组合结构的深梁(剪跨比小于2)与细长梁(剪跨比大于或等于2)抗剪模型;深梁中的剪力可以通过从加载点到支点的混凝土压杆直接传递;深梁与细长梁受剪时剪切裂缝下端的钢板屈服,通过销栓作用提供竖向抗剪能力,其贡献较大,不能忽略。Leekitwattana等[16]提出了表面设置波形钢条的双钢板-混凝土组合结构[图1-1h)]并推导了抗剪刚度。刘进[17]等基于核工程用双钢板-混凝土组合结构,研究了其面外抗剪性能,发现结构轴向受压能减缓混凝土裂缝发展从而提升抗剪能力。此外,Yan等[9-10,18]还对适用于海洋浮体的曲形双钢板-混凝土组合结构剪切性能进行了研究,分析了曲率、界面连接程度等因素的影响。

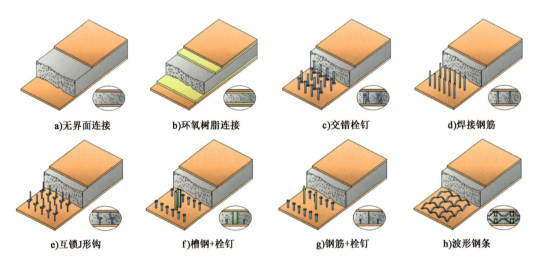

图1-1 不同形式的双钢板-混凝土组合结构

1.1.2 受弯性能

双钢板-混凝土组合结构的受弯机理与受剪机理相比相对简单,相关规范[6-8]基本采用经典的基于截面平衡的塑性设计法,即考虑材料延性较好,塑性完全发展,按照设计强度与截面轴向应力平衡计算极限弯矩。Xie 等[19]对双钢板-混凝土组合结构进行了受弯试验,发现结构可能会发生钢板拉坏、腹筋剪坏、腹筋拉坏等,受弯设计时需要保证钢板受拉破坏,此时结构延性较好。Wang 等[20]对未配置抗剪连接件的双钢板-混凝土组合结构进行了研究,试件四周通过钢端板封闭,外部通过气袋加载以模拟均布荷载条件,研究发现钢端板可以使钢-混凝土共同工作,抗弯承载力基本不折减。Yan 等[21-24]通过试验对比研究了配置不同连接件的双钢板-混凝土组合结构的受弯性能,研究发现连接件抗拔能力较弱时可能无法限制屈曲发展,从而影响结构受弯性能。杨悦[25]、卢显滨[26]等研究核工程用双钢板-混凝土组合结构的受弯,发现完全剪力连接的双钢板-混凝土组合结构受力良好,弯曲破坏与钢筋混凝土适筋梁相似;部分剪力连接的双钢板-混凝土组合结构可能出现连接件剪断而脆性破坏的现象;如果连接件间距过大,受压钢板会发生局部失稳。Wright 等[27-29]对部分剪力连接双钢板-混凝土组合结构进行了研究,提出了考虑界面滑移效应与混凝土开裂的受弯理论模型。

1.1.3 数值分析

数值分析是结构分析的重要手段。栖原寿郎[30-32]等建立了使用型钢连接件的双钢板-混凝土组合结构的非线性有限元模型,采用二维三角形单元,采用固定转角模型模拟混凝土开裂并用最大拉应力控制。Sohel[33]、Huang[34]等针对互锁 J 形钩式双钢板-混凝土组合结构建立了非线性有限元模型,可以考虑轴心压力、端弯矩、冲击荷载等效应。这些有限元模型可在 LS-DYNA[35]、ABAQUS[36]等通用软件中实现,模拟得到的破坏模式、力-位移曲线、力-应变曲线和最大变形都与试验较好符合。在此类双钢板-混凝土组合结构的建模中,连接件模拟是关键,可以通过两个栓钉加一个非线性弹簧模拟 J 形钩,有效地减少结构单元数量[10-11,18]。Foundoukos 等[37]针对双钢板-混凝土组合结构建立了非线性有限元模型,重点考虑了连接件附近的混凝土损伤模拟,与试验结果吻合良好。Yan 等[11,21-24]针对在海洋环境中使用的双钢板-混凝土组合结构提出了三维塑性损伤模型,可以考虑冰块撞击的局部冲切荷载,分析中考虑了不同弧度和曲率的影响,并与现有试验进行了对照。

1.1.4 其他研究

为了提高双钢板-混凝土组合结构在海洋工程浮体结构中的适用性,Liew[4]等将轻集料混凝土应用到双钢板-混凝土组合结构中,进行了相关试验,发现其承载力一般高于已有理论预测值,且在混凝土中掺加少量纤维可以较大地提高结构的延性。海洋工程浮体结构可能受到冰块等物体的撞击,有学者[38]研究了双钢板-混凝土组合结构的抗爆炸冲击性能,进行了试验,推导了理论计算方法。研究[5]发现当双层钢板间有可靠的连接措施时,结构的抗爆炸冲击性能较好,当连接不可靠时(如交错式双钢板-混凝土组合结构),结构承受爆炸冲击时混凝土发生断裂,结构分离,性能较差。此外,结构厚度对爆炸冲击性能有重要影响[39]。在冲切作用下,双钢板-混凝土组合结构的承载力与钢板厚度、混凝土中纤维掺量等因素的相关性较强;曲形双钢板-混凝土组合结构(用于海上浮体)出现剪切破坏时,曲率、结构厚度等因素对承载力的影响较大[11,21-24]。使用轻集料混凝土时,结构可以满足标准冰块冲切荷载下的设计要求[40]。海洋结构在正常使用状态下一般不会发生冲切破坏,但考虑到交通工程的不确定性以及海底隧道的安全性,应当适当考虑冲切破坏形式[21-23]。还有学者[41]对双钢板-混凝土组合结构的抗疲劳能力进行了研究,这里不再赘述。

总结上述研究,当双钢板-混凝土组合结构的内外钢板之间没有良好的连接措施时,结构在剪切、冲击、爆炸荷载下表现较差,内、外钢板连接措施对结构在相关工况下的强度提升效果显著;钢面板对抗剪、抗冲击、抗爆性能的贡献较大,抗剪承载力中不能忽略销栓作用。承受弯矩时,完全剪力连接的双钢板-混凝土组合结构可按塑性理论设计,部分剪力连接时要考虑相关折减;钢隔板/端板可以提供较强的剪力连接作用。设计中要注意连接件间距适当,以考虑钢板的局部稳定性。

对于钢壳混凝土组合沉管隧道结构的设计,目前可供参考的标准、指南主要有:

①日本土木学会1992年出版的《鋼コンクリートサンドイッチ構造設計指針(案)》[8],针对隔仓式组合沉管隧道结构。

②英国钢结构协会1994年出版的 *Design Guide for Steel-Concrete-Steel Sandwich Construction, Volume 1: General Principles and Rules for Basic Elements*[6],主要针对以栓钉为连接件的双钢板-混凝土组合结构。

③英国钢铁公司1999年出版的 *Bi-Steel Design and Construction Guide*[7],主要针对以钢筋为连接件的双钢板-混凝土组合结构。

传统双钢板-混凝土组合结构的设计方法不能直接应用于钢壳混凝土沉管隧道。抗剪连接件方面,以往研究多集中在栓钉、互锁J形钩、钢筋等形式的连接件,需要针对型钢等新形式连接件开展针对性研究。受弯方面,隧道中的结构近似处于平面应变状态,需要考虑多轴应力的影响,还需要关注由施工工序导致的结构缺陷。受剪方面,双钢板-混凝土组合结构中的双向隔板构造不同于一般结构中的只在轴向受力的一维连接件(如钢筋、槽钢等);连续二维板件的受力机制更为复杂,存在多种剪力传递途径,对抗剪性能有重要影响。数值研究方面,需要开发针对此种特殊结构形式的模型并进一步展开数值分析。对于钢壳混凝土沉管隧道结构这一新型结构形式,由于试验量不足,相关研究不够深入,日本规范给出的设计方法基本沿用了钢筋混凝土结构设计方法。

鉴于已有研究与相关方法的不足,对于钢壳混凝土沉管隧道结构的设计,亟待解决的问题有:

①在抗剪连接件设计方面,须研究抗剪连接件规格、混凝土流通、混凝土及钢板受力状态等对钢-混凝土连接性能的影响,提出适宜的抗剪连接件形式以及抗剪承载力计算公式。

②在抗弯设计方面,须研究钢板厚度、混凝土浇筑缺陷等对构件抗弯性能的影响,明确横

隔板抗弯贡献,提出组合构件抗弯承载力计算公式以及最小钢板厚度、抗剪连接件间距最大限值等构造要求。

③在抗剪设计方面,须研究剪跨比、纵/横隔板布置形式等对构件抗剪性能的影响,提出组合构件抗剪承载力、弯剪承载力的计算公式以及纵/横隔板适宜布置形式。

④须研究钢壳混凝土沉管隧道适宜的节点连接构造及设计方法,以确保节点强度不低于连接构件强度。

⑤解决钢壳混凝土沉管隧道的纵向结构体系选型、基础形式及刚度过渡控制等关键问题。

此外,有待开发针对双钢板-混凝土组合结构的数值模型,以对结构受力性能进行更深入的分析,明确不同参数的影响,为工程结构设计提供参考。

1.2 本书主要内容

围绕钢壳混凝土沉管隧道结构的受力机理及计算方法关键问题,本书主要讨论以下3项主要内容:

1) 钢壳混凝土结构构件受力机理及设计方法

(1) 钢壳混凝土结构抗剪连接件受力性能及设计方法研究

通过模型试验、数值模拟、理论分析等方法,研究抗剪连接件类型及尺寸、抗剪连接件是否设置开孔(以保证混凝土流通)、混凝土强度、混凝土及钢板受力状态(模拟受压侧或受拉侧)等对钢-混凝土连接性能的影响,提出适宜的抗剪连接件形式以及抗剪承载力计算公式。

(2) 钢壳混凝土结构抗弯性能及设计方法研究

通过模型试验、数值模拟、理论分析等方法,研究顶、底钢板厚度(少筋梁、适筋梁、超筋梁)、纯弯段抗剪连接件布置间距(受压钢板局部屈曲)、混凝土浇筑缺陷、混凝土浇筑方式(是否设置支撑结构)等对钢壳混凝土结构抗弯性能的影响,研究结构尺寸效应对抗弯承载力的影响,提出钢壳混凝土结构抗弯承载力计算公式以及最小钢板厚度、抗剪连接件间距最大限值等构造要求,研究钢壳混凝土沉管隧道质量检验标准。

(3) 钢壳混凝土结构抗剪性能及设计方法研究

通过模型试验、数值模拟、理论分析等方法,研究剪跨比及纵、横隔板布置形式等对钢壳混凝土结构抗剪性能的影响,纵、横隔板布置形式主要包括是否设置纵隔板与横隔板、横隔板厚度及布置间距、纵隔板厚度、隔板是否设置抗剪连接件、隔板是否设置连通孔等。在此基础上,提出钢壳混凝土结构抗剪承载力、弯剪承载力的计算公式以及纵、横隔板的适宜布置形式。

(4) 钢壳混凝土结构节点受力性能研究

通过模型试验、数值模拟等方法,研究钢壳混凝土结构节点受力性能,提出适宜的节点连接构造及设计方法,确保节点强度不低于连接构件强度。

2）钢壳混凝土沉管隧道适宜结构形式及设计方法

（1）钢壳混凝土沉管隧道管节适宜结构形式研究

针对深圳至中山跨江通道项目（简称"深中通道"）钢壳混凝土沉管隧道建设条件，通过数值模拟分析，比选、优化管节壁厚、纵隔板与横隔板布置及结构形式、钢板厚度、抗剪连接件布置等，优化管节组合结构配置方式，确定管节适宜结构形式；在此基础上，开展钢壳混凝土沉管隧道管节缩尺模型试验，结合数值分析，研究管节结构的力学特性及传力行为，检验结构的承载能力、受力特点与破坏形态，验证其安全储备；探究关键节点和构造的合理性与可靠性，并观测钢板与混凝土的组合作用、力学行为，为工程设计、施工提供依据和参考。

（2）钢壳混凝土沉管隧道纵向结构体系研究

根据深中通道建设条件，分析钢壳混凝土沉管隧道的纵向受力模式，提出适宜的纵向受力分析方法，确定管节接头指标要求，分析接头形式、管节长度和管节类型（整体式或节段式）的匹配性。

（3）钢壳混凝土沉管隧道基础形式及刚度过渡控制技术研究

根据深中通道隧道所处的大回淤、强径流的建设条件，考虑回淤影响、基础与结构的相互作用，开展钢壳混凝土沉管隧道横断面数值分析及纵向沉降分析，根据需要适时开展垫层的小范围模型试验，为沉管隧道纵向、横向分析提供准确的地基刚度输入；基于管节接头剪力的受力要求，提出纵向差异沉降控制目标及刚度过渡控制技术；优化沉管隧道的基础形式及合理布置，研究钢壳混凝土沉管内附属构造及相应施工工艺要求。

3）超长沉管隧道抗震分析方法与减振控制技术

（1）超长沉管隧道整体宏观模型及参数变化优选分析

针对刚性整体式管节分段与柔性地基参数变化必须尽可能相匹配的工程难题，建立全长沉管隧道-地基系统的多质点-弹簧宏观力学模型及分析方法，在综合考虑多点非一致地震激励效应以及管节接头动力性能分析模型的基础上，开展多工况参数化数值模拟分析，系统研究整体式管节分段长度与地基参数之间的关联性，优化钢壳混凝土沉管隧道的整体式管节长度及合理布置方式，揭示地基参数变化对沉管隧道动力响应的影响机制，从而为超长沉管隧道结构优化设计提供指导。

（2）超长沉管隧道动力参数变化段的三维精细化分析

针对深中通道沉管隧道斜坡段动力参数变化的不利条件，根据工程场地实际地质、地形情况，建立斜坡段钢壳混凝土沉管隧道土-结构动力相互作用的局部三维精细化有限元模型及分析方法，探明斜坡段沉管隧道结构及接头在不同地震动输入条件下的动力响应规律，评价沉管隧道动力参数变化段的抗震性能及设计合理性。

（3）超长钢壳混凝土沉管隧道减振控制技术研发

通过数值模拟手段进行不同减振控制技术的钢壳混凝土沉管隧道地震响应研究，提出沉管隧道减振方法及关键装置的合理构造，探讨钢壳混凝土沉管隧道结构中减振耗能装置的适用性及其耗能效率，形成有效的钢壳混凝土沉管隧道减振控制技术。

1.3 统一设计流程

在隧道结构设计中,由于横向跨度小、横向为主要受力方向、纵向受力不控制设计,相关规范一般只对横向受力进行较为详细的规定。此外,沉管隧道施工一般分为若干个管节,最后再连为一体,施工期及使用期都主要是横向受力;考虑尺寸效应、地震时,纵向受力会受一些影响。考虑上述因素,典型钢壳混凝土沉管隧道结构横向受力设计流程如图1-2所示。

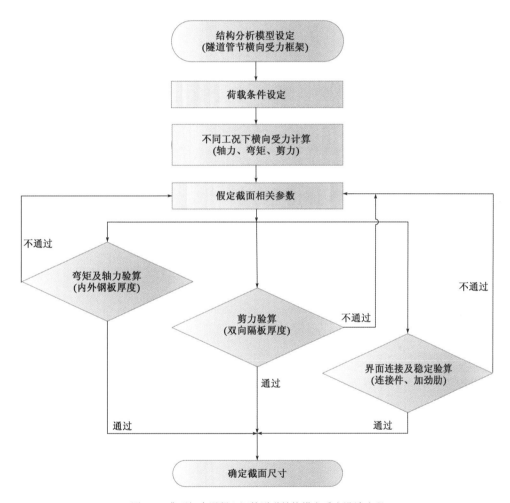

图1-2 典型钢壳混凝土沉管隧道结构横向受力设计流程

结构内力分析模型一般为横向管节受力框架,可取代表性部分建模(如沿隧道纵向取1m长的结构)。模型中,双钢板-混凝土组合结构的刚度可根据初步计算得到的弯矩图(对于受拉区开裂混凝土不考虑刚度)进一步修正,计算得到的内力一般较为准确。因此,相对于承载力来说,刚度问题一般不是研究重点。设计时,基于横向管节受力框架模型,施加外荷载,计算得到结构内力;随后假定截面参数(主要为各钢板厚度),分别进行轴力、弯矩、剪力的验算。隧道结构轴力较小,一般不控制设计,受拉方向只考虑钢板承载力,受压方向考虑钢板和混凝土强度叠加;构件面外弯、剪性能的验算是重点,跨中部分弯矩较大,节点部分弯矩、剪力都较大,需要对不同部位的控制截面进行验算,进行变截面、变厚度设计,以提高结构效率与经济性。对于双钢板-混凝土组合结构,还需要验算钢-混凝土界面连接性能、弯矩作用下受压钢板的局部稳定性能。其中,界面设计时,要求实现完全剪力连接,可按不允许屈曲或允许屈曲进行局部稳定性设计,如果允许屈曲则需要进行折减。此外,双钢板-混凝土组合结构中,混凝土处于钢板的有效包裹中,混凝土开裂后不存在防水和耐久性问题,一般可不进行抗裂设计。

第 2 章　钢壳混凝土沉管隧道发展历程

为了跨越江河的阻隔，人们修建各种各样的桥梁来满足交通需要，还修建了许多跨海湾、海峡、大江河的水下隧道。沉埋管节法（简称"沉管法"），也称预制管节沉放法，是在干船坞内或大型驳船上先预制钢筋混凝土管节或全钢管节，然后浮运到指定的水域，再下水沉埋到设计位置固定，建成过江隧道或大型水下空间。这种修建隧道的技术因其显著的优点而被广泛采用。

沉管隧道源于美国，兴盛于欧洲与日本。沉管隧道的管节结构大致可分为钢筋混凝土与钢壳混凝土两类。这两类沉管隧道在世界上均有不少应用，美国以钢壳混凝土结构为主，欧洲以钢筋混凝土结构为主，日本则兼而有之。选择何种形式，主要取决于国家及地区的习惯、经验、施工设备、材料供给、工程地质条件、水深条件、作用荷载等因素。钢壳管节的建造可以依托船舶制造技术，而美国和日本的造船业较先进，为钢壳混凝土沉管隧道在这两个国家的发展奠定了基础。日本国土面积狭小，隧址附近能用于建造干坞的场地有限，而采用钢壳混凝土管节可以在浮运和沉放前浇筑混凝土，节省施工占地，也能降低地震作用下隧道破坏的风险。荷兰等西欧国家修建水下隧道时一般采用普通的钢筋混凝土管节，它们在管节制造技术方面有独到之处，在混凝土作业时坚持高标准，在混凝土原材料的组成、降低温差、收缩补强、模板选择方面采取相应的措施。

2.1　日本钢壳混凝土沉管隧道技术的发展

钢壳混凝土结构包括单层钢壳混凝土与双层钢壳混凝土两种形式。传统的钢壳混凝土沉管隧道的结构计算中，均不考虑将钢壳作为受力构件，仅当作防腐保护层与压舱抗浮构件。1988 年，日本提出了一种由钢壳、隔板、肋板和内填充混凝土组成的双钢板-混凝土组合结构，如图 2-1 所示，首次将钢壳用作受力构件，参与沉管结构的承载。随着高流动自密实混凝土技术的发展，该结构在日本得到了较广泛应用，先后应用于神户港港岛隧道（1999 年）、那霸隧道（2011 年）及新若户隧道（2012 年）。

双钢板-混凝土组合结构是一种在双面钢板间充填混凝土，并通过焊在钢板上的连接件将钢板与混凝土组合成整体而共同受力的结构形式，在国外被称为"SCS 组合结构"（Steel-Concrete-Steel Sandwich Composite Construction）或"DCS 组合结构"（Double Skin Composite Construction），国内又称其为"钢板夹心混凝土组合结构"。

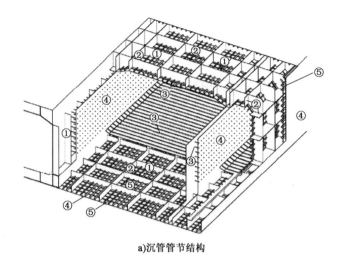

a) 沉管管节结构

①-腹板；②-隔板；③-肋板；④-面板；⑤-剪力连接件

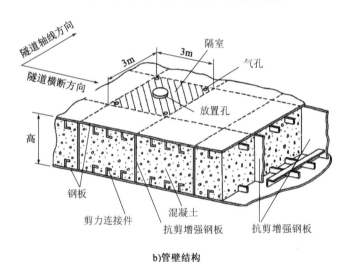

b) 管壁结构

图 2-1　日本双钢板-混凝土组合结构

在这种结构中,钢板主要用于承受拉力,并对内部混凝土有一定的约束作用,还能够抗渗、抗裂;连接件主要用于传递钢板与混凝土之间的界面剪力,并有较强的抗拔作用,能够提高钢板的稳定性;内部的混凝土主要用于承受压力,并对钢板起到很强的约束作用,防止钢板失稳。双钢板-混凝土组合结构是钢与混凝土组合结构的一种新的结构形式,具有材料应用率高、承载能力强、抗震性能好、耐久能力强等显著优点。

相比钢筋混凝土沉管结构,日本的双钢板-混凝土组合结构具有以下特点:

①减少混凝土和用钢量,节约成本。

②钢壳制作与混凝土浇筑场地分离,选址更加灵活,利于降低预制场成本。

③研制中高流动性、自密实混凝土,可大大降低现场的施工难度。

④钢壳外包方式可大大提高管节的防水性能。

⑤混凝土浇筑时不需要模板安装拆除作业,管节预制工期大大缩短。

⑥可选用先铺碎石基床,也可选用后铺压砂(或压浆法),这同项目地质、水文、气象等条件和当地设备能力、施工优势有关。

⑦基础形式可选用换填碎石、挤密砂桩、水泥深层搅拌(Cement Deep Mixing,CDM)桩、钢管桩、预制桩等,具体要结合地质条件、当地施工能力与优势来确定。

总之,与钢筋混凝土结构相比,钢壳混凝土结构规模相对较小,承载能力更强。同样的断面尺寸,通过设置钢壳能抵抗较大的荷载作用,减少不均匀沉降,抗震适应性更好。同时,由钢板焊接而成的钢壳既可作为施工期混凝土浇筑的模板,也可在运营期起到承载与防水的双重作用,确保隧道安全可靠,这也是美国和日本一直以来推崇并采用钢壳混凝土沉管隧道的主要原因之一。施工方面,由于钢壳的存在,钢壳混凝土沉管管节的预制方式与钢筋混凝土沉管管节有着较大差别。

依托神户港港岛隧道的建设,日本对双钢板-混凝土组合结构的受力性能、设计方法、构造要求、高流动自密实混凝土配制、沉管预制工艺等开展了系列试验研究,于1992年颁布了《鋼コンクリートサンドイッチ構造設計指針(案)》。

2.2 欧美钢壳混凝土沉管隧道技术的发展

在日本提出双钢板-混凝土组合结构的同期,英国Tomlinson公司于1986年在威尔士跨Conwy河沉管隧道项目中也提出了类似的结构形式。如图2-2、图2-3所示,在内、外钢板上分别焊接长栓钉,这些连接件需要以不同的水平投影位置焊在每一块钢板上,在长度方向互不接触地搭接,将两块钢板固定之后,向其中填充混凝土。这种方法施工困难,不便操作,很难保证两块钢板之间的精确距离,而且逐个焊接栓钉将花费大量的时间和人力。因此,该方案最终并未被Conwy河沉管隧道项目所采用,但其优点还是被认可的。

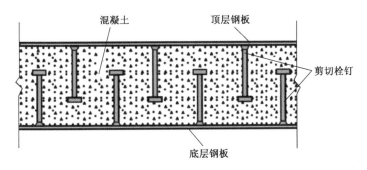

图2-2 英国双钢板-混凝土组合结构

鉴于此结构具有的优越性能,欧洲煤钢共同体从1990年至1997年对该结构性能的研究给予持续支持,主要研究工作由威尔士Cardiff大学承担[27-29]。在此基础上,英国钢结构协会于1994年制定了双钢板-混凝土组合结构的设计规范。

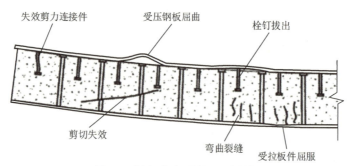

图 2-3 英国双钢板-混凝土组合结构

为了简化栓钉的焊接工作,英国 Corus 公司在 1998 年提出了一种新型双钢板-混凝土组合结构——Bi-Steel[42]。它采用横向短钢筋代替栓钉作为抗剪连接件,利用旋转摩擦施焊技术,将短钢筋两端分别与两侧钢板相连,如图 2-4 所示。双钢板在工厂中可以预先定位成型,方便运输和混凝土浇筑。由于双钢板的焊接可以通过专业设备高效完成,从而简化了工艺,有利于节约时间。不过受到焊接机器的限制,所制造的钢结构模块尺寸存在一定的局限。

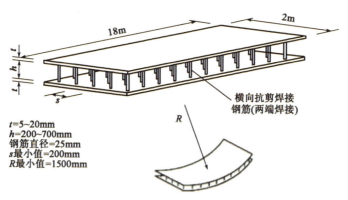

a) Bi-Steel 钢结构尺寸要求

b) Bi-Steel 钢结构加工

c) 加工成型的 Bi-Steel 钢板

图 2-4 Bi-Steel 型板

近年来，这种以栓钉或对焊短钢筋为连接件的双钢板-混凝土组合结构在国内外得到了广泛的关注和研究，已广泛应用于核安全壳、高层建筑剪力墙、防爆工程等领域。然而，尚未应用于水下隧道中，主要原因在于管节结构的制造存在困难。对于以栓钉为连接件的双钢板-混凝土组合结构，钢板面外刚度小，为满足混凝土浇筑要求，钢板需设置足够多的加劲肋或外部支撑，如图2-5所示；对于以对焊短钢筋为连接件的双钢板-混凝土组合结构，由于专用制造设备能力有限，结构厚度不得超过700mm，钢板厚度不得大于20mm，这对大型沉管隧道是远远不够的。

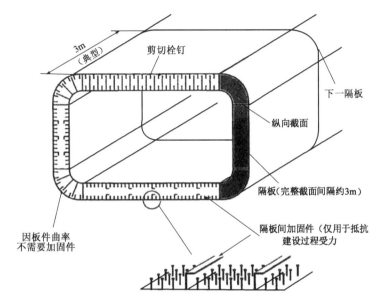

图 2-5 采用栓钉连接件的双钢板-混凝土组合结构

对比图2-2和图2-5可见，日本提出的以角钢为连接件、以纵钢板和横钢板为隔板的双钢板-混凝土组合结构很好地解决了沉管结构在施工期和运营期的受力要求：在施工期，纵、横隔板将内外面板连成整体，角钢对面板起到加劲肋的作用；在运营期，纵、横隔板与内外面板协同参与结构受力，角钢作为连接件保证钢与混凝土共同工作。由于钢结构各组成部件在施工期和运营期均充分发挥了材料性能，最大程度节约成本、方便施工，因此日本提出的钢壳混凝土结构在沉管隧道建设中具有广阔的应用前景。

2.3 钢壳混凝土沉管隧道在国内的应用——深中通道项目

深中通道位于珠江三角洲核心区域，北距虎门大桥约30km，南距港珠澳大桥约38km。项目起于深圳市宝安区广深沿江高速公路机场互通立交，通过广深沿江高速公路支线与机荷高速公路对接，向西跨越珠江口，在中山市马鞍岛登陆，终于横门互通，与规划建设的中开高速公路对接，并通过中山市东部外环高速公路对接江中高速公路。本项目推荐工程方案路线全长约24km。

2015年11月,交通运输部批复同意建设深中通道,并推荐A3方案,下阶段进一步论证确定桥隧建设方案。工程可行性研究阶段推荐采用以桥梁跨越伶仃航道、以沉管隧道穿越矾石航道的方案,并暂按钢壳混凝土沉管隧道控制建设和投资规模。2015年12月,国家发展和改革委员会批复同意建设深中通道并采用东隧西桥方案,要求进一步优化特长隧道和人工岛等建设方案,切实做好水下变截面大跨度隧道和海中锚碇设计施工关键技术研究。

2016年3月,深中通道勘察设计招标文件要求以国际方案竞赛优胜方案为基础开展初步设计。项目建设目标为"建世界一流可持续跨海通道、创珠江口百年门户工程"和"安全、优质;智慧、高效;耐久、经济;环保、美观"。2016年初,广东省政府安排深中通道主体工程年底开工,4月底各合同段设计团队进场开展现场设计。面对如此复杂和高难度的隧道工程,要如期实现建设目标和计划安排,必须针对水下变截面大跨度隧道等重大关键技术开展攻关研究。

推荐线位起于深圳侧东人工岛,向西依次下穿大铲航道、机场支航道、矾石水道,终于西人工岛桥隧分界里程。隧道全长6845m,其中沉管段长5035m,推荐采用整体式纵向刚性管节方案,纵断面如图2-6所示。

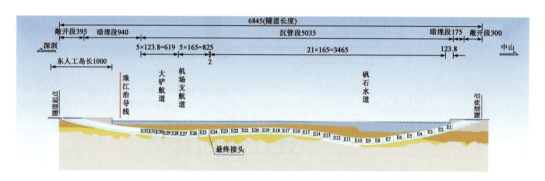

图2-6 沉管隧道纵断面设计(尺寸单位:m)

深中通道沉管隧道具有大回淤、高水压、地质条件复杂、超长超宽、变截面曲线管节长度长等特点:

①最大回淤厚度为18m,回淤速度超过5cm/d。

②最大水头为38m。

③斜坡段深厚淤泥层与中间段起伏风化岩层广泛分布。

④标准沉管段长5035m,双向八车道,宽46.0m。

⑤曲线管节长度为615m,最大宽度为55.46m。

因而,管节结构选型与纵向结构体系成为隧道建设的关键技术问题。

与预应力混凝土方案(图2-7)、钢筋混凝土方案(图2-8)相比,钢壳混凝土方案(图2-9)具有承载能力强、防水性能好、预制厂地要求低、施工速度快等显著优点。然而,考虑钢壳参与管节受力的钢壳混凝土沉管隧道只在日本那霸隧道、新若户隧道等个别工程中得到过应用,大量技术细节还处于未公开状态。

第2章　钢壳混凝土沉管隧道发展历程

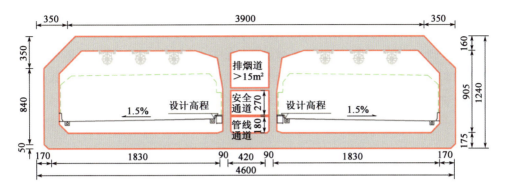

图 2-7　预应力混凝土管节横断面(尺寸单位：cm)

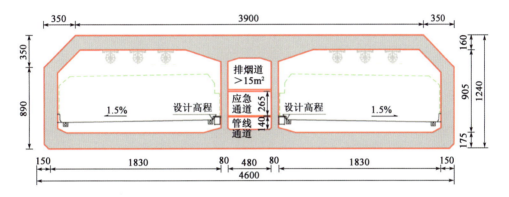

图 2-8　钢筋混凝土管节横断面(尺寸单位：cm)

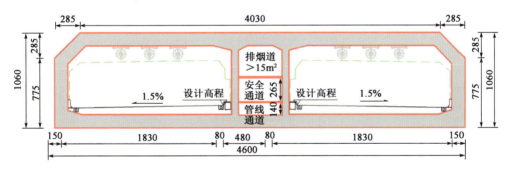

图 2-9　钢壳混凝土管节横断面(尺寸单位：cm)

深中通道海底隧道具有超长、技术标准高、综合技术难度大的特点，且面临超大跨、变截面、厚回淤、水下分合流匝道隧道设置等诸多问题，为给深入比选工程设计方案、确定决策方向提供依据，有必要针对深中通道具体特点，借鉴日本、美国等国家的工程经验和成熟方法，通过引进、消化、吸收与再创新，开展必要的数值分析、解析计算、模型试验验证，形成适合深中通道项目的沉管隧道设计理论、计算方法与设计方法。项目团队在对综合性能、造价等多方面因素进行方案比选后，创新性提出了世界首例双向八车道新型钢壳混凝土结构沉管隧道，依据交通运输部初步设计批复,明确了深中通道海底隧道的推荐方案。推荐方案适应项目超宽、变宽、深埋、大回淤建设条件,突破了受力机理、设计方法、合理构造、新材料、新工艺、检测方法等全产业链技术难题,形成了钢壳混凝土沉管隧道设计施工成套技术,评价为"总体世界领先"。方案大幅提升结构安全性能及防水性能,将结构全断面高度降低1.8m,减少疏浚量1500万m^3,节约造价约8亿元,社会、经济、生态价值显著。

第3章 深中通道沉管隧道合理构造与制造要求研究

3.1 钢壳混凝土沉管隧道合理构造

3.1.1 基本构造

根据前述受力机理及相关主要构件研究分析,在日本钢壳混凝土沉管隧道管节钢壳相关经验的基础上,考虑组合结构混凝土浇筑质量控制,结合模型试验成果,对其进行进一步优化,确定了管节钢壳合理构造,如图 3-1 所示。钢壳主要由内/外面板、横/纵隔板、横/纵加劲肋、焊钉、浇筑孔、排气孔组成。根据上述成果确定的钢壳合理构造已经成功应用于深中通道工程,也可应用于其他类似工程或供其他工程借鉴。

内、外面板为受弯主要构件。横、纵隔板为受剪主要构件且连接内、外面板成为受力整体,形成混凝土浇筑独立隔仓(图 3-2)。纵向加劲肋采用 T 型钢及角钢。纵向加劲肋与焊钉主要作为抗剪连接件,保证面板与混凝土的有效连接。纵向加劲肋与横向扁肋共同作用,增强面板刚度。隔仓上预留浇筑孔和排气孔,混凝土浇筑完成后须进行等强水密封堵。

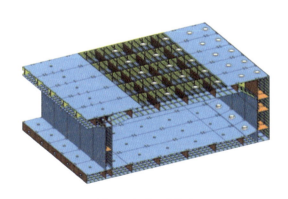

图 3-1 钢壳基本构造

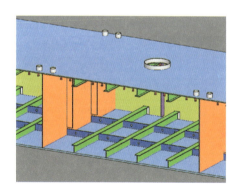

图 3-2 顶板单个隔仓示意

按照深中通道沉管隧道管节水深条件不同,对钢壳所需钢板厚度进行分区试算,分为 Ⅰ 类管节(深水区)、Ⅱ 类管节(过渡区)、Ⅲ 类管节(浅水区)和变宽管节四类,见表 3-1。

管节分类统计表　　　　　　　　　　　　　表 3-1

分 类	管节编号	管顶/管底水深（m）	管节横断面尺寸（m×m）	备　注
Ⅰ类管节	E1、E5~E13	（16.118~26.003）/（26.718~36.603）	46×10.6	E1管节受岛头荷载影响，按Ⅰ类管节配置板厚
Ⅱ类管节	E2~E4、E14~E16、E22~E26	（5.354~16.469）/（15.954~27.069）	46×10.6	—
Ⅲ类管节	E17~E21	（9.927~11.693）/（20.527~22.293）	46×10.6	—
变宽管节	E27~E32	（10.952~16.171）/（21.552~26.771）	（46~55.46）×10.6	—

基本构造见图 3-3。

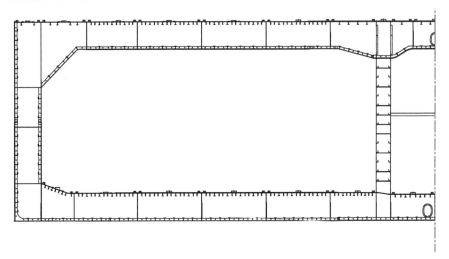

图 3-3　钢壳管节基本构造

钢壳面板厚度及等级见表 3-2。

钢壳面板厚度及等级　　　　　　　　　　　表 3-2

序号	部　位	Ⅰ类管节 板厚(mm)	Ⅰ类管节 等级	Ⅱ类管节 板厚(mm)	Ⅱ类管节 等级	Ⅲ类管节 板厚(mm)	Ⅲ类管节 等级	变宽管节 板厚(mm)	变宽管节 等级
1	中管廊顶板顶	40	Q420C	36	Q420C	30	Q420C	40	Q420C
	中管廊顶板底	30	Q420C	12	Q420C	12	Q420C	20	Q420C
2	车孔顶板顶	40	Q420C	36	Q420C	30	Q420C	40	Q420C
	车孔顶板底	30	Q420C	20	Q420C	18	Q420C	28	Q420C
3	侧墙下部外侧	40	Q420C	30	Q420C	30	Q420C	30	Q420C
	侧墙内侧	30	Q420C	20	Q420C	18	Q420C	12	Q420C
4	车孔底板顶	30	Q420C	24	Q420C	18	Q420C	28	Q420C
	车孔底板底	36	Q420C	30	Q420C	20	Q420C	36	Q420C
5	中管廊底板顶	18	Q420C	12	Q420C	12	Q420C	12	Q420C
	中管廊底板底	36	Q420C	30	Q420C	20	Q420C	36	Q420C

续上表

序号	部 位	Ⅰ类管节 板厚(mm)	Ⅰ类管节 等级	Ⅱ类管节 板厚(mm)	Ⅱ类管节 等级	Ⅲ类管节 板厚(mm)	Ⅲ类管节 等级	变宽管节 板厚(mm)	变宽管节 等级
6	横隔板	30	Q390C	20	Q390C	18	Q390C	20	Q390C
7	纵隔板	30	Q345B	18	Q345B	12	Q345B	30	Q345B

横隔板的纵向间距取3.0m。Ⅰ类管节(深水区)、Ⅱ类管节(过渡区)、Ⅲ类管节(浅水区)和变宽管节的横隔板最大厚度分别取30mm、20mm、18mm和20mm。横隔板设置板肋(BL125×12)进行加劲,板肋按1.1m+1.3m+1.1m间距布置。

顶板厚度取1.5m。在中管廊处,顶板的上层钢板受拉,Ⅰ类管节(深水区)、Ⅱ类管节(过渡区)、Ⅲ类管节(浅水区)和变宽管节的该钢板厚度分别取40mm、36mm、30mm和40mm。在行车孔中间范围内的顶板的下层钢板受拉,Ⅰ类管节(深水区)、Ⅱ类管节(过渡区)、Ⅲ类管节(浅水区)和变宽管节的该钢板厚度分别取30mm、20mm、18mm和28mm。顶板的纵隔板基本按3.5m一道设置,与横隔板联合形成3.5m(横断面方向)×3.0m(纵轴线方向)的密闭格室。为保证混凝土浇筑质量,顶板的上层钢板仅设置沿纵轴线方向的T型钢加劲肋[T150×90×12(10)],见图3-4,其间距取0.5~0.7m;当间距为0.7m时T型钢加劲肋间设置焊钉,焊钉按0.25m+0.20m+0.25m间距布置。按施工期和运营期受力特性,顶板的下层钢板设置沿纵轴线方向的T型钢加劲肋和沿横断面方向的板肋(BL125×12),见图3-5。T型钢加劲肋的间距取0.5~0.7m;按照运营期的受压和受拉情况,板肋按0.5m和1.0m间距布置。

图3-4 顶板上层钢板设置T型钢加劲肋和焊钉

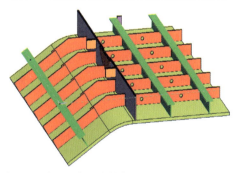

图3-5 顶板下层钢板中管廊处按0.5m间距布置板肋

底板厚度取1.5m。在中管廊处,底板的下层钢板受拉,Ⅰ类管节(深水区)、Ⅱ类管节(过渡区)、Ⅲ类管节(浅水区)和变宽管节的该钢板厚度分别取36mm、30mm、20mm和36mm。在行车孔中间范围内的底板的上层钢板受拉,Ⅰ类管节(深水区)、Ⅱ类管节(过渡区)、Ⅲ类管节(浅水区)和变宽管节的该钢板厚度分别取30mm、24mm、18mm和28mm。底板的纵隔板基本按3.5m一道设置,与横隔板联合形成3.5m(横断面方向)×3.0m(纵轴线方向)的密闭格室。

为保证混凝土浇筑质量,底板的上层钢板仅设置沿纵轴线方向的 T 型钢加劲肋(图 3-6),其间距取 0.5~0.7m;当间距为 0.7m 时 T 型钢加劲肋间设置焊钉,焊钉按 0.25m + 0.20m + 0.25m 间距布置。为有效控制底板的施工期变形,底板的下层钢板设置沿纵轴线方向的 T 型钢加劲肋和沿横断面方向的板肋(图 3-7),T 型钢加劲肋和板肋均按 0.5m 间距布置。

图 3-6 底板上层钢板设置 T 型钢加劲肋和焊钉

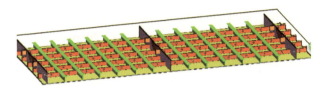

图 3-7 底板下层钢板设置 T 型钢加劲肋和板肋

侧墙厚度取 1.5m。侧墙的外侧钢板处于受拉状态,其与底板交界处弯矩较大,Ⅰ类管节(深水区)、Ⅱ类管节(过渡区)、Ⅲ类管节(浅水区)和变宽管节在该位置的外侧钢板厚度分别取 40mm、30mm、30mm 和 36mm。为有效控制侧墙的施工期变形,在面板设置沿纵轴线方向的角钢加劲肋(L160×100×10)和沿横断面方向的板肋(BL125×12),角钢加劲肋和板肋均按 0.5m 间距布置,见图 3-8。

中墙厚度取 0.8m。面板厚度取 12mm,面板的纵轴向加劲肋采用 L100×100×12 角钢,按 0.5m 间距布置,面板间设置 Φ20 钢筋与加劲肋焊接,其纵向间距取 1.0m、高度方向间距 0.5~1.0m,见图 3-9。

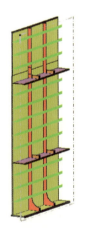

图 3-8 侧墙的面板均设置角钢加劲肋和板肋　　图 3-9 中墙采用面板角钢加劲肋和受拉钢筋

管节钢壳在专业化厂房内完成制作,主要流程见图 3-10。

板单元的结构形式为板零件 + 纵钢 + 横肋,见图 3-11。

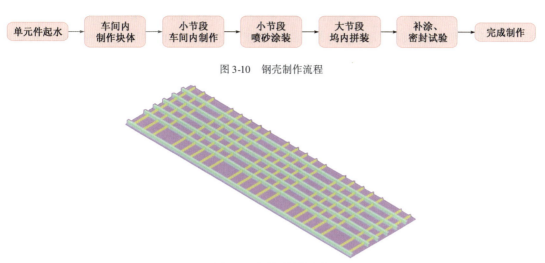

图 3-10 钢壳制作流程

图 3-11 板单元结构形式

3.1.2 详细构造

以 Ⅰ 类管节(深水区)为例,深中通道钢壳混凝土沉管隧道管节结构合理构造如下:

①165m 长标准管节共有 2255 个混凝土浇筑隔仓,单个标准隔仓横向宽 3.5m、纵向长 3m,配置 1 个直径为 273mm 的浇筑孔,沿隔仓四周布置 10 个直径为 89mm 的排气孔。Ⅰ 类管节顶板顶平面布置见图 3-12。

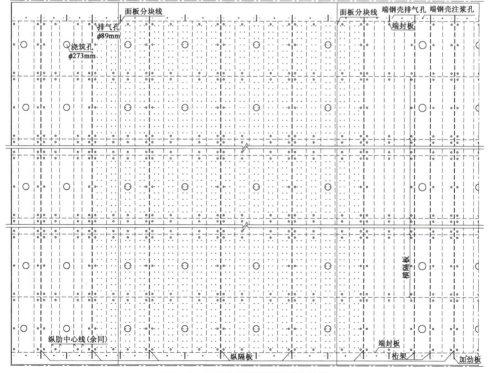

图 3-12 Ⅰ 类管节顶板顶平面布置图

②取隔仓中部位置，Ⅰ类管节钢壳标准横断面如图3-13所示(半幅)。横隔板的纵向间距取3.0m，Ⅰ类管节横隔板最大厚度为30mm；横隔板设置板肋(BL125×12)进行加劲，板肋按1.1m+1.3m+1.1m间距布置。

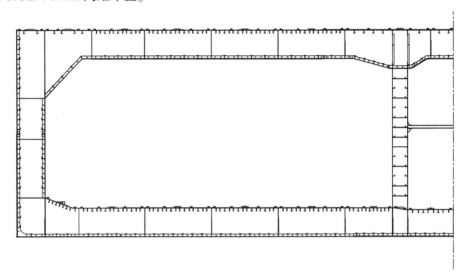

图3-13　Ⅰ类管节钢壳标准横断面布置图(半幅：隔仓中部位置)

③取横隔板所在位置，Ⅰ类管节钢壳标准横断面如图3-14所示(半幅)。

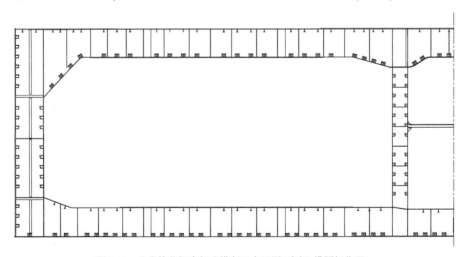

图3-14　Ⅰ类管节钢壳标准横断面布置图(半幅：横隔板位置)

④取纵隔板所在位置，Ⅰ类管节钢壳标准纵断面如图3-15所示。

⑤内、外面板为受弯主要构件，纵向加劲肋采用T型钢及角钢，纵向加劲肋与焊钉主要作为抗剪连接件保证面板与混凝土的有效连接，纵向加劲肋与横向扁肋共同作用，增强面板刚度。顶板的下层钢板在中管廊处按0.5m间距布置板肋，见图3-16、图3-17。

⑥横隔板的纵向间距取3.0m，Ⅰ类管节横隔板最大厚度为30m；横隔板设置板肋(BL125×12)进行加劲，板肋按1.1m+1.3m+1.1m间距布置，见图3-18、图3-19。

第3章 深中通道沉管隧道合理构造与制造要求研究

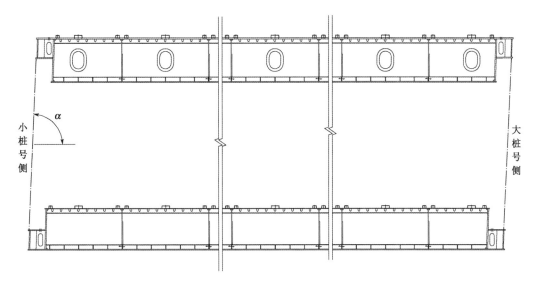

图 3-15 Ⅰ类管节钢壳标准纵断面布置图

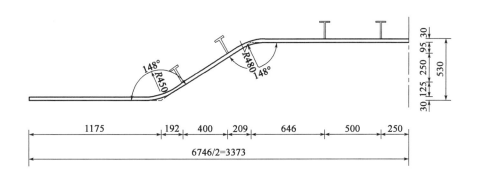

图 3-16 Ⅰ类管节内面板局部大样图（中管廊顶部位置）（尺寸单位：mm）

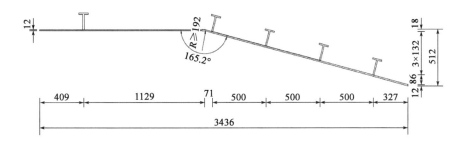

图 3-17 Ⅰ类管节内面板局部大样图（行车孔顶板近中墙位置）（尺寸单位：mm）

23

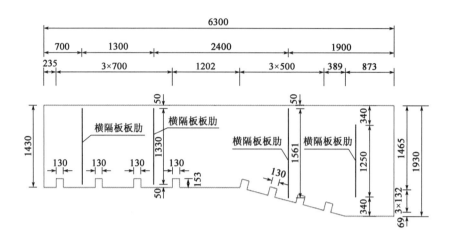

图 3-18 Ⅰ类管节横隔板局部大样图(行车孔顶板近中墙位置)(尺寸单位:mm)

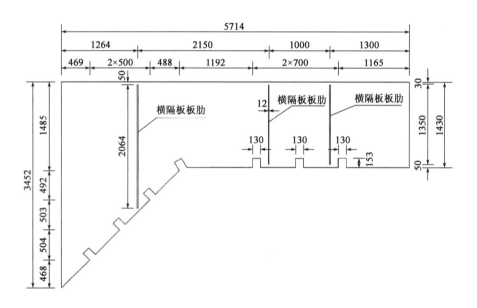

图 3-19 Ⅰ类管节横隔板局部大样图(行车孔顶板侧墙倒角位置)(尺寸单位:mm)

⑦纵隔板基本按 3.5m 一道设置,与横隔板联合形成 3.5m(横断面方向)×3.0m(纵轴线方向)的密闭格室。隔仓之间的纵隔板开设工艺孔,两侧采用纵隔板肋进行加强处理,见图 3-20、图 3-21。

⑧横隔板设置板肋(BL125×12)进行加劲,板肋按 1.1m+1.3m+1.1m 间距布置。板肋中部设置直径为 40mm 的流通孔,便于自密实混凝土流动,确保混凝土浇筑密实、与钢板连接效果好,见图 3-22。

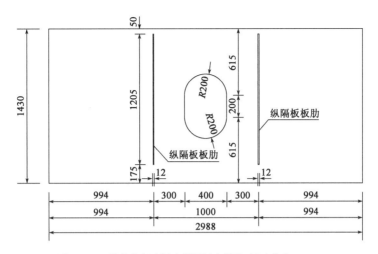

图 3-20　Ⅰ类管节标准隔仓纵隔板大样图（尺寸单位：mm）

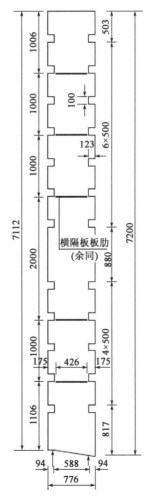

图 3-21　Ⅰ类管节中墙横隔板大样图（尺寸单位：mm）

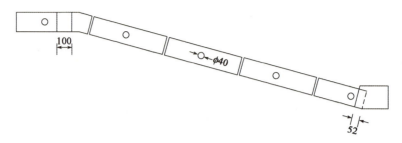

图 3-22　Ⅰ类管节板肋局部大样图(行车孔顶板近中墙位置)(尺寸单位:mm)

⑨为保证焊接质量,便于现场施工,加劲板肋端部做斜削处理,板肋割削角度为150°,见图 3-23。

图 3-23　Ⅰ类管节加劲板肋端部斜削示意(尺寸单位:mm)

⑩为确保焊接质量和混凝土流通效果,管节纵肋端部设置直径80mm的1/4圆孔,详见图 3-24、图 3-25。

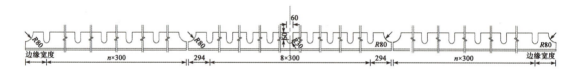

图 3-24　Ⅰ类管节纵肋大样图(中管廊顶部顶板顶面板位置)(尺寸单位:mm)

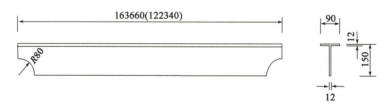

图 3-25　Ⅰ类管节纵肋大样图(中管廊顶部顶板底面板位置)(尺寸单位:mm)

3.2　适宜连接件形式

3.2.1　施工阶段分析:施工应力、抗剪与拉拔性能对比

现有研究结果表明,T型钢连接件的承载力高于角钢连接件,主要原因是T型钢可增强连接件与周围混凝土之间的整体性,并改善连接件受力前方混凝土的受力状态。本节在已有试验研究的基础上进一步进行有限元分析,对钢壳混凝土沉管隧道适宜连接件形式进行比较研究。

针对连接件的几种布置形式开展了有限元弹性分析,分析对象为单位浇筑区格,研究不同布置方式下 3m×3m 底板在 1.5m 厚度的混凝土湿重下的最大挠度差异,将板的四边横隔板处均设为固支条件。从图 3-26~图 3-30 可以看出,不同形式连接件的最大挠度差异不大,球扁钢连接件由于高度较大而具有较大的抗弯惯性矩,因而球扁钢连接件有最小的面外挠度,其他四种方案挠度接近,其中纵、横肋焊接挠度稍小。从应力结果来看,球扁钢连接件应力水平最高,但不超过 10MPa,其余模型的应力水平接近,均不超 8MPa。

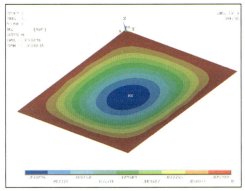 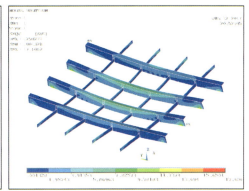

a) 底板位移(最大位移0.233mm)　　　b) 纵、横肋Mises应力
(7.8MPa以内,网格细分后开孔无应力集中)

图 3-26　角钢开孔,横肋连续(有限元软件截图)

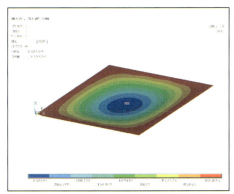 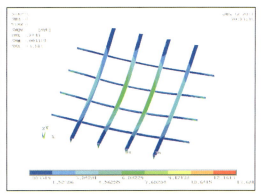

a) 底板位移(最大位移0.232mm)　　　b) 纵、横肋Mises应力(7.6MPa以内)

图 3-27　角钢连续,横肋断开(有限元软件截图)

3.2.2　不同形式连接件抗剪性能对比

为研究比选合适的连接件形式,通过足尺试验对比了 T 型钢连接件和角钢连接件的力学性能差异。试验发现,两者破坏时的裂缝形态存在一定差别。角钢连接件的裂缝均位于下端。T 型钢连接件的裂缝则部分位于上端且向内开展,除了下侧混凝土参与受压以外,T 型钢连接件上侧混凝土也参与受压;同时,T 型钢连接件的翼缘板在和混凝土接触挤压过程中起到更好的锚固作用。

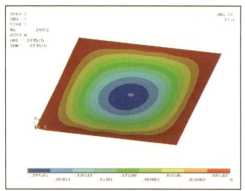 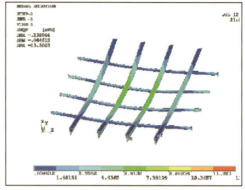

a)底板位移(最大位移0.229mm)　　　　b)纵、横肋Mises应力(7.3MPa以内)

图 3-28　角钢横肋焊接(有限元软件截图)

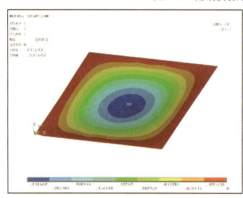 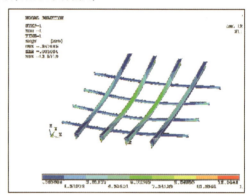

a)底板位移(最大位移0.232mm)　　　　b)纵、横肋Mises应力(7.5MPa以内)

图 3-29　横肋外翻(有限元软件截图)

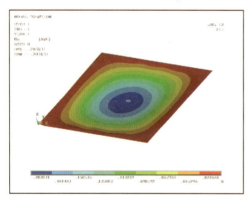 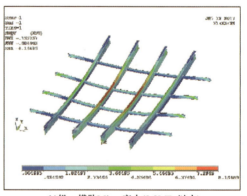

a)底板位移(最大位移0.203mm)　　　　b)纵、横肋Mises应力(8.3MPa以内)

图 3-30　球扁钢横肋焊接(有限元软件截图)

T型钢连接件的承载力和刚度均大于角钢连接件,承载力提高25%,0.5mm处割线刚度提高45%左右。主要原因是:翼缘宽度相同时,T型钢连接件的抗拔能力(锚固性能)强于角钢连接件。提高锚固性能会增强连接件与周围混凝土的整体性,同时较小的翼缘外伸长度改善了连接件受力前方起控制作用混凝土(压-拉)的受力状态。

通过有限元数值模拟进行进一步验证。采用与上文一致的建模方式,采用平面应变单元模拟角钢连接件、T 型钢连接件以及球扁钢连接件的抗剪性能。基于型钢截面积等效的原则,三者形状和尺寸见图 3-31。

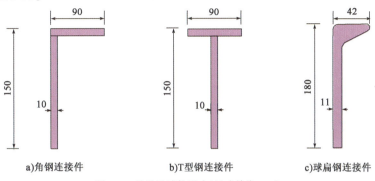

图 3-31 比选连接件尺寸(尺寸单位:mm)

除连接件型钢形状和尺寸以外,其余参数均和之前推出试验所使用的有限元模型相同(其中,球扁钢连接件建模时,圆弧过渡改为直线过渡)。三种连接件有限元模型如图 3-32 所示,浅红色部分为混凝土,深红色部分为连接件型钢,黄色部分为连接件型钢相连翼缘,绿色部分为底部垫板。

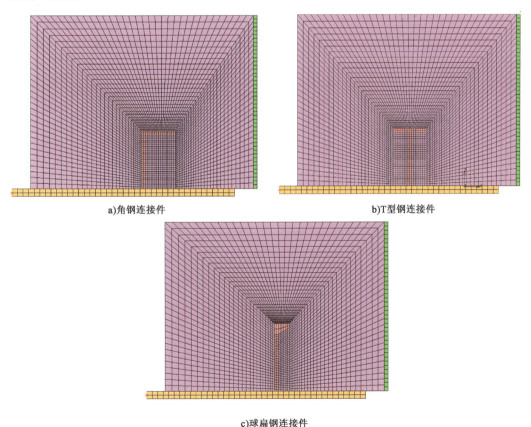

图 3-32 比选连接件有限元模型

三种连接件的有限元分析结果见图 3-33 ~ 图 3-35。极限状态下,三种连接件混凝土压应力均集中在型钢根部以上 30mm 范围内,且根部混凝土已达最大压应力。三种连接件型钢最大拉、压应力均在根部以上 25mm 左右处出现,极限状态下均进入屈服。三种连接件型钢剪应力集中在根部 10mm 范围以内,且剪应力值为拉压应力峰值的一半。

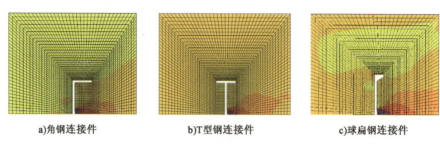

a)角钢连接件　　　　b)T型钢连接件　　　　c)球扁钢连接件

图 3-33　混凝土压应力对比(黄→红→蓝代表压应力增大)

a)角钢连接件　　　　b)T型钢连接件　　　　c)球扁钢连接件

图 3-34　型钢连接件腹板拉、压应力对比(黄→红→蓝代表拉应力逐渐过渡至压应力)

a)角钢连接件　　　　b)T型钢连接件　　　　c)球扁钢连接件

图 3-35　型钢连接件腹板剪应力对比(黄→红→蓝代表剪应力增大)

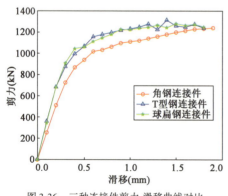

图 3-36　三种连接件剪力-滑移曲线对比

三种连接件剪力-滑移曲线对比见图 3-36。可以看出角钢连接件的刚度和承载力小于球扁钢连接件和 T 型钢连接件,而球扁钢连接件和 T 型钢连接件的承载力、刚度相近。

3.2.3　不同形式连接件拉拔性能对比

采用与上文一致的建模方式,采用平面应变单元模拟角钢连接件、T 型钢连接件和球扁钢连接件的拉拔刚度及承载力。除了去掉底部翼缘板和右侧垫板、对混凝土进行加长以外(从600mm加长到1000mm),其余参数与推出试验所使用的有限元模型相同。为模拟实际情况,混凝土左、右面和顶面采用固定约束,拉拔力作用于连接件根部钢板。三种连接件尺寸见图3-31。有限元模型如图3-37所示,浅红色部分为混凝土,深红色部分为连接件型钢。

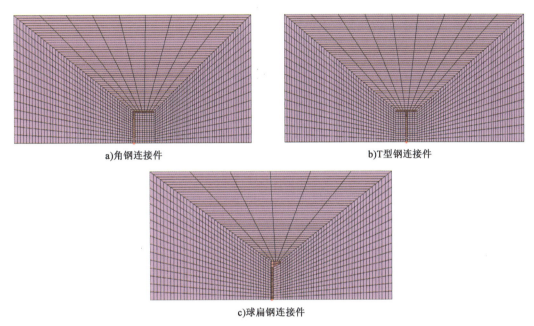

图3-37 有限元模型

三种连接件的有限元分析结果见图3-38、图3-39。可以看出,三者均发生混凝土楔形体破坏(角钢连接件和球扁钢连接件为单侧楔形体,T型钢连接件则为两侧楔形体破坏),三者的型钢均进入屈服,且连接件型钢翼缘和腹板交界处应力最大。

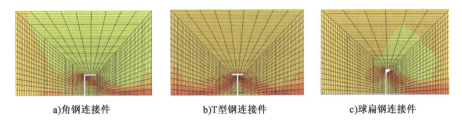

图3-38 混凝土主应力对比(黄→红→蓝代表主应力增大)

三者拉拔力-滑移曲线对比见图3-40。可以看出T型钢连接件的刚度和承载力均大于角钢连接件和球扁钢连接件,主要由于T型钢连接件发生的是两侧楔形体破坏,承载力高于单侧楔形体破坏的情形。虽然发生两侧楔形体破坏,但T型钢连接件承载力为角钢连接件的1.3倍,说明虽然角钢连接件发生单侧楔形体破坏,但另一侧混凝土也发挥一定的锚固作用。此外,球扁钢连接件的翼缘宽度小于角钢连接件,但球扁钢连接件翼缘埋深大,连接件承载力和刚度均大于角钢连接件,说明本算例中混凝土埋深对承载力的影响更大。

a)角钢连接件　　　　　b)T型钢连接件　　　　　c)球扁钢连接件

图 3-39　型钢连接件 Mises 应力对比(蓝→红→黄代表 Mises 应力增大)

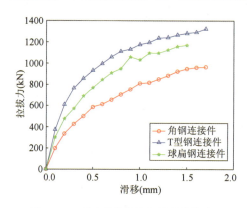

图 3-40　三种连接件拉拔力-滑移曲线对比

3.3　受压翼缘适宜加劲形式

3.3.1　几何模型与网格划分

采用大型通用有限元程序 MSC.MARC,对钢壳混凝土沉管隧道受压翼缘进行精细有限元分析。取横向宽度为纵隔板间距,纵向宽度为横隔板间距。不失一般性,计算板件的尺寸为 $3000mm \times 3000mm$,厚度为 10mm,纵、横方向均每 50mm 划分一个网格,有限元网格划分如图 3-41 所示。网格使用 quad4 四边形四节点完全积分单元,沿厚度方向设置 3 个积分点。

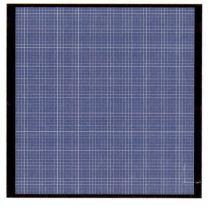

图 3-41　有限元网格划分

3.3.2　边界条件

考虑到结构沿纵、横方向的对称性以及实际结构中平面应变的条件,四周的边界条件设定为固支,同时在上、下、右边界释放沿 x 方向(结构横向)的约束,以施加压力。

在横向加劲肋所在处,由于横向加劲肋为板肋,与混凝土没有可靠的锚固,因此认为横肋不能视作面外位移的限制条件,而是在该处按实际尺寸建立横肋,不加约束。横肋网格划分如图3-42所示。

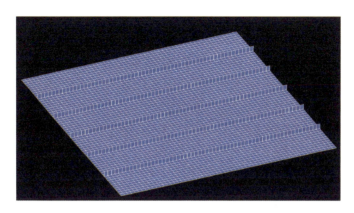

图3-42 横肋网格划分

在栓钉与纵肋所在处,因为栓钉同T型钢纵肋和混凝土都有可靠的抗拔锚固,因此在该处约束板件的面外变形。以设置横向加劲肋的板件为例,边界条件及约束设置如图3-43所示。此外,由于板件单侧存在混凝土,在板件所有节点设置只受拉的单向弹簧,弹簧单向刚度接近无穷大。

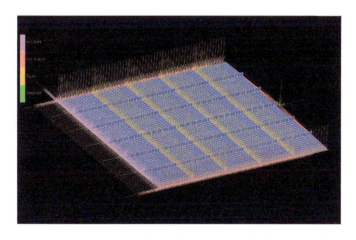

图3-43 边界条件及约束设置(有限元软件截图)

3.3.3 荷载模式

如图3-43所示,在板件右边界设置刚性杆连接,对参考点施加向左的位移,提取参考点的位移-荷载,即可得到板件的受力变形规律。

3.3.4 几何初始缺陷

进行弹塑性稳定分析时必须考虑结构的几何初始缺陷。本研究根据设计方给定的条件,取几何初始缺陷尺寸为板件尺寸的 1/1000（即 3mm），建模时按照双向正弦分布调整节点位置以施加初始缺陷。

3.3.5 材料本构

有限元分析使用弹塑性分析，考虑钢材的屈服，钢材本构模型采用 von Mises 屈服面及理想塑性屈服模型。弹性模量取 2.05×10^5 MPa，泊松比取 0.3，不失一般性，屈服强度取 300MPa，钢材本构曲线如图 3-44 所示。

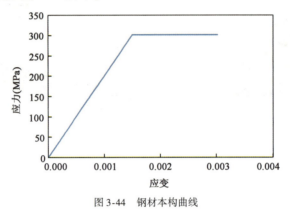

图 3-44 钢材本构曲线

3.3.6 计算结果

针对实际工程，主要对三种类型的构造（图 3-45）进行了有限元计算，分别为：①构造一，采用横向加劲肋，横向加劲肋间距取 500mm；②构造二，采用栓钉，栓钉横向间距取 200mm，纵向间距取 500mm；③构造三，采用栓钉，栓钉横向间距取 200mm，纵向间距取 300mm。构造一（设置横肋）的力-位移曲线如图 3-46 所示，构造二、构造三（不设置横肋）的力-位移曲线如图 3-47 所示，三种构造的典型峰值荷载 von Mises 应力图如图 3-48～图 3-50 所示。

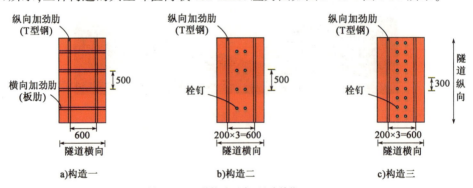

图 3-45 三种构造示意（尺寸单位：mm）

将弹塑性失稳计算得到的峰值荷载除以无失稳时的峰值荷载，即可得到其稳定性折减系数。汇总的失稳折减系数如表 3-3 所示。从表中可见，当初始缺陷为 1/1000 时，不同构造板件的稳定性折减系数均接近 1，基本不折减。考虑到计算精度，三种不同构造的差别基本可以忽略。

第3章 深中通道沉管隧道合理构造与制造要求研究

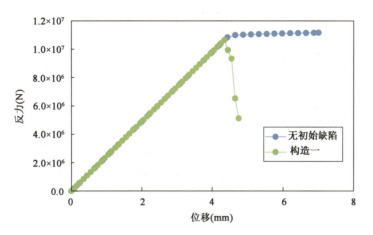

图 3-46 构造一(设置横肋)的力-位移曲线

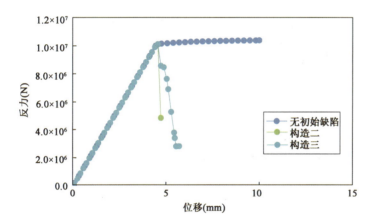

图 3-47 构造二、构造三(不设置横肋)的力-位移曲线

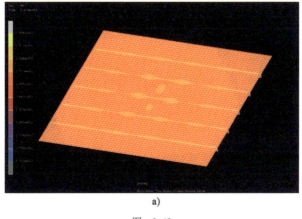

a)

图 3-48

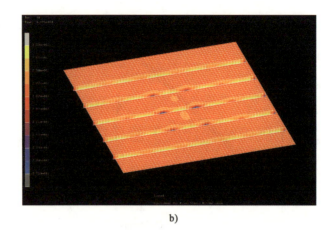

b)

图 3-48 构造一的典型峰值荷载 von Mises 应力图(有限元软件截图)

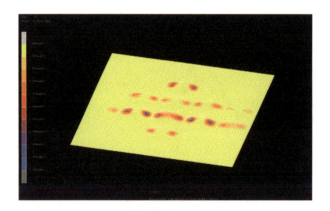

图 3-49 构造二的典型峰值荷载 von Mises 应力图(有限元软件截图)

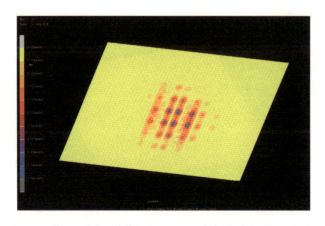

图 3-50 构造三的典型峰值荷载 von Mises 应力图(有限元软件截图)

稳定性折减系数   表3-3

构 件	距 厚 比	稳定性折减系数
构造一	50	0.983
构造二	50	0.995
构造三	30	0.997

3.4 钢壳混凝土沉管结构合理工艺孔构造及浇筑工艺

3.4.1 试验目的及必要性

根据以往模型混凝土浇筑的施工经验,自密实混凝土的质量控制重点在于事前策划、过程控制,诸多因素相互关联,任一个细节、环节不满足要求都将影响混凝土性能,最终影响混凝土浇筑质量。

采用与实际钢壳相同的施工流程、施工方法进行钢壳试验模型的浇筑,模拟实际钢壳管节施工情况。主要验证:配合比设计的合理性;排气孔设置个数及布置方式、T肋开孔间距、T肋开孔处焊缝是否打磨等差异对混凝土浇筑质量的影响;混凝土浇筑速度、下料方式等的合理性;智能浇筑控制系统的软件(智能系统)与硬件(泵机、布料机等)是否能配合完成隔仓浇筑作业;无损脱空检测技术的合理性等。

试验过程中,同步对智能浇筑设备进行验收。

试验钢壳模型设计图由设计方提供,构造参数及浇筑参数较多。为分析相关因素对试验的影响,并为后续隔仓浇筑工艺提供指导,模型试验过程的各环节都要求按照标准进行。

3.4.2 试验设计及成果

试验分两阶段开展,第一阶段验证T肋合理布置、排气孔合理布置及浇筑工艺,在第一阶段试验成果总结的基础上开展第二阶段试验。

3.4.2.1 不同T肋开孔间距及排气孔布设形式下混凝土浇筑质量验证方案设计

T肋通气孔间距有30cm和50cm两种,打磨其开孔处焊脚,通过试验验证通气孔设置对浇筑质量的影响。T肋通气孔开孔形式如图3-51所示。

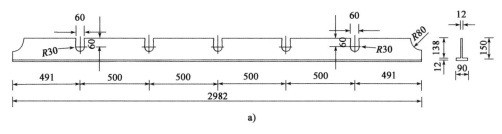

图 3-51

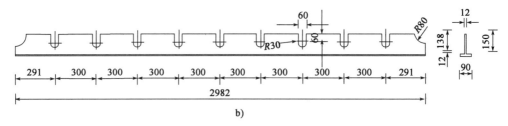

图 3-51 T 肋通气孔开孔形式(尺寸单位:mm)

针对 T 肋开孔间距及 8 个、10 个排气孔进行对比试验,对 4 个隔仓模型方案进行验证对比。

方案一:模拟标准隔仓,顶板开设 8 个排气孔,T 肋开孔间距分别为 50cm 和 30cm,打磨 T 肋开孔处焊脚,顶面无倾斜角度,顶部钢板厚度采用 40mm、14mm。隔仓断面及平面布置如图 3-52 所示。

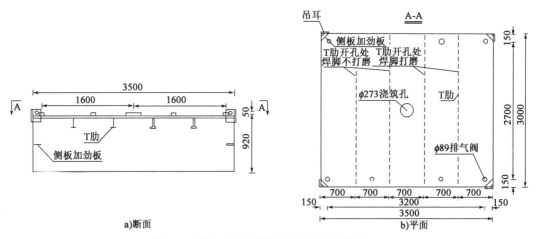

图 3-52 方案一隔仓断面及平面布置(尺寸单位:mm)

方案二:模拟标准隔仓,顶板开设 10 个排气孔,T 肋开孔间距分别为 50cm 和 30cm,打磨 T 肋开孔处焊脚,顶面无倾斜角度,验证排气孔向隔仓中心移位 20cm 是否对浇筑质量产生影响。隔仓断面及平面布置如图 3-53 所示。

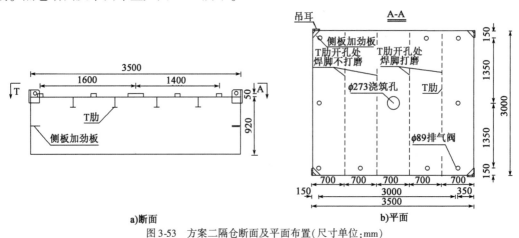

图 3-53 方案二隔仓断面及平面布置(尺寸单位:mm)

方案三:模拟管节底板带斜倒角隔仓,底板顶开设 8 个排气孔,T 肋开孔间距分别为 50cm 和 30cm。隔仓断面及平面布置如图 3-54 所示。

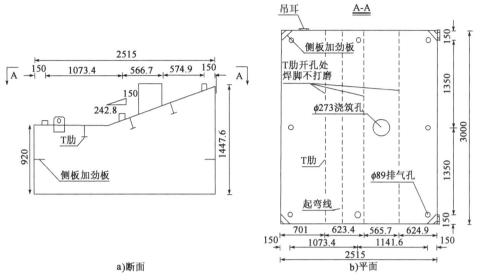

图 3-54 方案三隔仓断面及平面布置(尺寸单位:mm)

方案四:模拟标准隔仓,顶板开设 8 个或 10 个排气孔,T 肋开孔间距分别为 50cm 和 30cm,打磨 T 肋开孔处焊脚,顶板设置 5°坡度。隔仓断面及平面布置如图 3-55 所示。

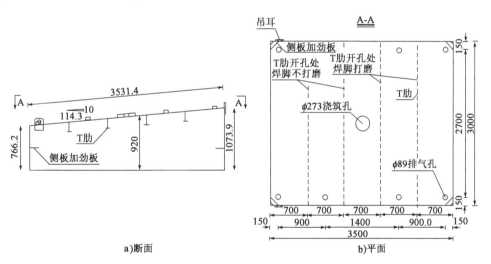

图 3-55 方案四隔仓断面及平面布置(尺寸单位:mm)

本试验验证隔仓在不同的排气孔、T 肋通气孔布置形式下的浇筑效果,优选最佳排气孔布置形式。

3.4.2.2 浇筑工艺参数验证

前期试验证明,隔仓下层浇筑厚度为 72cm,按照 30m³/h 的速度浇灌,剩余上层 20cm 厚混凝土按 15m³/h 的速度浇灌。待浇筑质量在可控范围内后,尝试在更快的浇筑速度下验证隔仓能否满足相关浇筑质量要求。

3.4.3 第一阶段试验成果

第一阶段完成了方案一、方案二共 4 个模型的浇筑试验,试验顺序为:
①方案二:标准隔仓,顶板厚 14mm,顶部设置 8 个排气孔,T 肋开孔间距 50cm。
②方案二:标准隔仓,顶板厚 14mm,顶部设置 8 个排气孔,T 肋开孔间距 30cm。
③方案一:标准隔仓,顶板厚 40mm,顶部设置 8 个排气孔,T 肋开孔间距 30cm。
④方案一:标准隔仓,顶板厚 40mm,顶部设置 8 个排气孔,T 肋开孔间距 50cm。

为验证隔仓模型的浇筑质量,同时对检测单位检测报告进行对比分析,对隔仓模型以切割或揭盖方式进行检验验证(图 3-56、图 3-57)。

a)模型隔仓切割

b)切割效果图

图 3-56 切割检验

图 3-57 开盖检验施工现场

3.4.4 第一次隔仓模型试验浇筑质量验证

3.4.4.1 模型隔仓表面开盖

对第一次浇筑试验的模型隔仓进行表面开盖(开盖面积:8.1m²),开盖编号、尺寸及位置见图 3-58。

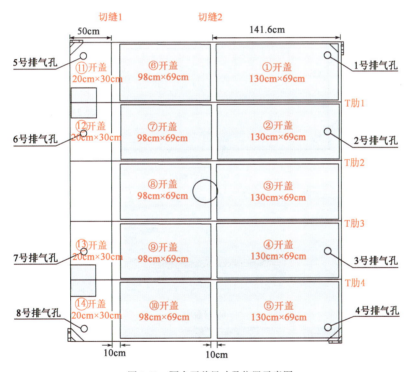

图 3-58 隔仓开盖尺寸及位置示意图

3.4.4.2 混凝土浇筑质量表面开盖结果验证

1 号脱空位于 T 肋 1 靠近 1 号排气孔侧,脱空形状不规则,大致呈"口"形,最深 15.2mm、最长 350mm、最宽 100mm。

2 号脱空位于 T 肋 4 靠近 4 号排气孔侧,脱空形状不规则,大致呈"口"形,最深 27.1mm、最长 410mm、最宽 51mm。

3号气孔位于浇筑孔边缘,存在较多气孔,气孔分布形状大致呈圆环形。

4号褶皱位于4号与8号排气孔之间,褶皱范围较大,大致呈"△"形。

5号脱空位于T肋1靠近5号排气孔侧,脱空形状不规则,大致呈"口"形,最深16.3mm、最长230mm、最宽56mm。

6号脱空位于T肋4靠近8号排气孔侧,脱空形状不规则,大致呈"△"形,最深13.2mm、最长250mm、最宽52mm。

上述开盖结果见图3-59、图3-60。

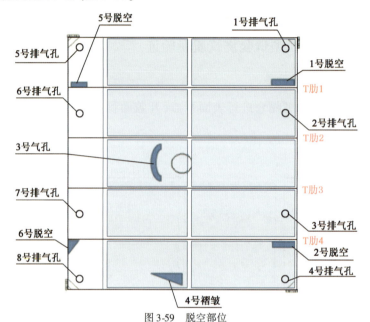

图3-59 脱空部位

a)1号脱空

b)2号脱空

c)3号气孔

d)4号褶皱

e)5号脱空

f)6号脱空

图3-60 脱空照片

3.4.4.3 模型隔仓切割

对第一次浇筑试验的模型隔仓进行切割验证（切割总面积为 $6.44m^2$，切割位置见图 3-61）。切缝 1 距离隔仓边缘 50cm，切缝通过 T 肋通气孔（图 3-62）。切缝 2 距离隔仓边缘 141.6cm，切缝通过浇筑孔，距离浇筑孔中心 7.45cm。

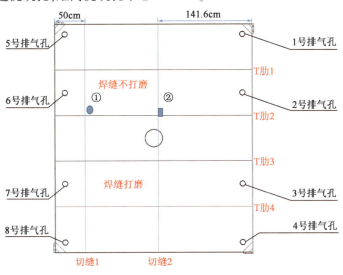

图 3-61 隔仓切割位置示意图

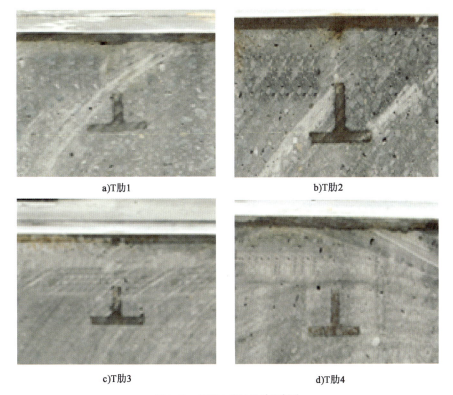

图 3-62 切缝 1 通过 T 肋通气孔

切缝1在①处有气孔,尺寸为15.4mm(长度)×14mm(宽度)×0.68mm(深度),其他位置顶面混凝土无明显脱空间隙。

切缝2在②处有脱空(图3-63),脱空位置位于第二条T肋47.5mm处,尺寸为最长83mm、最宽140mm、最深5.9mm,其他位置顶面混凝土无明显脱空间隙。

混凝土内部存在较多的气泡(图3-64)。

图3-63　切缝2脱空测量　　　　　　　图3-64　切缝1混凝土内部气泡

3.4.5　第二次隔仓模型试验浇筑质量验证

对第二次浇筑试验的模型隔仓进行开盖验证(开盖总面积:10.38m²),模型隔仓顶板4道T肋将顶板分成5个区域。1号、5号区域顶板开盖尺寸为69.5cm×300cm,2号、3号、4号区域顶板开盖尺寸为69cm×300cm。隔仓区域划分及开盖范围见图3-65。

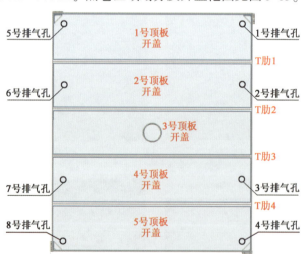

图3-65　隔仓区域划分及开盖范围

混凝土浇筑质量表面开盖结果见图3-66、图3-67。

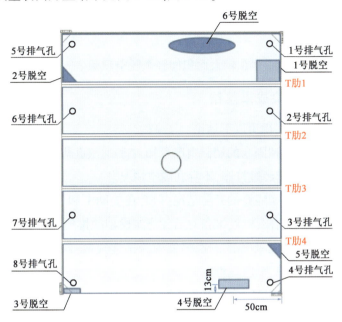

图3-66 脱空部位

图3-67 开盖范围脱空部位图

1号脱空位于T肋1靠近1号排气孔处,脱空形状不规则,大致呈"凹"形,最深31.2mm、最长375mm、最宽410mm。

2号脱空位于T肋1靠近5号排气孔处,脱空形状不规则,大致呈"△"形,最深12mm、最长150mm、最宽80mm。

3号脱空位于侧板边靠近8号排气孔处,脱空形状不规则,大致呈"口"形,最深5.5mm、最长230mm、最宽70mm。

4号脱空靠近4号排气孔,脱空中心距离侧板距离分别为50cm、13cm,脱空形状不规则,大致呈"口"形,最深14mm、最长450mm、最宽50mm。

5号脱空位于T肋4靠近4号排气孔处,脱空形状不规则,大致呈"△"形,最深20.3mm、最长220mm、最宽250mm。

6号脱空靠近1号排气孔,存在较大面积的轻微脱空现象。

3.4.6 第一阶段试验成果总结

根据第一阶段试验成果,得出以下结论:

①根据对第一次浇筑模型隔仓的切割情况可知:T肋通气孔焊缝未打磨,有一处存在微小脱空(2mm);T肋通气孔焊缝经过打磨,不存在脱空情况。

②根据对前两次浇筑模型隔仓的开盖情况可知,在T肋1和T肋4两端均存在比较严重的脱空现象,脱空存在一定的规律性,准备对后续浇筑模型的排气孔进行优化调整。

③须进一步优化自密实混凝土配合比,研究混凝土含气量、含砂率以及重度差等指标,确保混凝土具有高稳健、自流平、低收缩性能。

④从人、机、料等方面加强混凝土拌和质量控制。如果混凝土工作性能检测不合格,应废弃。

⑤混凝土浇筑过程中,严格控制混凝土浇筑速度,混凝土自由下落高度尽可能小,不宜大于100cm。

⑥排气孔混凝土上升高度宜以混凝土自流动上升高度为控制标准。存在堵塞时可采用钢钎疏通,严禁随意插捣。

3.4.7 第二阶段试验

在第一阶段试验成果的基础上,开展第二阶段试验,优化隔仓排气孔布置形式,验证排气孔优化后的混凝土浇筑效果。在方案三的基础上,调整2号、3号、7号排气孔位置(图3-68)。

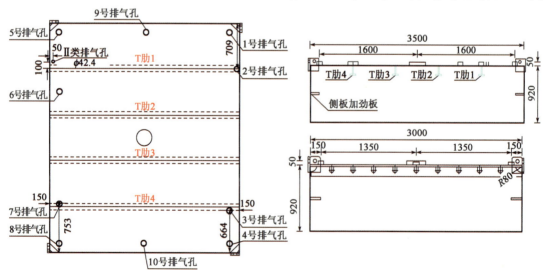

图3-68 工艺孔优化布置图(尺寸单位:mm)

①移动 2 号排气孔至 T 肋 1 端部正中间,验证排气孔设置在最边上 T 肋端部正中间对浇筑质量的影响。

②横移 3 号排气孔至 T 肋 4 一侧且靠近 4 号排气孔,验证排气孔设置在最边上 T 肋外侧对浇筑质量的影响。

③保留原有 6 号排气孔位置不变,在 T 肋 1 靠近 5 号排气孔位置增加 1 个外径为 4.24cm 的小排气孔,验证在 T 肋端部增加小排气孔对浇筑质量的影响。

④横移 7 号排气孔至 T 肋 4 一侧且靠近 T 肋 3,验证排气孔设置在最边上 T 肋内侧对浇筑质量的影响。

T 肋通气槽间距为 30cm。如图 3-69 所示:T 肋 1 和 T 肋 2 与顶板连接处使用手工焊接,跳开通气孔,模拟通气槽处焊缝打磨;T 肋 3 和 T 肋 4 同顶板连接处使用自动焊接,通气孔处连续焊接,模拟通气槽处焊缝不打磨。根据设计文件的要求,T 肋与顶板采用双面焊接,焊缝高度为 6mm;采用自动机械臂通长焊接时,T 肋通气槽处焊缝高度为 3~4mm。

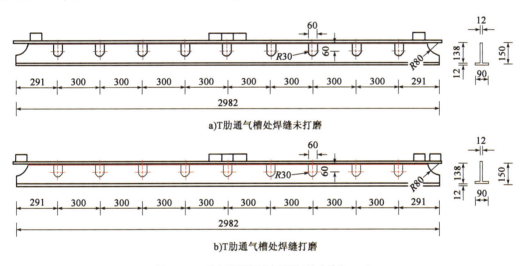

图 3-69 T 肋与顶板焊接布置图(尺寸单位:mm)

根据第二阶段试验要求,主要须完成以下目标:

①优化排气孔布置形式对混凝土浇筑质量影响的验证。本试验将验证优化隔仓排气孔位置后的混凝土浇筑效果,优选出最佳排气孔布置形式。

②连续浇筑工况下混凝土质量的验证。本次试验连续浇筑 3 个钢壳模型隔仓,验证其在相同试验条件(原材料、配合比、浇筑工艺)下支撑混凝土浇筑质量的有效性。

3.4.8 第二阶段试验成果

对第二阶段试验进行揭盖分析,模型隔仓顶板 4 道 T 肋将顶板分成 5 个区域,以 T 肋为界对模型隔仓全部进行开盖(图 3-70、图 3-71)。

揭盖后发现混凝土浇筑质量如下:

①排气孔位置优化后,T肋1和T肋4两端不存在脱空现象。
②隔仓开盖后,混凝土上表面平整,无明显脱空现象,但存在较多气泡。
③在T肋2和T肋3位置存在小面积轻微脱空,脱空深度大部分在5mm以内。
④部分脱空深度在5~8mm(图3-72中的黑色区域)。

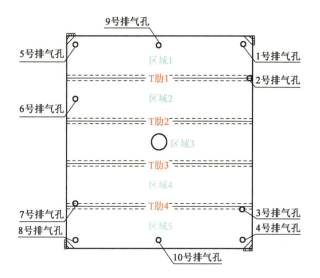

图3-70 开盖区域及范围

图3-71 开盖检验施工现场

主要结论为:
①排气孔位置优化后,4种方案均能有效消除T肋1和T肋4两端的脱空。考虑钢壳完整性及钢壳加工制造的可行性,推荐调整3号、7号排气孔的方案,不推荐调整2号、6号排气孔的方案。将3号、7号排气孔移动至与T肋4内、外侧紧挨,保持孔位中心距隔板15cm不变。

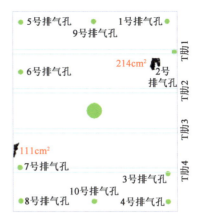

a) 3改-1开盖脱空统计

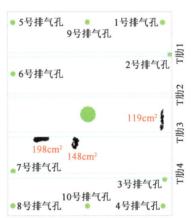

b) 3改-2开盖脱空统计

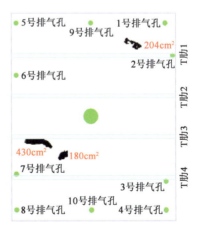

c) 3改-3开盖脱空统计

图 3-72　隔仓开盖脱空统计

②根据两个阶段试验情况可知,在目前焊缝高度(3~4mm)下,T肋通气槽处焊缝不打磨对浇筑质量的影响不大。

③混凝土浇筑过程中,前期浇筑速度可适当加快(不大于 $45m^3/h$),距顶板 20cm 时,浇筑速度尽量放慢(小于 $15m^3/h$),以解决混凝土流动及空气排出困难问题。

④根据本阶段钢壳模型浇筑完成后排气孔冒浆及开盖情况可知,排气孔液面上升高度为 30cm 即可满足混凝土浇筑质量要求。

⑤根据隔仓开盖情况可知,T 肋通气孔间距为 30cm 时浇筑效果较好。建议 T 肋通气孔间距设置为 30cm。

⑥根据隔仓开盖情况可知,设置 10 个排气孔比设置 8 个排气孔的浇筑效果更好,建议单个标准隔仓设置 10 个排气孔。

⑦隔仓混凝土浇筑过程中,当部分排气孔存在堵塞情况时,可使用钢钎疏通,但必须严格控制钢钎插振。

3.4.9 钢壳构造优化

根据试验成果对钢壳构造进行了优化。

顶、底板标准隔仓排气孔增加至每个隔仓 10 个,对非标准隔仓排气孔数量进行局部增加。优化前、后分别见图 3-73、图 3-74。

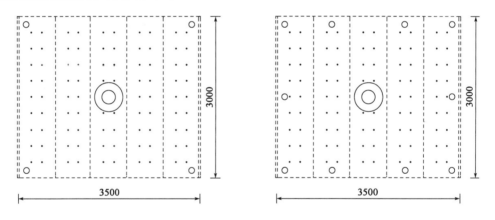

图 3-73 优化前的构造(尺寸单位:mm)　　图 3-74 优化后的构造(尺寸单位:mm)

顶板顶、底板顶纵肋排气孔间距加密,间距取 30cm,优化前、后分别见图 3-75、图 3-76。

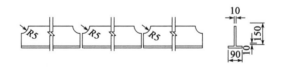

图 3-75 原构造(尺寸单位:mm)

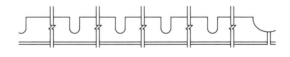

图 3-76 优化后(尺寸单位:mm)

为了兼顾提高加工制造效率,将原"结构面平齐拼接方案"(图 3-77)修改为"非结构面平齐拼接方案"(图 3-78)。为保证浇筑质量,在厚、薄板拼接处增设排气孔(图 3-79)。

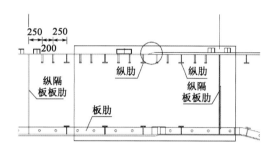

图 3-77 结构面平齐拼接方案(尺寸单位:mm)

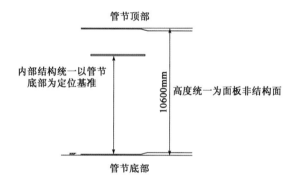

图 3-78 非结构面平齐拼接方案

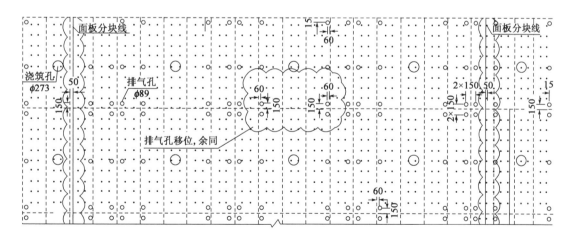

图 3-79 厚、薄板拼接处增设排气孔(尺寸单位:mm)

侧墙扁肋增加上部开孔,焊接侧上缘开直径60mm的孔,如图3-80、图3-81所示。

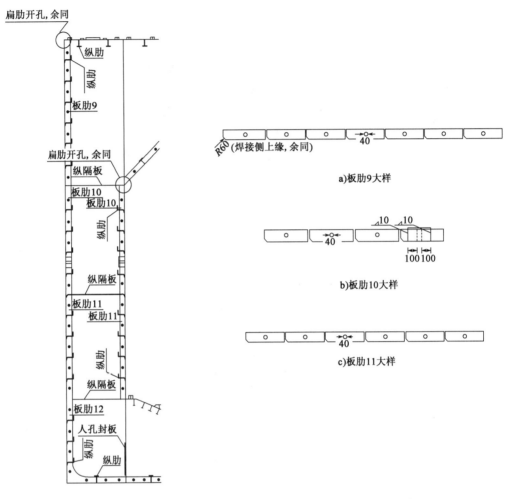

图3-80 侧墙整体(尺寸单位:mm)　　图3-81 板肋局部示意(尺寸单位:mm)

中墙、侧墙新增居中排气孔(液面监测孔),要求与顶板底、纵隔板排气孔中心对齐、通视,见图3-82～图3-85。

经浇筑验证后,三孔布置见图3-86。

标准隔仓排气孔布置根据模型试验情况移位,具体如图3-87所示。

3.4.10 底板折角构造验证优化

为解决底板折角处易脱空的问题,以利于控制浇筑质量,将底板折角改为平直段(图3-88、图3-89)。

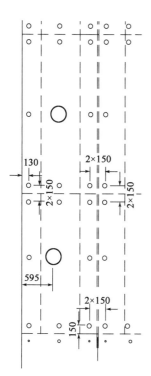

图 3-82 顶板顶侧墙 φ89mm 排气孔(尺寸单位:mm)

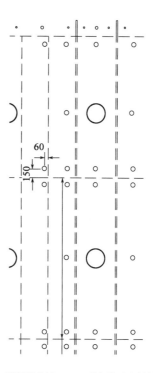

图 3-83 顶板顶中墙 φ89mm 排气孔(尺寸单位:mm)

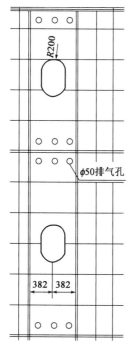

图 3-84 顶板底中墙 φ50mm 排气孔(尺寸单位:mm)

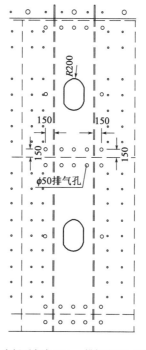

图 3-85 底板顶中墙 φ50mm 排气孔(尺寸单位:mm)

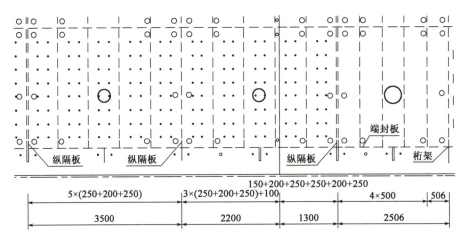

图 3-86　顶板顶平面开孔布置图(局部大样)(尺寸单位:mm)

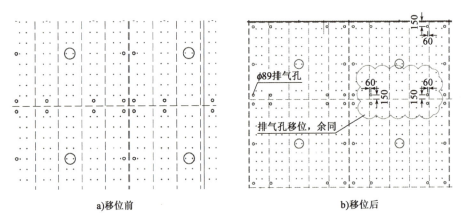

a)移位前　　　　　　　　　　　　　b)移位后

图 3-87　顶板顶平面排气孔移位(局部大样)(尺寸单位:mm)

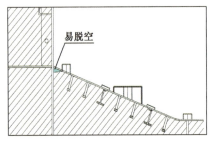 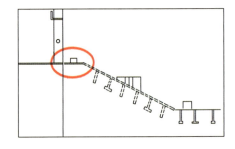

图 3-88　原底板折角构造　　　　　　图 3-89　优化底板折角构造

3.4.11　顶折板 T 肋构造验证优化

为解决顶板角处易脱空的问题,以利于控制浇筑质量,将顶折板 T 肋改为角钢(图 3-90、图 3-91)。

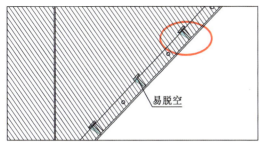
图3-90 原顶折板构造

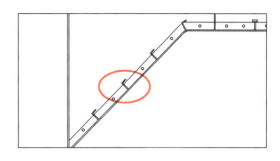
图3-91 优化顶折板构造

3.5 沉管隧道管节钢壳制造技术要求

3.5.1 主体结构

3.5.1.1 基本要求

钢壳结构施工现场质量管理应有相应的施工技术标准、健全的质量管理体系、施工质量控制和质量检验制度,应编制施工组织设计和施工技术方案并经审查批准。

各分项工程可根据与施工方式相一致且便于控制施工质量的原则,按工作班、部位、结构缝或施工段划分为若干检验批。

在浇筑混凝土之前,应对钢壳工程进行验收。验收资料应包括完整的施工操作依据和质量验收记录。

3.5.1.2 钢材要求

所有结构用钢均须符合《桥梁用结构钢》(GB/T 714—2008)的规定。

钢材厚度要求正公差,经热机械控制工艺处理。

对于厚度≥30mm 的钢板,要求抗层状撕裂性能为 Z15,采用 z 向拉伸试验的断面收缩率来评定其抗层状撕裂性能,并应符合《厚度方向性能钢板》(GB/T 5313—2010)的规定。

对于厚度≥30mm 的钢板,要求进行二级探伤检验。探伤方法按《厚钢板超声检测方法》(GB/T 2970—2016)执行,要求钢板质量等级为Ⅰ级,近焊缝区域 200mm 范围内不得有任何片状缺陷。

3.5.1.3 验收标准

考虑到工程条件的复杂性,允许在施工过程中局部调整技术要求。钢壳成品验收基本要求见表3-4、表3-5。

钢壳成品几何尺寸允许偏差 表3-4

项次	检查项目	规定值或允许偏差	检测方法	检测频率
1	管节宽度	−10mm，+25mm	用尺或激光测距仪测量	每10m一处
2	管节高度	−5mm，+20mm	用尺或激光测距仪测量	每10m一处
3	管节长度	±[10+(L−20)/10]	用尺测量	每管节2处，每处2点
4	车道孔净宽	−5mm，+15mm	用尺或激光测距仪测量	每10m一断面，每断面3处
5	中管廊净宽	±8mm	—	—
6	内孔净高	−5mm，+20mm	用尺或激光测距仪测量	—
7	构件厚度	±10mm	用尺或激光测距仪测量	每10m一断面，每断面顶、底板各4个点，每个竖墙2个测点
8	底板、侧墙水平精度	±10mm	用尺或激光测距仪测量	10m范围
9	顶板水平精度	±15mm	用尺或激光测距仪测量	10m范围
10	侧墙垂直度	±10mm	用尺或激光测距仪测量	10m范围
11	纵向端面板平整度	±10mm	用尺或激光测距仪测量	每端6个点
12	直角度	L/1000	用尺或激光测距仪测量	顶板两侧及中央四条边长

注：L为管节长度，以m为单位。

端钢壳的几何尺寸允许偏差 表3-5

项次	检查项目		规定值或允许偏差	检测方法	检测频率
1	中心间距	侧墙与中墙间距	−5mm，+15mm	用尺或激光测距仪测量	—
		中墙与中墙间距	±8mm		
2	梁以及柱弯曲		L/1000	用尺或激光测距仪测量	跨中央1点
3	翼缘板宽及隔板宽	0.5m≤W≤1.0m	±3mm	用尺或激光测距仪测量	测支点
		1.0m≤W≤2.0m	±4mm		
		W≥2.0m	±(3+W/2)		
4	面板平整度		≤4mm	用全站仪测量，平面拟合	—
5	GINA止水带接触面平整度		≤1mm	用1m直尺和塞尺量	—
6	OMEGA止水带接触面平整度		≤1mm	用0.5m直尺和塞尺量	—
7	横向垂直度		≤3mm	测量拟合面与设计面在管节左、右外缘之差	—
8	竖向倾斜度		≤3mm	测量拟合面与设计面在管节左、右外缘之差	—

注：L为管节长度，以m为单位。W为翼板板宽，以mm为单位。

3.5.2 预留预埋

3.5.2.1 基本要求

各预留洞室或设备位置均通过管节接头相对位置进行控制。预留孔洞或预埋管线时应认真核对管径、数量及相对距离,防止漏埋、误埋。施工前,必须结合设计文件对预留、预埋设计进行重新核定。

预留洞室如果与其他设备洞室纵向位置冲突,可成组(即将该设备所预留的洞室、预埋管、预留孔等作为一个整体考虑)适当纵向微调,但应注意预留洞室近边线与管节接头理论分界线的距离应不小于300cm;建议各预留洞室布置尽量模数化,避免集中布置。

隧道内所有预埋管道尽可能采用耐腐蚀钢材,与管节钢壳焊接牢靠。

埋设的管道内部要保持通畅(预埋管道施工完毕要进行管道试通),管口要预先处理圆滑、接口规范、过渡平顺,防止划伤电缆,施工中不得损伤管壁。

预埋管的接续必须采用专用接头,严禁采用胶带缠绕的方式接续。预埋管道中间不得出现断头、错位、折弯等情况。

埋设的各类洞室和管道出口处要按照图纸清楚标注桩号、名称、用途等。

3.5.2.2 验收标准

预埋件和预留孔洞的验收标准见表3-6。

预埋件和预留孔洞的允许偏差 表3-6

项次	检查项目		规定值或允许偏差	检测方法	检测频率
1	预埋件	每组内中心线相对其他构件位置	±20mm	拉线,用钢尺测量垂直和水平两方向,取大值	逐件检查
		中墙与中墙间距	±8mm		
2		梁以及柱弯曲	L/1000	用尺或激光测距仪测量	跨中央1点
3	预留洞(排烟口)	每组中心线位置	纵向±100mm,高度±50mm	拉线,用钢尺测量	逐件检查
		每组内单个排烟口相对位置	±20mm	拉线,用钢尺测量垂直和水平两方向,取大值	逐件检查
		尺寸	±10mm	用钢尺测量	逐件检查
		底边与结构顶板夹角	0.5°	用角度仪测量	逐件检查
4	预留洞(一般洞室)	中心线位置	纵向±100mm,高度±50mm	拉线,用钢尺测量	逐件检查
		尺寸	±10mm	用钢尺测量	逐件检查
		底边与结构顶板夹角	0.5°	用角度仪测量	逐件检查
5	预埋管	每组内中心线相对其他构件位置	纵向±50mm,高度±20mm	拉线,用钢尺测量	逐件检查

注:L为管节长度,以m为单位。

3.5.3 钢壳防腐涂层

3.5.3.1 基本要求

防腐涂料各性能指标、钢材表面处理、喷涂条件及工艺满足设计要求。

因烧焊导致涂料受损处，必须用同类涂层修补至同等厚度。

钢材不得有返锈或被污染现象。

镀锌件、铝件、喷锌或喷铝表面等非碳钢表面的表面处理，应遵循油漆供应商相关要求。

3.5.3.2 验收标准

钢壳防腐涂层验收标准见表3-7。

钢壳防腐涂层验收标准   表3-7

项次	检查项目	规定值或允许偏差	检测方法	检测频率
1	漆膜厚度	90%测点不低于设计要求，最小厚度不低于设计厚度的90%	GB/T 13452.2—2008	按面积的10%进行检测，每$10m^2$至少3个测点，每个测点测读3次，每次测量位置间距为25～75mm，取3次的平均值
2	钢材表面粗糙度	60～100μm	GB/T 13288.1—2008	每$10m^2$检测一次
		中等(G)	ISO 8503-2	每$10m^2$检测一次
3	附着力测试	平均值≥8MPa	GB/T 5210—2006	—

3.6 本章小结

本章通过资料调研、有限元分析、理论分析等方法研究了钢壳混凝土沉管隧道适宜结构形式，主要结论如下：

①通过有限元计算分析，对不同构造的连接件进行了分析，结果表明球扁钢由于高度较大而具有较大的抗弯惯性矩，因此施工阶段面外挠度最小，其他方案相差不大；抗剪工况下，角钢连接件刚度、承载力小于球扁钢连接件和T型钢连接件，而球扁钢连接件和T型钢连接件的承载力、刚度相近；抗拔工况下，T型钢连接件的刚度、承载力均大于角钢连接件和球扁钢连接件。综上所述，建议工程中采用T型钢连接件，其综合性能优于角钢连接件与球扁钢连接件。

②对几种常用构造的受压翼缘进行了局部稳定性分析，包括横向板肋与栓钉的不同构造形式，计算结果表明在1/1000的初始缺陷下，均不需要进行局部稳定性的折减，实际工程中可以根据需要采用。

③通过足尺模型试验，对排气孔、浇筑孔布置以及管内通气孔设置等进行了验证和研究，对深中通道沉管隧道钢壳合理构造进行了优化。

④明确钢壳制造流程及制造技术要求,规定钢壳主体结构、端钢壳、预埋件及涂层的验收标准。

⑤根据本课题研究成果,结合深中通道沉管隧道的具体设计标准和技术要求,明确了钢壳混凝土沉管隧道制造技术要求。

第4章 型钢抗剪连接件受力性能及设计方法

通过模型试验、数值模拟、理论分析等方法,研究抗剪连接件尺寸、浇筑缺陷、抗剪连接件是否设置开孔(以保证混凝土流通)、混凝土强度、混凝土及钢板受力状态等对钢-混凝土连接性能的影响,提出适宜的抗剪连接件形式以及抗剪承载力计算公式。

根据前期调研与初步研究,型钢连接件受力性能良好且在沉管结构中已有较为广泛的实践应用。施工期,型钢对面板起到加劲肋的作用;运营期,型钢作为连接件保证钢与混凝土共同工作。由于型钢连接件在施工期和运营期均充分发挥了材料性能,最大限度地节约成本、方便施工,所以设计中拟采用型钢连接件。

目前对型钢连接件的受力性能、设计方法等的研究还较少。本章拟针对型钢连接件进行构造试验,研究混凝土与钢板间的相互约束作用、局部构造对连接件性能的影响、连接件承载力计算方法与设计公式。试验设计时,重点考虑了混凝土强度、钢结构尺寸、连接件开孔、整体拉压状态、浇筑缺陷等的影响。

4.1 连接件试验分析

4.1.1 试验设计

试验采用足尺模型。试件共26组,每组为相同的3个构件,共计有78个试件。改变的试件参数主要包括:角钢尺寸、连接件形式、脱空尺寸、混凝土强度、是否设置开孔、连接件受拉/受压状态等。

试验主要采用角钢连接件,角钢规格包括 L80×50×6、L150×90×8、L150×90×10、L150×90×12、L180×110×10、L200×125×10、L200×125×12 共7种。另外,测试了T型钢连接件的受力性能,规格为 T150×90×10。全部连接件的宽度均为300mm,与混凝土板宽度相同。

混凝土与钢板(型钢)间脱空对连接件性能的影响是试验重点考察的内容。脱空形体为三棱柱,脱空高度为10mm 和20mm,脱空长度和高度之比为10,如图4-1所示。

对于受弯状态下的隧道壁板,混凝土可能处于受压或受拉状态,对连接件的受力性能可能有一定影响。试验对此进行了专门考虑。如图4-2所示:对于混凝土处于受压状态的试件,采用传统的推出试验进行模拟;对于混凝土处于受拉状态的试件,将推出试件的混凝土板内侧垫起,用螺杆约束外侧。

第4章 型钢抗剪连接件受力性能及设计方法

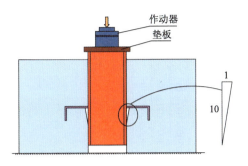

图 4-1 脱空推出试验示意图

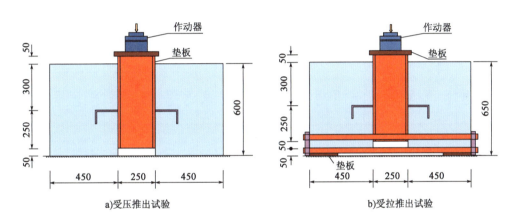

图 4-2 连接件受力形态(尺寸单位:mm)

试验还考虑了角钢方向对受力性能的影响。对于反向布置的连接件,角钢肢尖朝上,如图 4-3 所示。

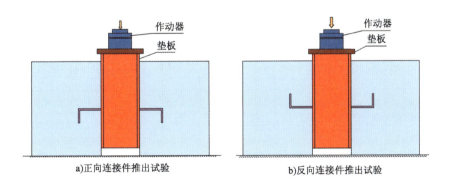

图 4-3 正、反向试件示意

试件详细参数见表 4-1。其中,"正"和"反"分别代表正向连接件和反向连接件,"拉"和"压"分别代表受拉连接件和受压连接件。

钢壳混凝土沉管隧道设计方法和合理关键构造

抗剪连接件详细参数表

表 4-1

试件编号	变化参数	数量	角钢型号	混凝土尺寸（mm×mm×mm）	母板厚度（mm）	混凝土规格	混凝土应力状态	是否设置开孔	脱空尺寸（长×宽×高）(mm×mm×mm)	受力方向
T1	基本试件	3	L150×90×10	300×450×600	12	C40	压	不设置	—	正
T2	混凝土强度	3	L150×90×10	300×450×600	12	C60	压	不设置	—	正
T3	拉压状态	3	L150×90×10	300×450×600	18	C40	拉	不设置	—	正
T4	拉压状态	3	L150×90×10	300×450×600	18	C60	拉	不设置	—	正
T5	设置开孔	3	L150×90×10	300×450×600	12	C40	压	设置	—	正
T6	设置开孔	3	L150×90×10	300×450×600	18	C40	拉	设置	—	正
T7	混凝土脱空	3	L150×90×10	300×450×600	12	C40	压	不设置	300×50×5	正
T8	混凝土脱空	3	L150×90×10	300×450×600	12	C40	压	不设置	300×100×10	正
T9	混凝土脱空	3	L150×90×10	300×450×600	18	C40	拉	不设置	300×100×10	正
T10	混凝土脱空	3	L150×90×10	300×450×600	12	C40	压	不设置	300×200×20	正
T11	受力方向	3	L150×90×10	300×450×600	12	C40	压	不设置	—	反
T12	翼缘厚度	3	L150×90×10	300×450×600	18	C40	压	不设置	—	正
T13	板件厚度	3	L150×90×8	300×450×600	12	C40	压	不设置	—	正
T14	板件厚度	3	L150×90×12	300×450×600	12	C40	压	不设置	—	正
T15	试件尺寸	3	L80×50×6	300×450×600	12	C40	压	不设置	—	正
T16	连接件尺寸	3	L180×110×10	300×450×600	12	C40	压	不设置	—	正
T17	混凝土强度	3	L180×110×10	300×450×600	12	C60	压	不设置	—	正
T18	混凝土脱空	3	L180×110×10	300×450×600	12	C40	压	不设置	300×100×10	正
T19	混凝土脱空	3	L180×110×10	300×450×600	12	C40	压	不设置	300×100×20	正
T20	连接件尺寸	3	L200×125×12	300×450×600	12	C40	压	不设置	—	正
T21	混凝土强度	3	L200×125×12	300×450×600	12	C60	压	不设置	—	正
T22	混凝土脱空	3	L200×125×12	300×450×600	12	C40	压	不设置	300×100×10	正
T23	混凝土脱空	3	L200×125×12	300×450×600	12	C40	压	不设置	300×100×20	正
T24	连接件尺寸	3	L200×125×10	300×450×600	12	C40	压	不设置	—	正
T25	连接件类型	3	T150×90×10	300×450×600	12	C40	压	不设置	—	正

4.1.2 量测方案

通过导杆位移计量测了 W 侧四组位置(图 4-4)的相对竖向变形,即南侧的滑移(SC)、角钢变形(SS)以及北侧的滑移(NC)、角钢变形(NS)。加载过程中,从 E 侧观察试验现象。

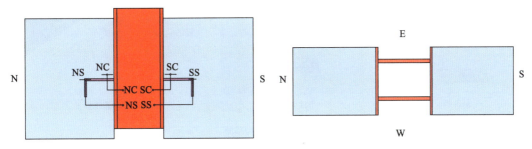

图 4-4 位移量测方案

通过应变片量测试件中间根部两侧纵向(沿箭头方向)的应变。以典型正向角钢连接件为例,应变片布置如图 4-5 所示,按照受力方向分为上表面应变片、下表面应变片。除了在根部布置应变片以外,部分连接件还沿连接件腹板高度方向布置了一定数量的应变片,研究沿连接件高度方向的曲率变化规律以及曲率随载荷的变化规律。

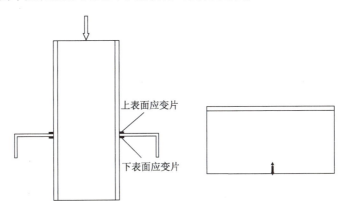

图 4-5 应变片布置方案

4.1.3 试验准备

如图 4-6 所示,连接件形式包括角钢和 T 型钢两类。参考工程设计方案,H 型钢翼缘板同连接件腹板之间、连接件腹板同翼缘板之间采用双面角焊缝。

混凝土脱空布置、混凝土模板、混凝土浇筑及连接件成型过程如图 4-7 所示。

4.1.4 材料参数

试验中,混凝土分 4 批浇筑。每次浇筑均留存边长为 150mm 的标准立方体试块,与试验构件同条件养护,并在试验加载时同期测试混凝土强度。各批次混凝土对应的试验构件及其混凝土强度实测值如表 4-2 所示。

a)角钢　　　　　　　　b)T型钢　　　　　　　　c)焊缝细节

图 4-6　钢结构部分

a)脱空布置　　　　　　　　　　　　b)混凝土模板

c)混凝土浇筑　　　　　　　　　　　d)连接件成型

图 4-7　浇筑过程及连接件成型

混凝土强度测试结果　　　　　　　　　　表 4-2

批　次	对应的连接件	150mm 立方体强度(MPa)
1	T1、T5、T9、T10、T11、T16	51.5
2	T12、T14、T15、T17、T25	55.8

续上表

批次	对应的连接件	150mm立方体强度(MPa)
3	T3、T4、T6、T8、T13、T21、T26	48.4
4	T7、T19、T20、T23、T24	49.2

本次试验中,连接件及型钢均采用 Q345 钢材。其中,连接件钢板共有 4 种厚度,包括 6mm、8mm、10mm、12mm,各规格钢板的主要力学性能指标如表 4-3 所示。

钢材力学性能测试结果　　表 4-3

板件厚度(mm)	屈服强度(MPa)	屈服应变($\times 10^{-6}$)	极限强度(MPa)	延伸率(%)
6	363	1640	501	24
8	383	1850	515	34
10	341	2109	502	28
12	392	1872	543	26

4.1.5　加载过程及破坏模式

共完成 22 组试验,共计 65 个构件(T20 的 1 号连接件未进行试验)。受压连接件和受拉连接件的加载试验如图 4-8 所示。连接件破坏后,将混凝土凿除后的钢结构部分如图 4-9 所示。

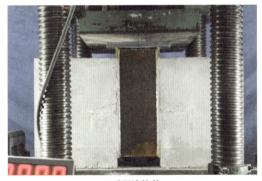
a)受压连接件

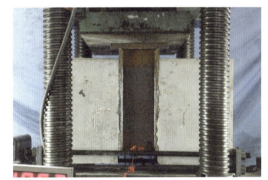
b)受拉连接件

图 4-8　加载试验图

图 4-9　试验后凿开的全部钢结构

试验中,连接件的最终承载能力均由混凝土控制,角钢包裹在混凝土中并发生一定的挠曲。试验后,将混凝土凿除后可见破坏时角钢的形态,如图 4-10 所示。

a)破坏后整体钢结构

b)左侧角钢变形

c)右侧角钢变形

图 4-10　连接件破坏时角钢形态(T1-1)

受压连接件主要发生混凝土压溃破坏、局部压溃破坏以及混凝土劈裂破坏。受拉连接件主要发生混凝土压溃破坏、混凝土劈裂破坏以及混合破坏。其中,混凝土压溃破坏形式的承载力较大,其余破坏形式的承载力均较小。正向角钢连接件的典型破坏形态见图 4-11。

a)混凝土压溃(受压连接件)

b)局部压溃(受压连接件)

图　4-11

c) 混凝土劈裂(受压连接件)

d) 混凝土劈裂(受拉连接件)

e) 混凝土劈裂(受拉连接件)

f) 混合破坏(受拉连接件)

图 4-11　典型破坏形态

T 型钢连接件和反向角钢连接件最后均发生根部混凝土压溃破坏,破坏过程类似于正向角钢连接件,但是破坏形态略有差异。如图 4-12 所示,T 型钢连接件除了下方开展混凝土裂缝外,上方也会出现向内开展的裂缝,反向角钢连接件则会形成向上的竖直劈裂裂缝。

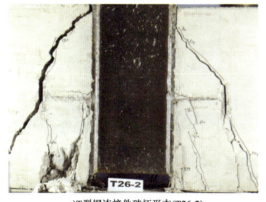
a) T 型钢连接件破坏形态(T26-2)

b) 反向连接件破坏形态(T12-1)

图 4-12　其他形式连接件破坏形态

以 T1-3 为例,典型受压连接件的压溃破坏过程如图 4-13 所示:连接件角钢肢尖处的混凝土首先发生开裂;随着荷载进一步增大,角钢附近的混凝土出现纵向和横向裂缝,表明混凝土受压进一步增大;当一侧角钢下方的混凝土发生压溃时,连接件另一侧角钢根部的混凝土也出现大量纵向裂缝,此时构件达到极限承载能力;此后,荷载减小,滑移进一步增大,直至变形过大,停止加载。

a)开裂点　　　　　　　　　　　　　　b)裂缝发展

c)混凝土压溃

图 4-13　T1-3 压溃破坏过程

以 T6-3 为例,典型受拉连接件的破坏过程如图 4-14 所示:角钢肢尖处的混凝土首先发生开裂;随着荷载增大,角钢根部的混凝土出现剪切裂缝,然后斜向裂缝进一步发展,混凝土出现斜压破坏,最终构件达到极限承载力。

a)开裂点　　　　　　　　　　　　　　b)裂缝发展

c)斜向压溃

图 4-14　T6-3 压溃破坏过程

4.1.6 剪力-滑移曲线及极限承载力

连接件滑移取南、北两侧滑移的平均值,剪力取两侧连接件剪力之和,各连接件的剪力-滑移曲线见图 4-15。各连接件在 $0.9P_u$(P_u 为极限载荷)之前,剪力-滑移曲线基本保持直线;当剪力达到 $0.9P_u$ 时曲线趋于平缓;到达 P_u 时滑移量在 2mm 以内;到达极限载荷后混凝土压溃,构件丧失承载能力。

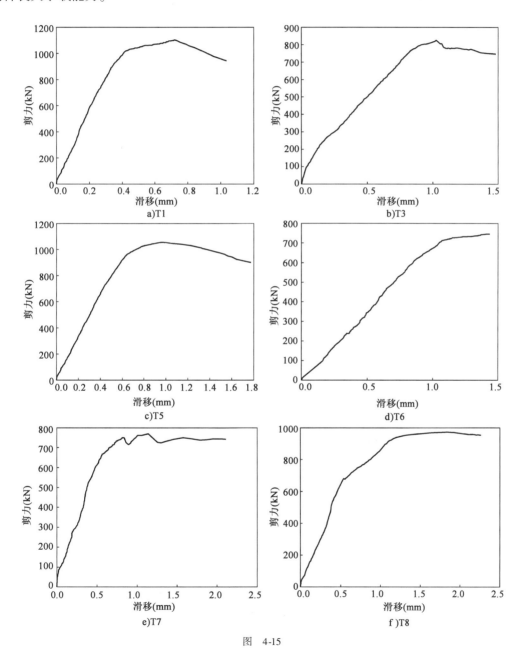

图 4-15

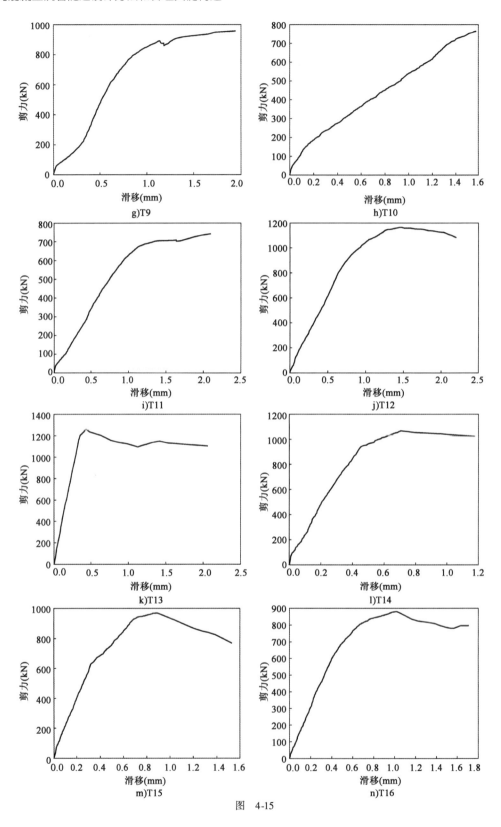

图 4-15

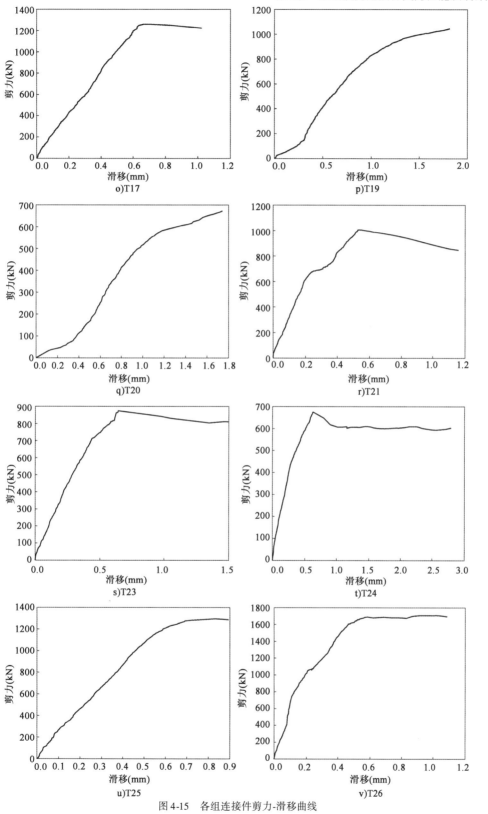

图 4-15 各组连接件剪力-滑移曲线

各推出连接件的极限承载力测试结果见表4-4。

极限承载力(单位:kN)　　　　　　　　　　表4-4

构件编号	同组连接件3个构件的测试结果			极限承载力
	1号	2号	3号	
T1	1301	1298	982	1194
T3	1088	—	1080	1084
T5	1147	994	1086	1076
T6	—	—	1064	1064
T7	847	945	798	864
T8	810	1121	1062	998
T9	939	959	969	956
T10	877	804	753	812
T11	691	722	877	763
T12	1282	1043	1291	1205
T13	1413	1270	1432	1372
T14	969	1102	1105	1058
T15	963	1029	1158	1050
T16	959	808	939	902
T17	—	1301	1121	1211
T19	—	1113	1041	1077
T20	—	792	—	792
T21	1152	1088	—	1120
T23	812	—	1211	924
T24	747	—	753	721
T25	1554	1151	—	1352
T26	1440	1779	1724	1648

4.1.7　应变及曲率测试结果

通过在连接件根部两侧布置应变片,可以测量加载过程中连接件根部上、下表面的拉、压应变。试验结果表明连接件根部下表面均为拉应变,上表面均为压应变,且拉应力大于压应力,表明连接件根部钢板处于拉弯受力状态,且极限状态时连接件根部钢板均屈服。

第4章 型钢抗剪连接件受力性能及设计方法

以 T1-3 北侧角钢为例说明受压连接件的应变-载荷规律,其中,单侧构件的剪力为总剪力的一半。从图 4-16 可以看出,初期拉压应变发展缓慢,随着构件开裂,拉压应变均快速增长,载荷为 $0.4P_u$ 时角钢根部下表面进入屈服($2000\mu\varepsilon$),载荷为 $0.95P_u$ 时角钢根部上表面进入屈服,P_u 时拉应变达 $18000\mu\varepsilon$,压应变也达到了 $4000\mu\varepsilon$,均大于屈服应变,但未到钢材的极限应变,极限状态时钢材出现了一定程度的强化。

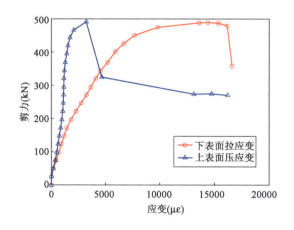

图 4-16 根部钢板拉压应变的变化(T1-3)

以 T1-1 南侧角钢为例说明连接件腹板曲率变化规律。曲率变化规律如图 4-17 所示,以下表面受拉为正。50mm 高度内曲率变化较大,由下表面受拉变为上表面受拉,根据剪力和弯矩的导数关系,连接件底部所受剪力最大。50~100mm 高度范围内负曲率逐渐减小到 0,说明连接件仍承受一定剪力且剪力方向发生改变。100mm 高度以上,曲率变化趋于平缓。此外,曲率随载荷增加会进一步增大,但曲率沿高度分布的模式基本保持不变。

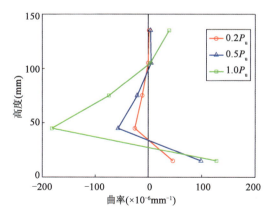

图 4-17 曲率变化规律(T1-1)

4.1.8 试验结果分析

4.1.8.1 连接件拉压状态的影响

如图 4-18 所示,拉压状态对连接件承载力的影响并不明显,但受拉时连接件刚度明显低于受压时的连接件,原因是受拉连接件所受的混凝土约束作用要弱于受压连接件。

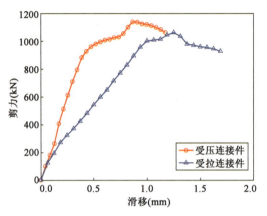

图 4-18 拉压连接件(T1、T3)剪力-滑移曲线对比

以 T6-3 为例,说明受拉连接件根部应变随荷载的发展规律。从图 4-19b)可以看出,加载初期,拉、压应变发展均较为缓慢。随着构件开裂,拉、压应变增大变快,但涨幅小于受压连接件。在载荷为 $0.92P_u$ 时,受拉连接件角钢根部下表面进入屈服,载荷为 $0.98P_u$ 时角钢根部上表面进入屈服,接近 P_u 时应变迅速增大,极限载荷时拉应变达 $19000\mu\varepsilon$,压应变也达到了 $5300\mu\varepsilon$,远大于屈服应变,但并未达到钢材的极限应变。总体来看,受拉连接件钢板根部的应变在前期发展比受压连接件缓慢,但极限状态下仍能进入屈服。

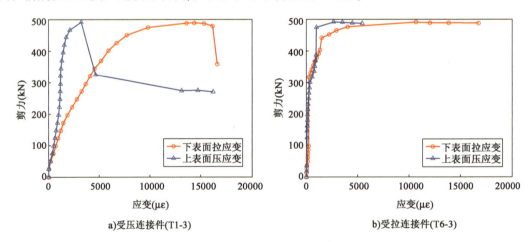

图 4-19 受拉和受压连接件应变对比

以 T3-1 为例,说明受拉连接件腹板的曲率变化规律并同受压连接件对比。从图 4-20b)可以看出:受拉连接件在高度小于 50mm 时为下表面受拉,根部曲率值最大;高度大于 50mm 时

则为上表面受拉,曲率变化随高度增加而趋于平缓。根据剪力和弯矩的导数关系,受拉连接件剪力方向一直保持不变且大小随高度增加而逐渐减小。此外,受拉连接件在载荷较小时曲率发展缓慢,当达到极限载荷时曲率迅速增加,这和图4-19b)中根部应变发展规律一致。此外,受拉连接件加载过程中,随高度增加,剪力逐渐减小且方向不发生改变,而受压连接件在高度50mm左右处剪力方向发生改变,考虑到剪力的变化是混凝土和连接件型钢间挤压造成的,因此剪力的变化程度可以表征连接件所受混凝土约束程度,因而受压连接件相对于受拉连接件具有更大的刚度和承载力。

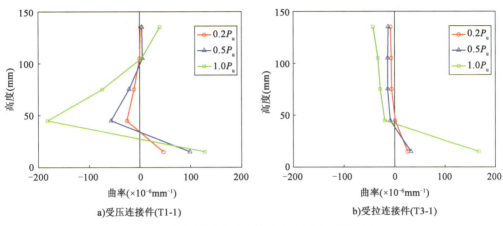

图4-20 受拉连接件和受压连接件腹板曲率变化规律对比

4.1.8.2 混凝土脱空的影响

测试了 L150×90×10(简称"L150")、L180×110×10(简称"L180")以及 L200×125×12(简称"L200")三种规格的角钢连接件在混凝土脱空情形下的受力性能。采用低弹性模量的 EVA(乙烯-醋酸乙烯共聚物)材料模拟脱空,从图4-21可以看出脱空效果良好。

图4-21 脱空效果图

以 L150 连接件为例,试验过程中脱空和非脱空连接件的破坏过程相似,首先角钢肢尖产生斜裂缝,之后角钢根部开展竖向裂缝、内部开展水平裂缝,最后角钢根部混凝土压溃破坏,如图4-22～图4-24所示。

a)裂缝产生

b)裂缝开展

c)极限状态

图4-22 非脱空连接件(T1-3)破坏过程

a)裂缝产生

b)裂缝开展

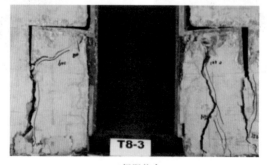
c)极限状态

图4-23 脱空10mm连接件(T8-3)破坏过程

a) 斜裂缝产生

b) 裂缝开展

c) 极限状态

图4-24 脱空20mm连接件(T11-1)破坏过程

试验后将混凝土凿除,可看到连接件破坏时角钢的形态,如图4-25所示。脱空对连接件的变形会产生一定影响,导致角钢在脱空处产生弯折,原因是角钢在脱空处没有混凝土约束而发生较大变形。

a) L150不脱空(T1-3)

b) L150脱空20mm(T11-1)

图4-25 连接件破坏时角钢形态对比

根据日本运输省港湾技术研究所清宫理等[43-44]的试验,采用L150×90×9角钢连接件时,相比无脱空连接件,三角形脱空高度为10mm、20mm、30mm的连接件的承载力分别降低11.8%、29.4%和33.8%(表4-5),与本研究的结果基本一致。

脱空连接件承载力对比   表 4-5

规格	不脱空承载力（kN）	脱空 10mm×100mm		脱空 20mm×200mm	
		承载力(kN)	降低比例(%)	承载力(kN)	降低比例(%)
L150×90×10	1194	998	16	763	36
L180×110×10	1105	978	11	792	28
L200×125×12	1014	924	9	721	29

脱空高度除了影响连接件的极限承载力,还影响连接件的剪力-滑移曲线。研究脱空对三种尺寸的角钢连接件的影响,曲线对比如图 4-26 所示。从剪力-滑移曲线对比可以看出,脱空对三组连接件承载力有明显影响,随着脱空增大,承载力和刚度均有所降低,其中 L200 受脱空影响最小。此外,脱空连接件达到极限载荷后,承载力下降比非脱空连接件平缓。

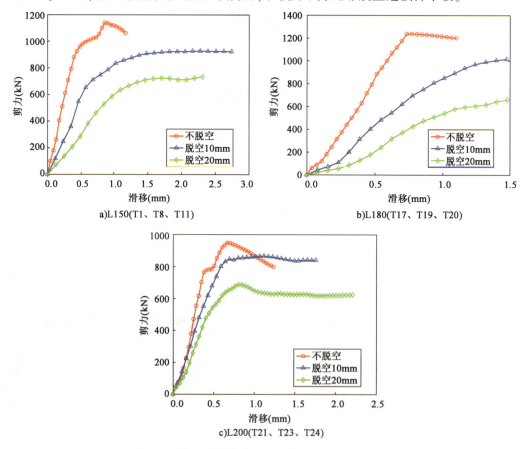

图 4-26 脱空连接件与非脱空连接件剪力-滑移曲线对比

以 L150 为例,考虑到滑移小于 0.5mm 时曲线斜率变化不大,取滑移为 0.5mm 时的割线刚度作为连接件刚度。脱空连接件与非脱空连接件刚度对比如图 4-27 所示。脱空对连接件刚度的影响大于承载力对连接件刚度的影响,脱空 20mm 时刚度可降低到非脱空连接件的 1/2 以下。

第4章 型钢抗剪连接件受力性能及设计方法

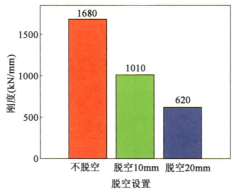

图 4-27 脱空连接件与非脱空连接件刚度对比（T1、T8、T11）

以 L150 为例，脱空连接件和非脱空连接件的应变发展规律类似，如图 4-28 所示，连接件根部下表面进入受拉屈服时的荷载约为 $0.4P_u$，上表面进入受压屈服时的荷载约为 $0.7P_u$，极限载荷时脱空连接件根部应变小于非脱空连接件。

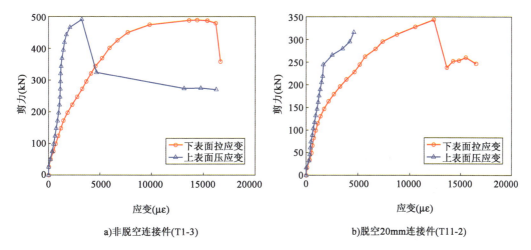

a）非脱空连接件（T1-3）　　　　b）脱空20mm连接件（T11-2）

图 4-28 脱空连接件与非脱空连接件角钢根部应变发展规律对比

如图 4-29 所示，脱空连接件和非脱空连接件腹板的曲率变化规律类似，50mm 高度以内曲率变化很大，根据剪力和弯矩的导数关系，表明两者根部剪力均很大；此外，剪力同样在高度 50mm 左右反号，高度为 50mm 以上时剪力逐渐减小。

4.1.8.3 连接件开孔的影响

对比了开孔连接件和非开孔连接件在推出试验中的力学性能差异。连接件单侧底部开孔长度为 60mm，单侧连接件长 300mm，开孔长度占连接件长度的 20%，如图 4-30 所示。

如图 4-31、图 4-32 所示，开孔连接件和非开孔连接件破坏过程相似，首先角钢肢尖产生斜裂缝，之后角钢范围内混凝土开展竖向裂缝及水平裂缝，最后角钢根部混凝土发生压溃破坏。

如图 4-33 所示，由于钢板开孔的存在，与非开孔连接件角钢根部接触的混凝土均压溃，而开孔连接件开孔处混凝土的压溃不明显。

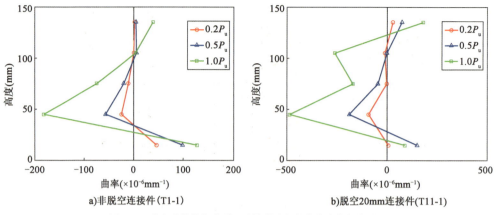

a) 非脱空连接件(T1-1)　　　　　　b) 脱空20mm连接件(T11-1)

图 4-29　脱空连接件与非脱空连接件腹板的曲率变化规律对比

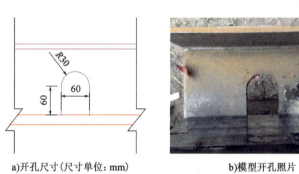

a) 开孔尺寸(尺寸单位: mm)　　　　b) 模型开孔照片

图 4-30　连接件开孔参数

a) 斜裂缝　　　　　　　　　　b) 裂缝发展

c) 极限状态

图 4-31　非开孔连接件(T1-3)破坏过程

a)斜裂缝产生

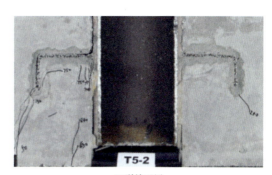
b)裂缝开展

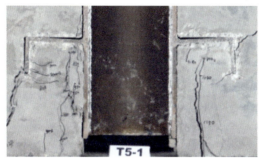
c)极限状态

图 4-32　开孔连接件(T5-1)破坏过程

a)常规连接件(T1-3)

b)非开孔连接件(T5-1)

图 4-33　开孔连接件与非开孔连接件混凝土的破坏状态对比

如图 4-34 所示,相对于非开孔连接件,开孔连接件承载力下降约 10%。取滑移为 0.5mm 时的割线刚度作为连接件刚度,可以发现开孔导致刚度降低 20%。主要是由于开孔减小了连接件腹板与混凝土的接触面积、连接件钢板根部的有效面积。

角钢底部开孔率为 20% 时,承载力降低 10%,说明开孔处混凝土部分参与受压但抗压强度并未完全发挥,这是由于开孔处混凝土通过周边混凝土的约束也可以提供一定程度的抗压能力。

4.1.8.4　连接件高度的影响

对比了足尺连接件 L150、L180 和 L200 和缩尺连接件 L80(L80×50×6)共四种尺寸连接件的力学性能差异,如图4-35所示。四种尺寸连接件的承载力均受混凝土压溃控制,且破坏形态差异不大。

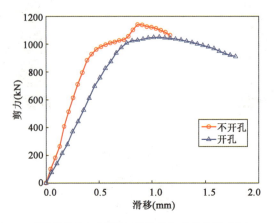

图4-34 开孔连接件和非开孔连接件剪力-滑移曲线对比(T1、T5)

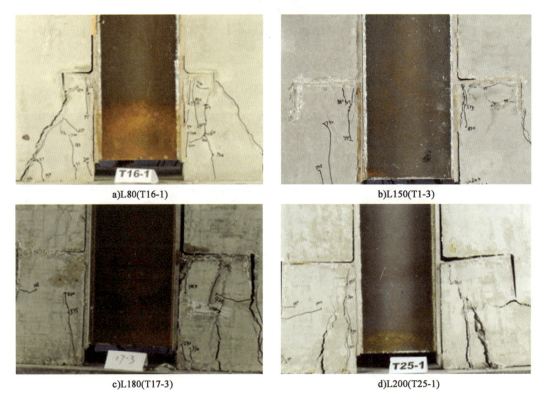

a)L80(T16-1)   b)L150(T1-3)

c)L180(T17-3)   d)L200(T25-1)

图4-35 不同尺寸连接件破坏形态对比

试验后将混凝土凿除,可看到连接件破坏时角钢的形态,如图4-36所示。四种尺寸的连接件破坏时,角钢变形模式相近,连接件腹板呈现出悬臂梁的弯曲模式,连接件翼缘出现一定的转动。

如图4-37所示,四种尺寸连接件承载力差别不大,缩尺连接件L80的承载力低于足尺连接件,缩尺连接件尺寸减小了一半但承载力仅降低25%,承载力降低的比例远小于尺寸减小的比例,主要原因是承载力由角钢根部区域的混凝土压溃起控制作用,小尺寸和大尺寸连接件混凝土压溃区大小接近,因此承载力差别不大。

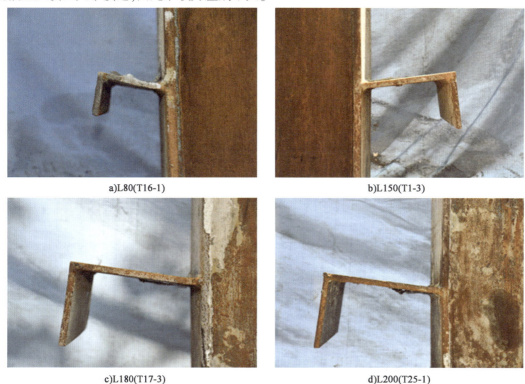

图4-36 不同尺寸连接件破坏时角钢形态对比

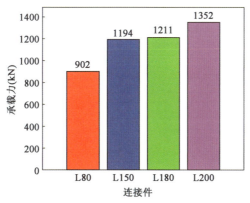

图4-37 不同尺寸连接件承载力对比(T16、T1、T17、T25)

如图4-38所示,三组足尺连接件的剪力-滑移曲线差别不大,L150初期刚度略大于L180和L200,缩尺连接件L80的承载力和刚度均小于足尺连接件但差别不如尺寸差别那么明显,说明高度达到一定值后,角钢连接件的力学性能变化很小。

如图4-39所示,三种足尺连接件腹板曲率沿高度的变化规律相近:连接件根部为正曲率(即连接件下表面受拉);高度为0~50mm时正曲率逐渐变为负曲率,下表面受拉变为上表面受拉;高度为 50~100mm 时负曲率又逐渐变为正曲率。根据弯矩和剪力的关系,三种足尺连接件的剪力均在高度 50mm 左右处出现反号,且曲率沿高度变化的幅度随着载荷增大而不断增大,说明剪力值随载荷增大而不断增大。

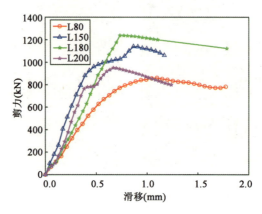

图 4-38 不同尺寸连接件剪力-滑移曲线对比(T16、T1、T17、T25)

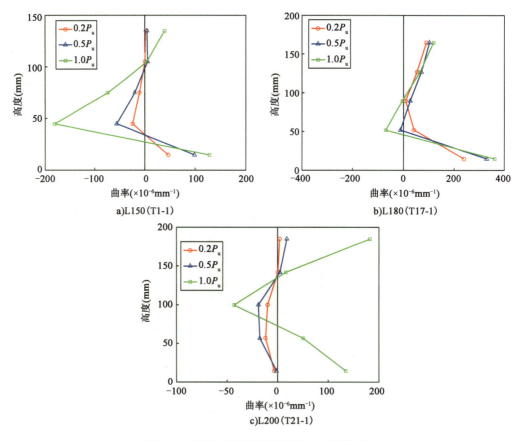

图 4-39 不同尺寸连接件的腹板曲率变化规律对比

4.1.8.5 连接件钢板厚度的影响

对比了 8mm、10mm、12mm 三种厚度的角钢连接件的受力性能。三种连接件的破坏形态见图 4-40。可以看出，不同厚度的角钢连接件均由混凝土压溃控制，三者破坏形态差别不大。

a)厚度8mm(T14-1)　　　　　　b)厚度10mm(T1-3)

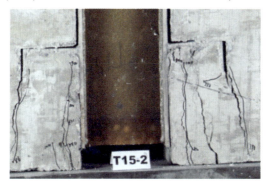

c)厚度15mm(T15-2)

图 4-40　三种不同厚度连接件破坏形态对比

试验后将混凝土凿除，可看到连接件破坏时角钢的形态，如图 4-41 所示。三种不同厚度连接件变形的差异不大，其中厚度为 8mm 的较薄角钢连接件的腹板挠曲变形更明显。

a)厚度8mm(T14-1)　　　　　　b)厚度10mm(T1-3)

图　4-41

c) 厚度12mm(T15-2)

图4-41 三种不同厚度连接件破坏时角钢形态对比

三种不同厚度连接件的承载力对比如图4-42所示。试验结果表明,角钢厚度对承载力影响较小。原因是连接件承载力由混凝土压溃控制,因此角钢厚度影响不大。

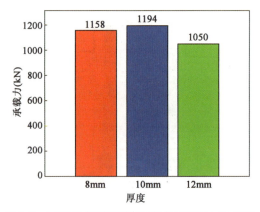

图4-42 三种不同厚度连接件承载力对比(T14、T1、T15)

如图4-43所示,三种不同厚度连接件的剪力-滑移曲线差别不大,刚度也较为接近,说明连接件受力性能受板厚影响较小。

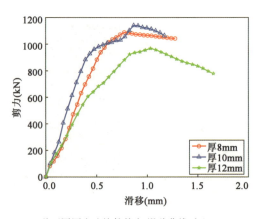

图4-43 三种不同厚度连接件剪力-滑移曲线对比(T14、T1、T15)

4.1.8.6 受力方向的影响

对比了正向和反向连接件在推出试验中的力学性能差异。二者破坏过程如图 4-44、图 4-45 所示,相似点为:首先角钢肢尖产生斜裂缝,之后角钢范围内开展竖向裂缝和水平裂缝,最后角钢根部混凝土压溃破坏。但二者破坏形态存在一定差异:顺向连接件的裂缝均位于下端,反向连接件会产生向上开展的裂缝。这主要是由反向连接件的肢尖朝上导致的。

a) 斜裂缝产生

b) 裂缝开展

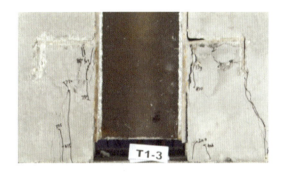
c) 极限状态

图 4-44 正向连接件(T1-3)破坏过程

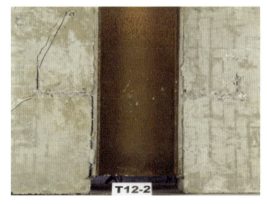
a) 斜裂缝产生

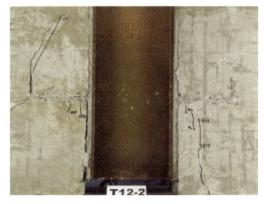
b) 裂缝开展

图 4-45

c)极限状态

图 4-45 反向连接件(T12-2)破坏过程

试验后将混凝土凿除,可看到连接件破坏时角钢的形态,如图 4-46 所示。破坏时,正向连接件和反向连接件的角钢变形模式相近,正向连接件的翼缘发生一定转动,而反向连接件翼缘基本保持平直,这是由于反向连接件角钢翼缘转动时受到内侧混凝土约束。

a)正向连接件(T1-3)

b)反向连接件(T12-2)

图 4-46 连接件破坏时角钢形态对比

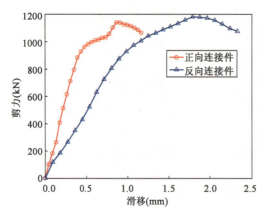

图 4-47 正、反连接件(T1、T12)剪力-滑移曲线对比

如图 4-47 所示,正向和反向连接件的承载力接近,但反向连接件的刚度小于正向连接件,主要是由于正向连接件角钢内侧混凝土承受双重挤压,导致连接件型钢受到更强的混凝土约束。取滑移为 0.5mm 时的割线刚度作为连接件的刚度,反向连接件刚度为正向连接件刚度的 50%。

如图 4-48 所示,根据弯矩-剪力关系,反向连接件的剪力方向沿高度保持不变,而正向连接件的剪力则在 50mm 左右处变号。由于剪力变化幅度反映混凝土约束的强弱,因而剪力更大幅度的变化说明正向连接件所受混凝土约束更强,具有更大刚度。

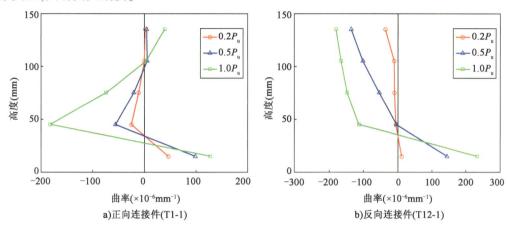

图4-48 正向连接件、反向连接件腹板的曲率变化规律对比

4.1.8.7 角钢和T型钢的影响

对比了角钢连接件和T型钢连接件的力学性能差异。二者破坏过程分别如图4-49、图4-50所示,相似点在于:首先连接件肢尖产生斜裂缝,之后连接件范围内开展竖向和水平裂缝,最后连接件根部混凝土压溃破坏。但二者破坏时裂缝形态存在一定差别:角钢连接件的裂缝均位于下端;T型钢连接件的裂缝则部分位于上端且向内开展,除了下侧混凝土参与受压以外,T型钢连接件上侧混凝土也参与受压。

a)斜裂缝产生

b)裂缝开展

c)极限状态

图4-49 角钢连接件(T1-3)破坏过程

a)斜裂缝产生　　　　　　　　b)裂缝开展

c)极限状态

图 4-50　T 型钢连接件(T26-2)破坏过程

试验后将混凝土凿除,可看到连接件破坏时角钢和 T 型钢的形态,如图 4-51 所示。破坏时 T 型钢和角钢的变形类似,T 型钢的翼缘变形更小,说明 T 型钢的翼缘板在和混凝土接触挤压过程中起到更好的锚固作用。

a)角钢(T1-3)　　　　　　　　b)T型钢(T26-2)

图 4-51　破坏时连接件变形模式

如图 4-52 所示,T 型钢连接件的承载力、刚度均大于角钢连接件,承载力提高 25%,滑移为 0.5mm 处的割线刚度提高 45% 左右。主要原因是翼缘宽度相同时,T 型钢的抗拔能力(锚固性能)要强于角钢。提高锚固性能会增强连接件与周围混凝土之间的整体性,同时较小的翼缘外伸长度改善了连接件受力前方起控制作用混凝土的受力状态,因此提高了T型钢连接件的承载能力。

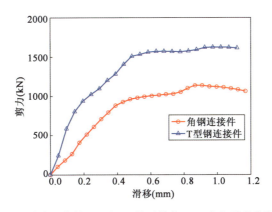

图4-52 角钢连接件(T1)和T型钢连接件(T26)剪力-滑移曲线对比

如图4-53所示,T型钢连接件的根部应变发展慢于角钢连接件,且T型钢连接件达到极限载荷时根部钢板尚未进入屈服,使T型钢连接件刚度偏大。T型钢的翼缘锚固性能优于角钢。从T型钢连接件的破坏模式可以看出,由于T型钢连接件翼缘在腹板两侧均能和混凝土发生接触挤压,因此其受力性能较强。

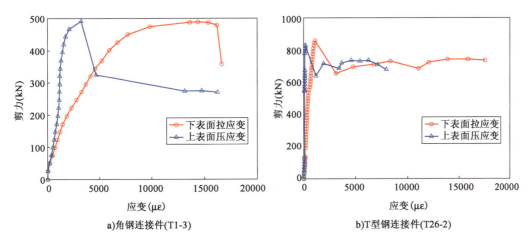

图4-53 角钢连接件和T型钢连接件应变发展规律对比

如图4-54所示,角钢连接件和T型钢连接件腹板的曲率变化规律相近:0~50mm高度范围内,曲率变化较显著,根据弯矩和剪力的导数关系,表明底部剪力很大;相比于角钢连接件,T型钢连接件在50~100mm高度范围内曲率较平缓,在100~150mm高度范围内曲率变化显著,说明T型钢连接件所受混凝土约束主要来自型钢的顶部和底部。

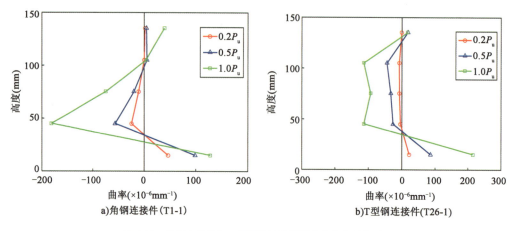

图 4-54　角钢连接件和 T 型钢连接件腹板曲率变化规律对比

4.2 连接件有限元分析

4.2.1 模型参数

本项试验均采用足尺模型。试件共 26 组，每组制作相同的 3 个构件并进行测试，共计 78 个试件。改变的试件参数主要包括角钢尺寸、连接件形式、脱空尺寸、混凝土强度、是否设置开孔、连接件受拉/受压状态等。

采用通用有限元分析软件 MSC. MARC 对推出连接件进行模拟。混凝土、角钢以及相连翼缘板均采用实体单元 SOLID75 进行模拟，根据对称性取一侧结构进行分析。针对混凝土脱空问题建立的有限元模型如图 4-55b) 所示，其中浅红色部分为混凝土，深红色部分为连接件型钢，黄色部分为连接件型钢的翼缘板，绿色部分为右侧垫板。为了更好地模拟连接件同混凝土脱开和连接件自身变形，混凝土和连接件之间采用接触算法，钢与混凝土之间的摩擦系数参考 *Code of Practice for Falsework*（BS 5975:1996）[45]取 0.1。

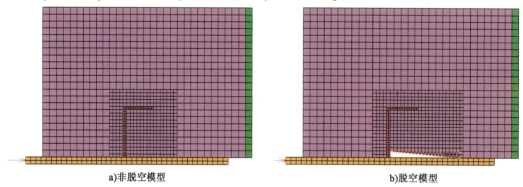

图 4-55　连接件有限元模型

考虑到连接件底部实际接触情况,采用右侧垫板来模拟实际支承面(压力试验机的支承面),垫板与混凝土之间采用接触模拟,支承面的右侧面为固定约束。考虑到连接件长度方向受力的均匀性,分别建立了平面应变以及平面应力模型进行计算和比较。

混凝土单元的材料具有受压塑性和受拉开裂的特征,角钢单元的材料为理想弹塑性材料,屈服强度为实测值,弹性模量为 2.05×10^5 MPa,垫板单元为弹性材料,弹性模量和角钢一致。混凝土抗压强度取实测值,混凝土受压应力-应变曲线采用 Rüsch 曲线。混凝土弹性极限取1/3抗压强度,弹性模量 E_c 取该点对应的割线模量,泊松比取 0.2。混凝土抗拉强度取 0.1 倍抗压强度,混凝土开裂采用固定角裂缝模型,界面剪力传递系数取 0.5。由于混凝土不涉及滞回加载,且单元静水压力较小,因此采用 von Mises 屈服准则。

4.2.2 模型比选

采用实体单元、平面应变单元、平面应力单元三种建模方法,对非脱空连接件和脱空连接件(以脱空 20mm 为代表)进行计算模拟。各模型在极限状态时的应力计算结果见图 4-56～图 4-61。

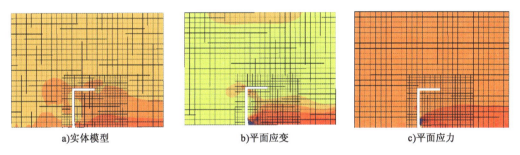

图 4-56 混凝土压应力分布(黄→红→蓝表示压应力依次加大)

图 4-57 连接件变形及弯曲应力分布(黄→红→蓝表示由最大拉应力过渡到最大压应力)

主要计算结果总结如下:

①混凝土压应力。三种模型的混凝土压应力分布相似,非脱空模型混凝土压应力集中在根部大约 20mm 高度处,最大压应力已达到混凝土强度。相比于非脱空模型,脱空模型的混凝土压应力更为集中,压溃区域更小,这是导致脱空承载力降低的主要原因。

a)实体模型　　　　　b)平面应变　　　　　c)平面应力

图 4-58　连接件剪应力分布(黄→红→蓝表示剪应力依次增大)

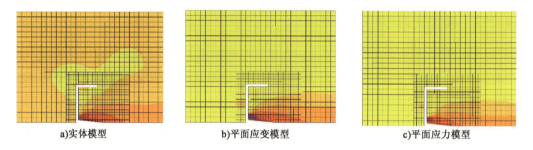

a)实体模型　　　　　b)平面应变模型　　　　　c)平面应力模型

图 4-59　混凝土压应力分布(黄→红→蓝表示压应力依次加大)

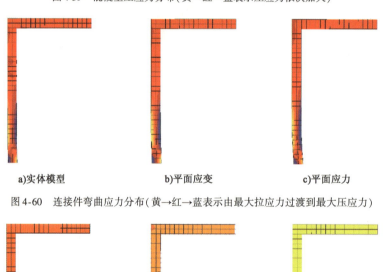

a)实体模型　　　　　b)平面应变　　　　　c)平面应力

图 4-60　连接件弯曲应力分布(黄→红→蓝表示由最大拉应力过渡到最大压应力)

a)实体模型　　　　　b)平面应变　　　　　c)平面应力

图 4-61　连接件剪应力分布(黄→红→蓝表示剪应力依次增大)

②连接件拉压应力。三种模型的连接件拉压应力分布相似,拉应力大于压应力,呈现出拉弯受力的模式,且连接件底部一段区域已进入屈服。脱空连接件根部弯曲应力大于非脱空连接件,且根部变形和屈服范围比非脱空构件大。

③剪应力。实体模型和平面应变模型底部剪应力发展更充分,且剪应力随高度增加迅速衰减,平面内只有根部很小区域存在较大剪应力,底部以上剪应力很小。三种模型中,剪应力均仅为屈服拉应力一半,说明连接件以弯曲变形和受力为主。

有限元模拟和试验的剪力-滑移曲线对比见图4-62。承载力方面,实体模型和平面应变模型基本一致,二者均大于平面应力模型。刚度方面,实体模型大于平面模型。有限元模拟、试验结果均表明脱空对连接件承载力和刚度有显著影响,但有限元结果中脱空的影响更显著,主要是由于有限元模型中的脱空处单元应力集中。

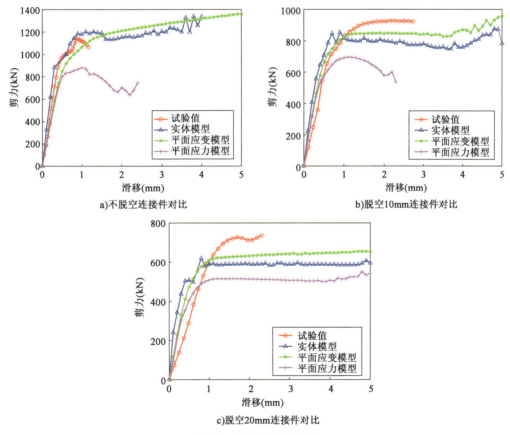

图4-62 剪力-滑移曲线对比

有限元模拟和试验的承载力及刚度对比分别见表4-6和表4-7,刚度取滑移为0.5mm时的割线刚度。对于承载力,平面应变模型和实体模型均能较好模拟试验结果,而平面应力模型的计算结果低于试验值。对于刚度,平面应变模型可以较好模拟连接件的刚度,而实体模型的刚度则显著大于试验结果,原因主要是实体单元在接触算法中存在刚度偏大的情况。从刚度和承载力两方面综合来看,可以考虑采用平面应变模型模拟连接件。

承载力对比结果（单位:kN）　　　　　　　　　　　　表 4-6

连 接 件	试 验 值	实 体 模 型	平面应变模型	平面应力模型
不脱空	1194	1205	1210	835
脱空 10mm	998	847	810	693
脱空 20mm	763	613	615	513

刚度对比结果（单位:kN/mm）　　　　　　　　　　　表 4-7

连 接 件	试 验 值	实 体 模 型	平面应变模型	平面应力模型
不脱空	1560	1995	1488	1400
脱空 10mm	1320	1700	1180	1056
脱空 20mm	620	1650	810	706

4.3 连接件承载力计算方法

4.3.1 既有连接件抗剪承载力方法

由于日本对角钢的研究较多，因此参考日本指南及 Kiyomiya 的成果。我国《钢结构设计标准》（GB 50017—2017，简称"中国规范"）仅有槽钢连接件承载力计算公式。本研究采用的主要公式见表 4-8。前两个公式为角钢连接件计算公式，第三个为中国规范的槽钢连接件承载力计算公式。从公式形式可以看出，角钢和槽钢连接件的承载力均与混凝土强度的平方根成正比，说明混凝土在其中起控制作用。

计 算 公 式 说 明　　　　　　　　　　　　　　　　　表 4-8

来源	剪切承载力(V)的计算公式	符 号 说 明
日本指南	$V = 5.6Lh\sqrt{f_c}k_1k_2k_3 \leq Ltf_y/\sqrt{3}$	L——角钢长度； h——角钢高度； f_c——混凝土强度； $k_1 \sim k_3$——分别为尺寸、翼缘以及连接件间距系数； t——角钢厚度； f_y——混凝土强度
Kiyomiya 公式	$V = 88L\sqrt{tf_c}$	L——角钢长度； t——角钢高度； f_c——混凝土强度
中国规范	$V = 0.26L(t_f + 0.5t_w)\sqrt{f_cE_c}$	L——槽钢长度； t_f——翼缘厚度； t_w——腹板厚度； f_c——混凝土强度； E_c——混凝土弹性模量

4.3.2 连接件计算公式及建议

由于表4-8列出的计算公式未考虑拉压状态、连接件开孔、连接件脱空等因素的影响,因此本研究仅对非脱空受压连接件采用上述公式进行计算,计算结果见表4-9。可以看出,日本指南及Kiyomiya公式的计算结果同试验结果吻合较好,但在连接件较高和较厚时,存在高估承载力的风险。中国规范的槽钢承载力计算值显著高于试验值,主要是由于槽钢下翼缘板以及焊缝高度增大了混凝土受压面积,提高了抗剪强度。综合来看,可以考虑采用日本指南公式进行计算,但是当角钢大于一定高度和厚度时可以保守认为承载力不受影响。

公式计算结果比较   表4-9

编号	试验值(kN)	日本指南		Kiyomiya公式		中国规范	
		计算值(kN)	计算值/试验值	计算值(kN)	计算值/试验值	计算值(kN)	计算值/试验值
T1	1194	1134	0.95	1200	1.01	3132	2.62
T3	1084	1195	1.10	1161	1.07	3014	2.78
T13	1372	1195	0.87	1162	0.85	3014	2.20
T14	1058	956	0.90	1115	1.05	2632	2.49
T15	1050	1274	1.21	1366	1.30	3948	3.76
T16	902	717	0.79	928	1.03	1879	2.08
T17	1105	1195	1.08	1247	1.13	3948	3.57
T21	1014	1306	1.29	1272	1.25	3617	3.57
T25	1199	1195	1.00	1247	1.04	3075	2.56
平均值		—	1.02	—	1.08	—	2.85
变异系数		—	0.16	—	0.13	—	0.22

采用以上公式计算日本学者的试验数据[46],发现角钢连接件和T型钢连接件计算结果存在差异(图4-63),T型钢连接件计算值/试验值均值为0.61,明显小于角钢连接件的0.77,说明T型钢连接件性能优于角钢连接件。综合之前的试验和有限元模拟结果,可以采用角钢连接件的承载力公式计算T型钢连接件的承载力。

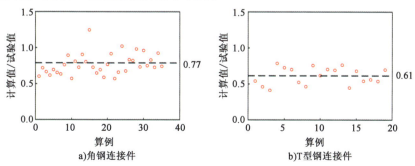

图4-63 角钢连接件和T型钢连接件计算承载力对比

4.3.3 考虑混凝土脱空等因素的修正公式

根据对试验参数的分析,影响连接件承载力的主要因素包括:连接件处混凝土拉压状态,混凝土脱空,连接件开孔。

将各因素对连接件受力性能的影响总结如下:

①通过 T3 和 T1 的对比,相对于受压状态,受拉状态下连接件的承载力有所降低,降低幅度不超过 10%。

②三组不同脱空程度的连接件推出试验结果的对比表明,脱空 10mm 时连接件承载力降低 9%~15%,脱空 20mm 时连接件承载力降低 28%~36%。

③T5 和 T1 试验结果对比表明,当底部开孔率为 20% 时,连接件承载力降低约 10%。

考虑到连接件开孔和混凝土脱空均影响连接件根部与混凝土的接触面积,此外开孔还削弱了角钢的有效面积,应进行双参数分析。

双参数分析结果如表4-10所示。比较 T8 和 T1 得出,混凝土不开孔且脱空 10mm 时,承载力降低 15%;比较 T5 和 T1 得出,混凝土底部开孔率为 20% 且不脱空时,承载力降低 10%;比较 T9 和 T1 得出,混凝土开孔率为 20% 且脱空 10mm 情况下,承载力降低 20%。

脱空、开孔承载力双参数分析(单位:kN)　　　　　表4-10

是否脱空	不开孔	20%开孔率
不脱空	1194	1076
脱空10mm	998	956

从上述分析可以看出,脱空 10mm 和开孔率 20% 两因素的共同影响为 5%。可认为该影响与开孔率、脱空尺寸有关。开孔很大的情况下,脱空影响会显著减小;脱空很大时,开孔的影响也会显著减小。可以认为两者的共同影响是脱空折减率和开孔率的乘积。

实际工程中,开孔率一般不大于 20%,且脱空高度不超过 20mm。在此参数范围内,通过上述分析得出承载力计算公式:

$$V = 5.6 l_c h_c \sqrt{f_c} k_1 k_2 k_3 \eta \times \left(1 - \frac{1.5 h_e}{100} - \frac{0.5 l_h}{l_c} + \frac{1.5 h_e}{100} \times \frac{l_h}{l_c}\right) \leq (l_c - l_h) t_c f_y / \sqrt{3} \quad (4\text{-}1)$$

式中:V——抗剪承载力(kN);

l_c——连接件长度(mm);

h_c——连接件高度(mm);

f_c——混凝土强度(MPa);

k_1——尺寸系数,$k_1 = 2.2 (t_c/h_c)^{2/3} \leq 1$;

k_2——底板系数,$k_2 = 0.4 (t_f/t_c)^{0.5} + 0.43 \leq 1$,其中 t_f 为连接件相连翼缘高度(mm);

k_3——间距系数,$k_3 = (s_c/h_c/10)^{\frac{1}{2}} \leq 1$,其中 s_c 为连接件间距(mm);

η——受力状态系数,受压连接件取 1.0,受拉连接件取 0.9;

h_e——脱空高度(mm);

l_h——根部开孔长度(mm);

t_c——连接件厚度(mm);

f_y——连接件钢材强度(MPa)。

从表4-9可以看出,连接件高度过大时,日本指南计算结果偏大。在连接件高度不超过150mm的假定下(高度大于150mm时,连接件高度取150mm),计算结果和试验结果的对比见图4-64,可见大部分数据在15%误差线内。考虑到试验的误差和离散性,推荐的计算公式精度较好。

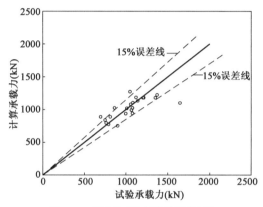

图4-64 拟合公式与试验结果的对比

4.3.4 连接件地基梁模型

最早的地基梁模型由文克尔提出,用于计算基础和土体的相互作用[47]。在桥梁领域,Maekawa和Qureshi[48]使用地基梁模型计算钢筋销栓的作用,结果表明该模型可以较好地预测钢筋的曲率分布。Gelfi等[49]用地基梁模型计算栓钉连接件的极限承载力,结果同样表明地基梁模型具有较好的精度。从上述研究可以发现,对于埋置于混凝土中的梁单元,用弹性地基梁模型模拟可以取得良好的效果。

在型钢连接件研究领域,Viest[50]最早采用地基梁模型对槽钢连接件展开研究,该模型[图4-65a)]认为槽钢腹板为埋置于混凝土中的地基梁,假定槽钢底板为刚性域,同时假定槽钢腹板无穷远端变形和转角为0。但在实际结构中,槽钢具有一定的高度,采用无穷远端的边界条件同实际工程不吻合,无法反映槽钢高度的影响。

对于角钢连接件,Saidi等通过地基梁模型对角钢腹板的变形及曲率值进行理论推导,如图4-65b)所示,假定腹板刚度时引入附加刚度,即考虑了腹板周围混凝土对腹板刚度的贡献;为了对结果进行校验,除了弹簧力以外,还假定了一定高度的外力分布。在实际试验中,角钢腹板并未和混凝土协同工作,腹板的刚度仅取决于腹板厚度,同混凝土无关。此外,只有混凝土和角钢发生相对位移时才会产生作用力,并不存在图4-65b)所示的假定外力。因此本书认为该模型不符合基本的力学规律。

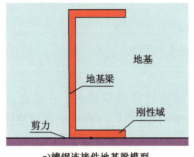
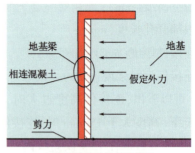

a) 槽钢连接件地基梁模型　　　　b) 角钢连接件地基梁模型

图 4-65　已有文献中的型钢连接件地基梁模型

在 Viest 和 Saidi 等的研究基础上,结合试验现象和基本力学规律,本书认为弹簧刚度只和混凝土弹性模量相关,地基梁抗弯刚度只和角钢腹板相关,腹板和混凝土之间只存在弹簧力作用。考虑到本试验中角钢腹板顶端基本不发生转动且角钢翼缘参与水平抗剪十分有限,因此考虑忽略角钢顶部的转角以及角钢翼缘和混凝土之间产生的水平力。基于上述假定,本研究提出的弹性地基梁模型如图 4-66 所示,其中 V_0 表示底部剪力,α 表示常数,E_c 表示混凝土弹性模量,E_s 表示钢材弹性模量,I_w 表示角钢腹板的截面惯性矩,K_{Mb} 表示翼缘对角钢腹板的转动约束。翼缘转动约束取决于翼缘厚度,当翼缘厚度增大时,翼缘对腹板底部转动的约束效果更好。Saidi 等通过经验确定了 K_{Mb} 的大小:

$$K_{Mb} = \frac{E_s I_f}{1.3} \tag{4-2}$$

式中:I_f——翼缘截面惯性矩。

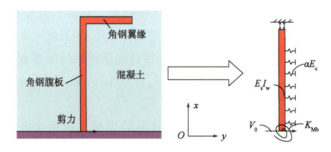

图 4-66　角钢地基梁模型

基于图 4-66 所示的地基梁模型,可以得出该模型对应的微分方程:

$$E_s I_w \frac{d^4 y}{dx^4} = -\alpha E_c y \tag{4-3}$$

式中:x——地基梁上某点距离腹板底部的距离;

y——角钢腹板相对混凝土的位移。

微分方程(4-3)的通解为:

$$y = s_0 [a_1 e^{\lambda x} \cos(\lambda x) + a_2 e^{\lambda x} \sin(\lambda x) + a_3 e^{-\lambda x} \cos(\lambda x) + a_4 e^{-\lambda x} \cos(\lambda x)] \tag{4-4}$$

式中： s_0——角钢腹板底部相对混凝土的位移；

a_1, a_2, a_3, a_4——系数；

λ——弹性地基梁特征系数，按下式计算：

$$\lambda = \sqrt[4]{\frac{\alpha E_c}{4 E_s I_w}} \tag{4-5}$$

根据图 4-66 中的模型假定，边界条件满足：

$$E_s I_w \frac{\mathrm{d}^2 y}{\mathrm{d} x^2}\bigg|_{x=0} = K_{\mathrm{Mb}} \frac{\mathrm{d} y}{\mathrm{d} x}\bigg|_{x=0} \tag{4-6}$$

$$y\bigg|_{x=0} = s_0 \tag{4-7}$$

$$\frac{\mathrm{d} y}{\mathrm{d} x}\bigg|_{x=h_w} = 0 \tag{4-8}$$

$$E_s I_w \frac{\mathrm{d}^3 y}{\mathrm{d} x^3}\bigg|_{h_w} = 0 \tag{4-9}$$

式中：h_w——连接件腹板高度。

将边界条件[式(4-6)~式(4-9)]代入式(4-4)，可以得到系数 $a_1 \sim a_4$ 的计算公式：

$$a_1 = \frac{R_b t_{11} + t_{12}}{R_b b_1 + b_2} \tag{4-10}$$

$$a_2 = \frac{R_b t_{21} + t_{22}}{R_b b_1 + b_2} \tag{4-11}$$

$$a_3 = \frac{R_b t_{31} + t_{32}}{R_b b_1 + b_2} \tag{4-12}$$

$$a_4 = \frac{R_b t_{41} + t_{42}}{R_b b_1 + b_2} \tag{4-13}$$

式中： R_b——翼缘约束系数，按式(4-14)计算：

$$R_b = \frac{K_{\mathrm{Mb}}}{\lambda E_s I_w} \tag{4-14}$$

$b_1 \sim b_2 、 t_{11} \sim t_{42}$——无量纲常数，计算公式如下：

$$b_1 = \mathrm{e}^{4\lambda h_w} + 2\mathrm{e}^{2\lambda h_w}\sin(2\lambda h_w) - 1 \tag{4-15}$$

$$b_2 = 2\mathrm{e}^{4\lambda h_w} + 4\mathrm{e}^{2\lambda h_w}\cos(2\lambda h_w) + 2 \tag{4-16}$$

$$t_{11} = \mathrm{e}^{2\lambda h_w}[\cos(2\lambda h_w) + \sin(2\lambda h_w)] - 1 \tag{4-17}$$

$$t_{12} = 2\mathrm{e}^{2\lambda h_w}\cos(2\lambda h_w) + 2 \tag{4-18}$$

$$t_{21} = \mathrm{e}^{2\lambda h_w}[\sin(2\lambda h_w) - \cos(2\lambda h_w)] + 1 \tag{4-19}$$

$$t_{22} = 2\mathrm{e}^{2\lambda h_w}\sin(2\lambda h_w) \tag{4-20}$$

$$t_{31} = \mathrm{e}^{2\lambda h_w}[\mathrm{e}^{2\lambda h_w} - \cos(2\lambda h_w) + \sin(2\lambda h_w)] \tag{4-21}$$

$$t_{32} = \mathrm{e}^{2\lambda h_w}[2\mathrm{e}^{2\lambda h_w} + 2\cos(2\lambda h_w)] \tag{4-22}$$

$$t_{41} = e^{2\lambda h_w}[e^{2\lambda h_w} - \cos(2\lambda h_w) - \sin(2\lambda h_w)] \quad (4\text{-}23)$$

$$t_{42} = 2e^{2\lambda h_w}\sin(2\lambda h_w) \quad (4\text{-}24)$$

值得注意的是,对于一般的推出试件,由于翼缘通常被加劲,因而较难发生形变,可以忽略底部转角的影响,认为 R_b 趋于 ∞ ,式(4-10)~式(4-13)中的系数 $a_1 \sim a_4$ 可以简化为:

$$a_1 = \frac{t_{11}}{b_1} \quad (4\text{-}25)$$

$$a_2 = \frac{t_{21}}{b_1} \quad (4\text{-}26)$$

$$a_3 = \frac{t_{31}}{b_1} \quad (4\text{-}27)$$

$$a_4 = \frac{t_{41}}{b_1} \quad (4\text{-}28)$$

将求得的 $a_1 \sim a_4$ 代入式(4-4),可以得到角钢腹板相对混凝土的变形分布 y,进而可以得到基底剪力 V_0 以及单位长度抗剪刚度 K_v 的计算公式:

$$V_0 = 4E_s I_w \lambda^3 \gamma_s s_0 \quad (4\text{-}29)$$

$$K_v = \frac{V_0}{s_0} = 4E_s I_w \lambda^3 \gamma_s \quad (4\text{-}30)$$

式中: γ_s ——刚度系数,计算公式如下:

$$\gamma_s = \frac{a_2 - a_1 + a_3 + a_4}{2} \quad (4\text{-}31)$$

对于一个几何参数和材料参数确定的角钢连接件,上述理论模型中的未知量仅为比例常数 α 。对本试验试件以及 Hiroshi 和 Kiyomiya[51]对含有载荷-位移曲线的部分试件的刚度计算结果进行整理,以数学处理的方式对比例常数 α 进行回归,回归结果表明比例常数 α 可以取 $2.5 \times 10^{-3} \text{mm}^{-1}$。此外,在计算混凝土弹性模量 E_c 时,参考 ACI 318 规范[52]:

$$E_c = 4734\sqrt{f'_c} \quad (4\text{-}32)$$

式中: f'_c ——混凝土圆柱体抗压强度。

4.3.5 模型校验

采用本研究提出的理论模型对本试验以及 Hiroshi 和 Kiyomiya 试验所得角钢连接件的刚度进行验证,如之前所述,刚度取 0.5 倍极限载荷时的割线刚度。验证结果见图 4-67,可以看出本研究提出的地基梁模型具有较好的精度。

由于本理论模型可以计算得到角钢腹板相对混凝土的变形分布 y,因此可以进一步计算角钢曲率分布 y''。考虑到本理论模型针对角钢正常使用阶段的力学性能,因此考虑采用 0.5 倍极限荷载时的角钢腹板曲率进行比对。理论曲率和试验曲率的对比见图 4-68,可以看出本理论模型可以较好预测连接件腹板的曲率分布特征,虽然部分试件的腹板曲率试验值同理论值有一定偏差,但是分布规律同理论模型基本一致。试验中,仅在南侧角钢布置应变片,加载时南北侧连接件的不对称性以及应变片本身的测量误差也是导致偏差的原因。

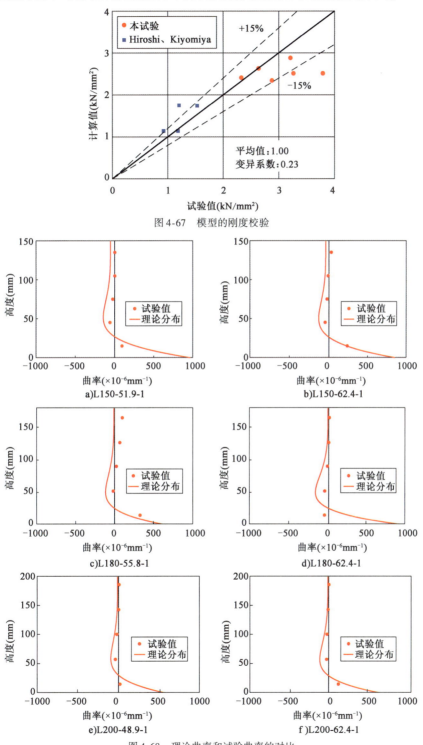

图 4-67　模型的刚度校验

图 4-68　理论曲率和试验曲率的对比

此外，还用本理论模型计算 Saidi 等的双钢板-混凝土组合梁试验中的角钢腹板曲率分布，采用公式(4-2)来考虑翼缘转动约束的影响，理论结果和试验结果的对比见图 4-69。可以看出本理论模型可较好预测双钢板-混凝土组合梁中角钢连接件的曲率分布。本理论模型在预测小尺寸连接件顶端曲率时会出现结果偏大的情况，但总体而言差别不大。这主要是由于本理论模型是基于大尺寸角钢连接件提出的，假定角钢腹板顶端为固定约束。这说明小尺寸角钢腹板顶端仍需要考虑一定的转动。

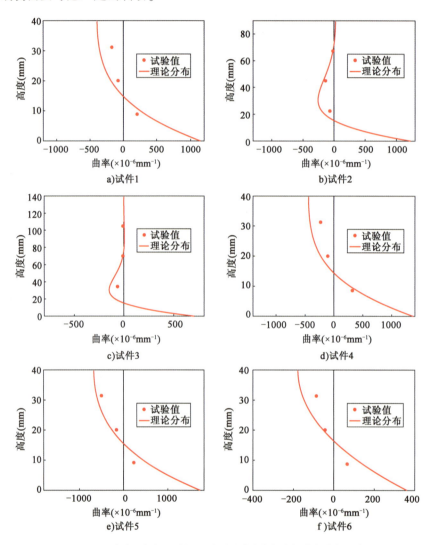

图 4-69 各类双钢板-混凝土组合梁试验中角钢腹板曲率分布校验

4.3.6 刚度简化公式

从式(4-30)可以看出，计算连接件刚度的关键在于计算刚度系数 γ_s。实际工程中，翼缘厚度要大于角钢腹板厚度，角钢腹板底部接近固定约束，采用底部固定约束的简化公式

[式(4-25)~式(4-28)]和考虑底部弹性约束的公式[式(4-10)~式(4-13)]的差别很小,实际工程中可以采用简化公式[式(4-10)~式(4-13)]。

由式(4-10)~式(4-13)中 $a_1 \sim a_4$ 的表达式可知刚度系数 γ_s 只和 λh_w 有关。γ_s 和 λh_w 的关系如图4-70所示。可以看出,当 λh_w 达到1.5左右时,刚度系数接近1。对于实际工程而言,弹性地基梁特征系数 λ 一般在 0.02~0.08,这说明当连接件高度在80mm以上时,刚度系数达到1,随着连接件高度继续增加,刚度系数基本不发生变化。而实际工程中,角钢连接件往往高于80mm,因此刚度计算公式(4-30)可以简化为:

$$K_v = \frac{V_0}{s_0} = 4E_s I_w \lambda^3 = (4E_s I_w)^{\frac{1}{4}} (\alpha E_c)^{\frac{3}{4}} \quad (4-33)$$

采用简化公式(4-33)对本试验以及 Hiroshi 和 Kiyomiya 试验中角钢连接件的刚度进行验证,验证结果如图4-71所示。从图4-71可以看出简化公式的计算结果与采用复杂模型的计算结果基本一致,同样具有良好的精度。

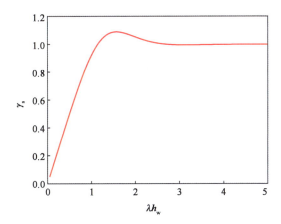

图4-70 γ_s 和 λh_w 的关系

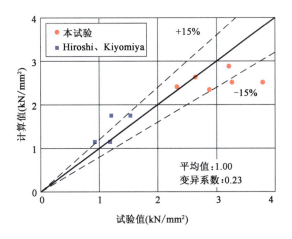

图4-71 简化刚度公式校验

4.4 考虑滑移效应的弹性应力分析

4.4.1 理论分析模型

如图 4-72 所示,以承受均布载荷的简支梁为例,考虑滑移沿梁长对称分布,因此取半跨结构进行分析,梁的宽度取单位宽度 1。

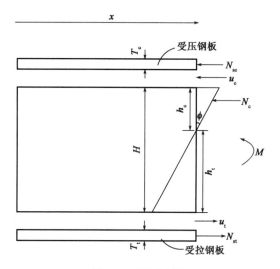

图 4-72 理论分析图

ϕ-混凝土曲率(下部受拉为正);u_t-受拉钢板滑移;u_c-受压钢板滑移;h_c-混凝土受压区高度;h_t-混凝土受拉区高度;H-混凝土高度;N_c-混凝土压力;N_{sc}-受压钢板压力;N_{st}-受拉钢板拉力;T_c-受压钢板厚度;T_t-受拉钢板厚度;M-截面弯矩

理论假定为:忽略钢板自身惯性矩;忽略受拉混凝土拉力贡献;混凝土截面满足平截面假定;滑移和界面剪力成正比。

根据应变分布和滑移规律可以得出混凝土压力、受压钢板拉力和受拉钢板拉力:

$$N_c = \frac{1}{2}\phi h_c^2 E_c \tag{4-34}$$

$$N_{sc} = \left(\phi h_c + \frac{du_c}{dx}\right)E_s T_c \tag{4-35}$$

$$N_{st} = \left(\phi h_t + \frac{du_t}{dx}\right)E_s T_t \tag{4-36}$$

考虑截面轴力平衡可以得出:

$$\frac{1}{2}\phi h_c^2 E_c + \left(\phi h_c + \frac{du_c}{dx}\right)E_s T_c - \left(\phi h_t + \frac{du_t}{dx}\right)E_s T_t = 0 \tag{4-37}$$

考虑截面弯矩平衡可以得出:

$$\frac{1}{3}\phi h_c^3 E_c + \left(\phi h_c + \frac{du_c}{dx}\right)E_s T_c h_c + \left(\phi h_t + \frac{du_t}{dx}\right)E_s T_t h_t = M \tag{4-38}$$

根据界面剪力-滑移关系以及钢板轴力和剪力的导数关系得出：

$$\frac{\mathrm{d}N_{sc}}{\mathrm{d}x} = \tau_c = K_c u_c \tag{4-39}$$

$$\frac{\mathrm{d}N_{st}}{\mathrm{d}x} = \tau_t = K_t u_t \tag{4-40}$$

式中：K_t——受拉侧单位长度滑移刚度（简称"受拉滑移刚度"）；

K_c——受压侧单位长度滑移刚度（简称"受压滑移刚度"）。

理论计算时可以认为混凝土截面中和轴不发生变化，因此式(4-37)可以转化为：

$$\frac{1}{2}h_c^2 E_c + h_c E_s T_c - h_t E_s T_t = 0 \tag{4-41}$$

又由几何关系：

$$h_c + h_t = H \tag{4-42}$$

联立可以解出：

$$h_c = \frac{-(E_s T_t + E_s T_c) + \sqrt{(E_s T_t + E_s T_c)^2 + 2E_c E_s H T_t}}{E_c} \tag{4-43}$$

进而解出：

$$\phi = \frac{-E_s T_c h_c \dfrac{\mathrm{d}u_c}{\mathrm{d}x} - E_s T_t h_t \dfrac{\mathrm{d}u_t}{\mathrm{d}x} + M}{\dfrac{1}{3}h_c^3 E_c + E_s T_c h_c^2 + E_s T_c h_t^2} \tag{4-44}$$

联立以上各式可得出：

$$\left(\frac{\mathrm{d}\phi}{\mathrm{d}x}h_c + \frac{\mathrm{d}^2 u_c}{\mathrm{d}x^2}\right) E_s T_c = K_c u_c \tag{4-45}$$

$$\left(\frac{\mathrm{d}\phi}{\mathrm{d}x}h_t + \frac{\mathrm{d}^2 u_t}{\mathrm{d}x^2}\right) E_s T_t = K_t u_t \tag{4-46}$$

代入并化简，可以得到关于滑移的微分方程组：

$$\left(-\frac{I_{sc}}{I} + 1\right)\frac{\mathrm{d}^2 u_c}{\mathrm{d}x^2} - \frac{I_{tc}}{I}\frac{\mathrm{d}^2 u_t}{\mathrm{d}x^2} - \frac{K_c}{E_s T_c} u_c + \frac{h_c}{I}\frac{\mathrm{d}M}{\mathrm{d}x} = 0 \tag{4-47}$$

$$-\frac{I_{ct}}{I}\frac{\mathrm{d}^2 u_c}{\mathrm{d}x^2} + \left(-\frac{I_{st}}{I} + 1\right)\frac{\mathrm{d}^2 u_t}{\mathrm{d}x^2} - \frac{K_t}{E_s T_t} u_t + \frac{h_t}{I}\frac{\mathrm{d}M}{\mathrm{d}x} = 0 \tag{4-48}$$

其中各参数均为广义惯性矩，定义如下：$I_c = \frac{1}{3}h_c^3 E_c$，$I_{sc} = E_s T_c h_c^2$，$I_{st} = E_s T_t h_t^2$，$I_{ct} = E_s T_t h_c h_t$，$I_{tc} = E_s T_t h_c h_t$，$I = I_c + I_{sc} + I_{st} = \frac{1}{3}h_c^3 E_c + E_s T_c h_c^2 + E_s T_c h_t^2$。

根据上述方程，结合实际工程取值，采用 MATLAB 求解。

4.4.2 模型有效性验证

为了验证模型的有效性，将分析结果与文献结果进行了比对。文献计算模型（图4-73）为受集中载荷的简支梁,其主要参数见图4-74、表4-11。本研究与文献计算结果的对比见表4-12,可以看出分析结果和文献结果差别不大,说明本研究提出的计算方法可靠。

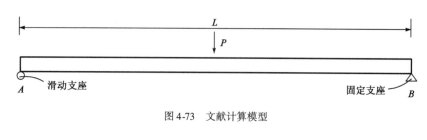

图4-73 文献计算模型

图4-74 双钢板-混凝土组合梁的计算模型

双钢板-混凝土组合梁的计算模型参数 表4-11

钢底板厚度t_t（mm）	钢顶板厚度t_s（mm）	钢板屈服强度σ_s（MPa）	混凝土厚度h_c（mm）	剪力连接件滑移刚度（kN/mm）
10	10	375	240	120
剪力连接件剪切承载力P_f(kN)	混凝土强度等级	组合梁长度L（mm）	组合梁高度h（mm）	组合梁宽度b（mm）
80	C30	1600	260	400

不同集中载荷时受压侧最大滑移对比（单位:mm） 表4-12

类别	80kN	120kN	160kN
文献结果	0.046	0.072	0.092
本研究结果	0.043	0.064	0.086

4.4.3 推出试验连接件刚度

典型受压连接件T1的剪力-滑移曲线如图4-75a)所示,可以看出曲线斜率在载荷达0.75P_u(P_u为极限载荷,下同)之前变化不大。典型受拉连接件T3的剪力-滑移曲线如图4-75b)所示,同样可以看出曲线斜率在载荷达0.75P_u之前变化不大。试件在不同载荷水平时的滑移及刚度见表4-13。可以看出,大部分试件在0.75P_u载荷下的割线刚度同0.5P_u载荷下的割线刚度基本相同,当载荷达到1.0P_u时割线刚度才出现明显下降。此外,受压连接件的剪力达到0.5P_u时滑移在0.2mm左右,受拉连接件的剪力达到0.5P_u时滑移在0.5mm左右。

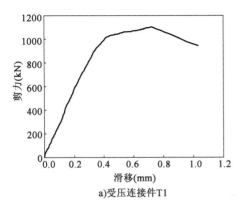
a) 受压连接件T1

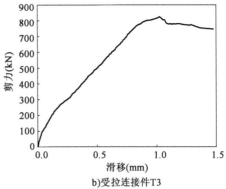
b) 受拉连接件T3

图 4-75 典型连接件的剪力-滑移曲线

试件在不同载荷水平时的滑移及刚度   表 4-13

试件编号	研究参数	滑移(mm)			刚度(kN/mm)		
		$0.5P_u$	$0.75P_u$	$1.0P_u$	$0.5P_u$	$0.75P_u$	$1.0P_u$
T1	基本试件	0.15	0.27	0.89	6.41	5.57	2.11
T3	拉压状态	0.58	0.98	1.68	1.51	1.44	1.04
T5	设置开孔	0.28	0.50	1.29	3.11	2.79	1.35
T6	设置开孔	0.45	0.62	1.31	1.96	2.27	1.35
T7	混凝土脱空	0.11	0.31	2.52	6.95	3.93	0.60
T8	混凝土脱空	0.28	0.50	5.16	2.84	2.52	0.31
T9	混凝土脱空	0.25	0.52	3.21	3.23	2.50	0.51
T10	混凝土脱空	1.32	2.07	3.16	0.59	0.60	0.49
T11	混凝土脱空	0.43	0.84	3.86	1.46	1.20	0.33
T12	受力方向	0.38	0.66	1.63	2.59	2.37	1.20
T13	翼缘厚度	0.18	0.33	0.55	6.38	5.45	4.10
T14	板件厚度	0.19	0.40	0.78	4.69	3.57	2.29
T15	板件厚度	0.29	0.54	1.02	2.89	2.45	1.61
T16	试件尺寸	0.32	0.54	1.12	2.30	2.16	1.29
T17	连接件尺寸	0.33	0.48	0.78	3.08	3.33	2.60
T19	混凝土脱空	0.32	0.76	2.99	2.86	1.96	0.62
T21	混凝土脱空	0.27	0.41	0.57	4.54	4.81	4.31
T23	连接件尺寸	0.26	0.46	1.76	3.29	2.96	0.97
T24	混凝土脱空	0.20	0.36	0.68	3.09	2.70	1.82
T25	混凝土脱空	0.33	0.50	0.94	3.36	3.60	2.38
T26	连接件尺寸	0.10	0.31	0.72	12.65	6.88	3.69

注:刚度为单位宽度连接件的割线刚度,等于试件刚度除以试件宽度(600mm)。

4.4.4 理论计算

4.4.4.1 分析模型

如图4-76所示,本算例验算截面为3,取反弯点A、B的简支梁进行计算,简化分析模型如图4-77所示。由A、B处材料应力为0,可得4个边界条件:$\left.\dfrac{du_c}{dx}\right|_{x=0}=0$,$\left.\dfrac{du_t}{dx}\right|_{x=0}=0$,$\left.\dfrac{du_c}{dx}\right|_{x=L}=0$,$\left.\dfrac{du_t}{dx}\right|_{x=L}=0$。

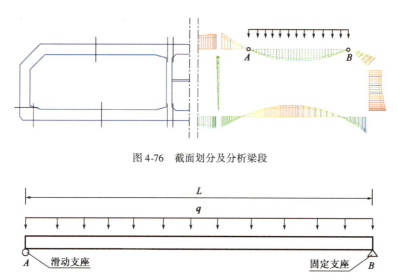

图4-76 截面划分及分析梁段

图4-77 简化分析模型

模型参数取值如下:简支梁段计算长度L取12000mm,均布载荷采用最不利断面的17.5m覆土压力和26m水压,共计360kN/m;混凝土厚1500mm,受压顶板厚14mm,受拉底板厚30mm;混凝土弹性模量取3.45×10^4MPa;顶(底)板弹性模量取2.06×10^5MPa;受压滑移刚度取受压连接件T1在$0.5P_u$时的割线刚度,单位宽度连接件的刚度取6kN/mm,并将刚度离散到连接件间距(750mm),离散后刚度为8N/mm^2;受拉滑移刚度取受拉连接件T3在$0.5P_u$时的割线刚度,单位宽度连接件的刚度取1.5kN/mm,并将刚度离散到连接件间距(600mm),离散后刚度为2.5N/mm^2。

4.4.4.2 计算结果

基于上述计算模型,采用数值计算得出实际结构的滑移,见图4-78,可以看出受压侧滑移大于受拉侧,主要是混凝土开裂退出工作以及受拉侧连接件刚度小导致的。受拉侧滑移最大值为0.55mm,小于T3试件在$0.5P_u$时的滑移量0.58mm;受压侧滑移为0.054mm,小于T1试件在$0.5P_u$时的滑移量0.15mm,说明连接件刚度的假定是合理且保守的。

不考虑滑移时跨中混凝土最大压应力为13.85MPa,考虑滑移时跨中混凝土最大压应力为

15.23MPa，增加10%（图4-79）。这是由于考虑滑移会增大截面曲率，在中和轴高度不变的假定下混凝土压应力会提高。

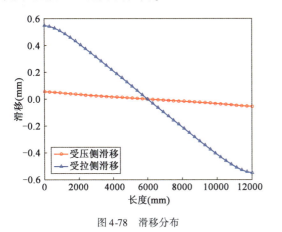

图4-78 滑移分布

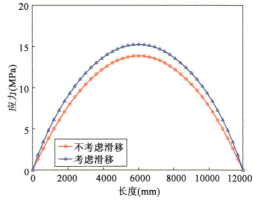

图4-79 混凝土压应力对比

不考虑滑移时跨中受压钢板最大压应力为82.67MPa，考虑滑移时跨中受压钢板最大压应力为89.30MPa，比不考虑滑移时增加了8%（图4-80）。由于考虑滑移会增大截面曲率，同时会使受压钢板应变小于同位置处混凝土应变，因此受压钢板压应力会增大，但提升幅度小于混凝土压应力。

不考虑滑移时跨中受拉钢板最大拉应力为157.65MPa，考虑滑移时跨中受拉钢板最大拉应力为151.86MPa，比不考虑滑移时减小3.7%（图4-81）。考虑滑移会增大截面曲率，同时会使受拉钢板应变小于同位置处混凝土应变，由于受拉侧滑移本身较大，因此滑移导致的应变减少量大于由曲率增大导致的应变增加量，受拉钢板应力反而会减小。

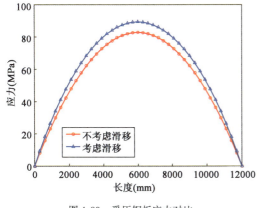

图4-80 受压钢板应力对比

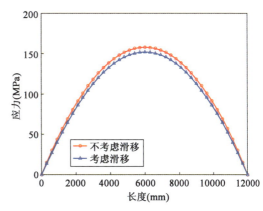

图4-81 受拉钢板应力对比

4.4.4.3 参数分析

实际结构中，连接件间距、布置不同，而且部分区域的剪力连接件刚度会受脱空的影响而削弱，此外剪力增大时连接件的刚度减小。因此，在实际结构的基础上考虑连接件刚度的折减，参数选择见表4-14。

连接件刚度参数　　　　　　　　　　　　　　表4-14

试件编号	$K_{0.5}$(kN/mm)	$K_{0.75}$(kN/mm)	$K_{1.0}$(kN/mm)
受压连接件T1	6.0	5.0	2.0
受拉连接件T3	1.5	1.4	1.0

注：$K_{0.5}$、$K_{0.75}$、$K_{1.0}$分别表示单位宽度连接件在剪力为$0.5P_u$、$0.75P_u$和$1.0P_u$时的割线刚度。

从图4-82、图4-83可以看出，滑移刚度对界面滑移影响比较大。从表4-15、表4-16可以看出，即使采用极限载荷P_u时的割线刚度$K_{1.0}$，受压侧滑移也在0.2mm以内，受拉侧滑移也仅为0.8mm。

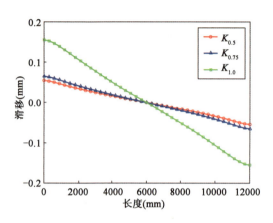

图4-82　不同刚度取值时的受压侧滑移对比　　　图4-83　不同刚度取值时的受拉侧滑移对比

不同刚度取值时的受压侧最大滑移对比　　　　　　　　表4-15

计算模型	无滑移	$K_{0.5}$	$K_{0.75}$	$K_{1.0}$
滑移(mm)	0	0.054	0.065	0.155
与$K_{0.5}$计算结果的比值	0	1	1.204	2.870

不同刚度取值时的受拉侧最大滑移对比　　　　　　　　表4-16

计算模型	无滑移	$K_{0.5}$	$K_{0.75}$	$K_{1.0}$
滑移(mm)	0	0.55	0.58	0.80
与$K_{0.5}$计算结果的比值	0	1	1.055	1.454

考虑滑移时，混凝土和受压钢板应力会有一定的提高，受拉钢板应力会降低，滑移刚度变化对应力的影响很小（图4-84~图4-86）。考虑滑移时，混凝土应力最大可增加15%，受压钢板应力最大可增加9%，受拉钢板应力则可降低5%（表4-17~表4-19）。

不同刚度取值时的混凝土最大压应力对比　　　　　　　　表4-17

计算模型	无滑移	$K_{0.5}$	$K_{0.75}$	$K_{1.0}$
应力(MPa)	13.85	15.23	15.34	15.96
与无滑移计算结果的比值	1	1.100	1.108	1.152

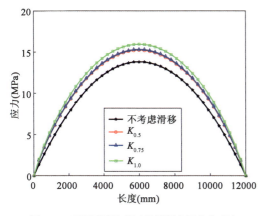

图4-84 不同刚度取值时的混凝土压应力对比

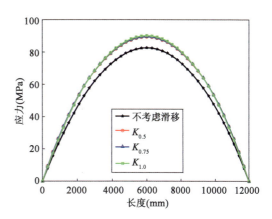

图4-85 不同刚度取值时的受压钢板应力对比

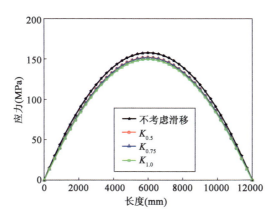

图4-86 不同刚度取值时的受拉钢板应力对比

不同刚度取值时的受压钢板最大应力对比 表4-18

计算模型	无滑移	$K_{0.5}$	$K_{0.75}$	$K_{1.0}$
应力(MPa)	82.67	89.30	89.57	90.17
与无滑移计算结果的比值	1	1.080	1.083	1.091

不同刚度取值时的受拉钢板最大应力对比 表4-19

计算模型	无滑移	$K_{0.5}$	$K_{0.75}$	$K_{1.0}$
应力(MPa)	157.65	151.86	151.49	149.47
与无滑移计算结果的比值	1	0.963	0.961	0.948

4.4.5 有限元模拟

4.4.5.1 有限元模型

采用平面应力有限元模型对分析梁段的滑移进行模拟。采用壳单元模拟混凝土,采用梁单元模拟钢板。钢板和混凝土之间采用弹簧连接。钢材为弹性材料。混凝土受压时为弹性材料,受拉本构如图 4-87 所示。采用弥散裂缝模型,混凝土达到抗拉强度后应力随着应变发展而减小。理论模型中忽略混凝土抗拉的贡献,因此有限元模型中也采用较小的混凝土抗拉强度(本模型采用 0.5MPa),其余各参数取值与理论计算相同(考虑滑移时采用 $0.5P_u$ 时的割线刚度,不考虑滑移时有限元模型弹簧刚度取极大值)。此外考虑到支座处存在集中力,因此支座处单元不考虑开裂。以正弯矩区简支梁为例,有限元模型如图 4-88 所示。

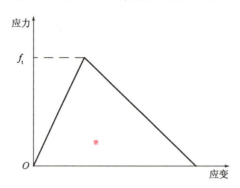

图 4-87　混凝土受拉本构

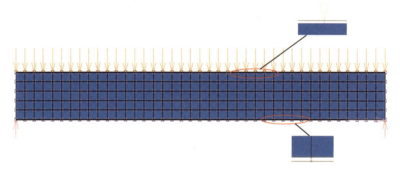

图 4-88　正弯矩区简支梁有限元模型

4.4.5.2　模拟结果及校核

对于正弯矩区梁段,除了在支座以外(有限元模型在支座处单元发生畸变),有限元模型的滑移同理论计算结果基本吻合(图 4-89)。

有限元模型的混凝土压应力略小于理论计算结果,考虑滑移时有限元模型的混凝土压应力增幅小于理论计算结果(图 4-90),这主要是由于有限元模型中部分受拉混凝土参与截面抗弯。此外,有限元模型还可以考虑中和轴高度的变化,而理论分析不考虑中和轴高度的变化情况。

不考虑滑移时有限元模型的钢板压应力和同理论计算结果相近,考虑滑移时有限元计算结果略小于理论计算结果(图 4-91),说明有限元模型的钢板压应力增幅小于理论计算结果。

有限元模型的钢板拉应力同理论计算结果相近,考虑滑移时理论计算得到的钢板拉应力会略微减小,但有限元模型中钢板拉应力几乎不受影响(图 4-92)。

第4章 型钢抗剪连接件受力性能及设计方法

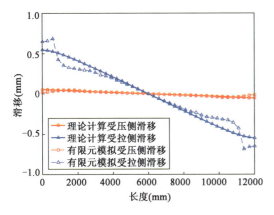

图 4-89 正弯矩区滑移的理论计算和有限元模拟对比

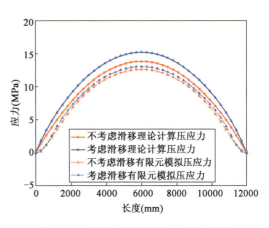

图 4-90 正弯矩区混凝土压应力的理论计算和有限元模拟对比

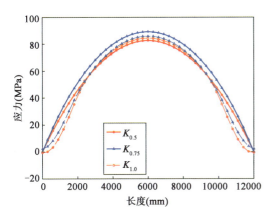

图 4-91 正弯矩区钢板压应力的理论计算和有限元模拟对比

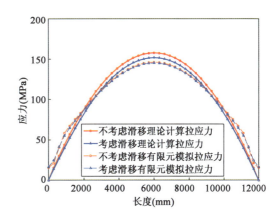

图 4-92 正弯矩区钢板拉应力的理论计算和有限元模拟对比

此外,有限元模拟同理论计算的对比见表 4-20,可以看出有限元模拟结果和理论计算结果吻合度较高。考虑到有限元模型可以反映中和轴高度的变化以及部分开裂的影响,因而下文采用有限元模型分析滑移对结构的影响。

理论计算和有限元模拟对比　　　　　　表 4-20

分析类型	滑移 (mm)		应力 (MPa)		
	受压侧	受拉侧	混凝土	受压钢板	受拉钢板
无滑移,理论计算	0.000	0.000	13.850	82.670	157.650
滑移,理论计算	0.054	0.550	15.230	89.300	151.860
无滑移,有限元模拟	0.000	0.000	12.550	84.420	146.100
滑移,有限元模拟	0.050	0.680	12.960	85.990	145.170

115

4.4.5.3 参数分析

和理论模型的参数分析一致，有限元模拟同样考虑连接件刚度变化对结构受力的影响。

不同刚度取值时受压侧滑移对比、受拉侧滑移对比分别见图 4-93 和图 4-94，可以看出滑移刚度对界面滑移影响较大。从表 4-21、表 4-22 可以看出，即使采用极限载荷 P_u 时的割线刚度 $K_{1.0}$，受压侧滑移也在 0.15mm 以内，受拉侧滑移也在 1.0mm 以内。

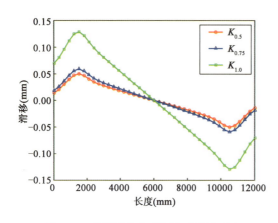 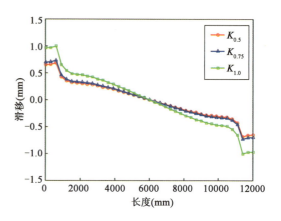

图 4-93 不同刚度取值时的受压侧滑移对比　　　　图 4-94 不同刚度取值时的受拉侧滑移对比

不同刚度取值时的受压侧最大滑移对比　　　　表 4-21

计算模型	无滑移	$K_{0.5}$	$K_{0.75}$	$K_{1.0}$
滑移（mm）	0	0.050	0.059	0.129
与 $K_{0.5}$ 计算结果的比值	0	1	1.180	2.580

不同刚度取值时的受拉侧最大滑移对比　　　　表 4-22

计算模型	无滑移	$K_{0.5}$	$K_{0.75}$	$K_{1.0}$
滑移（mm）	0	0.680	0.730	1.000
与 $K_{0.5}$ 计算结果的比值	0	1	1.074	1.471

不同刚度取值时的混凝土压应力、钢板压应力、钢板拉应力分别见图 4-95、图 4-96、图 4-97，可以看出，滑移对混凝土压应力存在一定影响，但对受压钢板和受拉钢板应力几乎没有影响。从表 4-23～表 4-25 可以看出，考虑滑移时混凝土应力最大可增加 5.6%，受压钢板应力最大可增加 1.9%，受拉钢板应力则可降低 0.6%。

不同刚度取值时的混凝土最大压应力对比　　　　表 4-23

计算模型	无滑移	$K_{0.5}$	$K_{0.75}$	$K_{1.0}$
应力（MPa）	12.55	12.96	12.99	13.25
与无滑移计算结果的比值	1	1.033	1.035	1.056

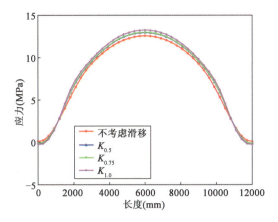
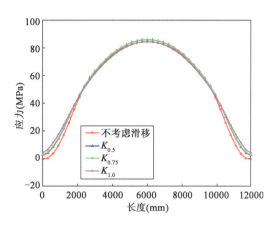

图 4-95 不同刚度取值时的混凝土压应力对比　　图 4-96 不同刚度取值时的钢板压应力对比

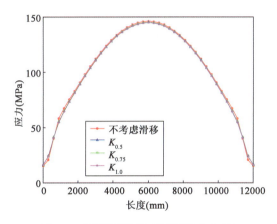

图 4-97 不同刚度取值时的钢板拉应力对比

不同刚度取值时的受压钢板最大应力对比　　表 4-24

计算模型	无滑移	$K_{0.5}$	$K_{0.75}$	$K_{1.0}$
应力（MPa）	84.42	85.99	85.90	84.47
与无滑移计算结果的比值	1	1.019	1.018	1.001

不同刚度取值时的受拉钢板最大应力对比　　表 4-25

计算模型	无滑移	$K_{0.5}$	$K_{0.75}$	$K_{1.0}$
应力（MPa）	146.10	145.17	145.13	144.84
与无滑移计算结果的比值	1	0.994	0.993	0.991

4.4.6 小结

推导了考虑滑移效应的双钢板-混凝土组合梁力学模型，并同相关文献和有限元分析结果进行对比分析，验证了模型具有可靠性。之后通过实际结构的计算以及相关参数分析，得出如下结论和建议：

①抗剪连接件在 $0.75P_u$ 时的刚度与在 $0.5P_u$ 时的刚度差异很小,因此抗剪连接件设计刚度可取 $0.75P_u$ 时的刚度。

②对于实际结构中的正弯矩梁段,相比于无滑移模型,考虑滑移效应后,理论模型混凝土压应力增大约 10%,受压钢板应力增大约 8%,受拉钢板应力减小约 4%;有限元模型混凝土压应力增大约 3.3%,受压钢板应力增大约 1.9%,受拉钢板应力减小约 0.6%。有限元模型中滑移效应的影响小于理论计算模型,主要是由于有限元模型可以考虑裂缝间混凝土受拉贡献及中和轴高度的变化。

③考虑到实际结构的纵隔板可以起到抗剪连接件的作用,横隔板可以起到抗剪腹板的作用,前者增大滑移刚度,后者减小界面剪力,这两个有利因素均可以减小界面滑移量,从而显著减小滑移对结构的影响。

因此在钢壳混凝土组合结构正常使用阶段设计中,可不考虑滑移效应对钢壳混凝土受弯构件弹性应力的影响,按考虑混凝土开裂的容许应力法进行计算,但应保证单个抗剪连接件承受的剪力不大于 $0.75P_u$。

4.5 本章小结

通过文献调研、试验、有限元模拟等,得到如下初步结论:

①根据推出试验,脱空 10mm 时连接件承载力降低 9%~15%,脱空 20mm 时承载力降低 28%~36%;开孔对连接件承载力有一定影响,底部开孔率为 20% 时承载力降低约 10%;同时考虑开孔和脱空影响时,即开孔和脱空 10mm 同时影响时,承载力降低 20%。

②混凝土处于受拉状态相比于处于受压状态时,连接件的承载力降低约 10%,主要是由连接件型钢所受混凝土约束较弱导致的。

③正向角钢连接件和反向角钢连接件承载力差别不大。

④T 型钢连接件的承载力高于角钢连接件,主要原因是 T 型钢可增强连接件与周围混凝土之间的整体性,并改善连接件受力前方混凝土的受力状态。

⑤考虑受拉/受压连接件、混凝土脱空以及连接件开孔等因素,在日本指南公式的基础上,给出了工程实用参数范围内的连接件承载力建议计算公式。

⑥在钢壳混凝土组合结构正常使用阶段设计中,可不考虑滑移效应对钢壳混凝土受弯构件弹性应力的影响,按考虑混凝土开裂的容许应力法进行计算,但应保证单个抗剪连接件承受的剪力不大于 $0.75P_u$。

第 5 章　构件抗弯性能及设计方法

沉管隧道构件的跨中部分主要承受弯矩,构件的抗弯性能与设计方法是结构设计的关键。国内外对于双钢板-混凝土组合结构的试验研究主要采用梁式试验,计算抗弯承载力时采用平截面假定的塑性设计方法。日本根据相关试验结果编制了《鋼コンクリートサンドイッチ構造設計指針(案)》(以下简称《指针(案)》),在计算沉管隧道构件抗弯性能时建议考虑上翼缘局部屈曲以及横隔板受剪的影响。

本章通过对钢壳混凝土沉管隧道结构的试验研究,对钢壳混凝土沉管隧道结构在弯矩作用下的变形及正常使用性能进行了量测,对该结构的整体性能与局部性能有了全面的认识,从而为对该体系的理论分析奠定了试验基础。除上翼缘局部屈曲对抗弯性能的影响外,试验中还重点关注混凝土浇筑缺陷(脱空)、混凝土浇筑方式(是否设置支撑结构)等对钢壳混凝土结构抗弯性能的影响,针对沉管隧道结构的具体形式提出更加适合的设计方法。

5.1　性能试验

5.1.1　试验设计

抗弯试验主要研究纯弯段抗剪连接件布置间距(受压钢板局部屈曲)、混凝土浇筑缺陷(5mm、10mm、15mm)、混凝土浇筑方式(是否设置支撑结构)等参数对钢壳混凝土结构抗弯性能的影响,基于试验提出钢壳混凝土结构抗弯承载力计算公式及最小钢板厚度、抗剪连接件间距最大限值等构造要求。

目前对角钢连接件双钢板-混凝土组合梁的相关研究还较少。双钢板-混凝土组合梁中剪力连接程度是钢、混凝土发挥组合作用的重要参数,在进行角钢连接件的研究后,需要考察不同连接程度的剪力件设计对结构重要构件的影响,提出适用于角钢连接件的双钢板-混凝土组合梁连接程度控制指标;组合梁局部受拉、压、弯、剪复合作用,需要考察组合梁在受弯时的局部性能与破坏模式,纯弯段抗剪连接件布置间距是此项研究的重要内容;沉管构件施工条件复杂,需要研究混凝土浇筑条件与浇筑质量对构件性能的影响,从而对施工过程提出约束性要求。

采用四点弯曲试验,缩尺比为1∶2,试件数量共9个,试验参数如表5-1所示。试件高度均为800mm,板件尺寸按原设计图缩尺,混凝土抗压强度等级为C50,钢材为Q345级。试验示意图见图5-1。

组合结构抗弯试验参数

表 5-1

抗弯试验批次	序号	变化参数	上翼缘厚(mm)	下翼缘厚(mm)	横隔板厚(mm)	纵隔板厚(mm)	纵肋尺寸(mm×mm×mm)	纵隔板间距(上)(mm)	上翼缘抗剪连接程度 A	上翼缘抗剪连接程度 B	横肋间距(mm)	混凝土脱空(mm)	边跨横隔板厚(mm)	浇筑是否设置支撑	受压局部失稳连接件最大间距(mm)	四分点加载受弯破坏荷载(kN)	四分点加载受剪破坏荷载(kN)
第一批	W1	基本试件	6	10	10	6	L80×50×6	375	0.68	6.48	250	0	30	否	102	385	1059
	W2	连接件间距	6	10	10	6	L80×50×6	375	0.86	6.48	100	0	30	否	102	402	1059
	W3	混凝土脱空	6	10	10	6	L80×50×6	375	0.68	6.48	250	5	30	否	102	385	1059
	W4	混凝土脱空	6	10	10	6	L80×50×6	375	0.68	6.48	250	10	30	否	102	385	1059
	W5	连接件间距	6	10	10	6	L80×50×6	375	0.77	6.48	150	0	30	否	102	395	1059
第二批	W6	混凝土脱空	6	10	10	6	L90×56×6	375	0.68	6.48	250	15	30	否	90	487	1358
	W7	支撑设置	6	10	10	6	L90×56×6	375	0.68	6.48	250	0	30	是	90	487	1358
	W8	抗剪连接程度	6	10	10	6	L90×56×6	375	0.86	6.48	100	0	30	否	90	511	1358
	W9	侧限影响	6	10	30	6	L80×50×6	375	0.52	16.10	100	0	30	是	102	487	1059

注:1. 构件长度均为1500mm×4=6000mm,宽度均为600mm,高度均为800mm。
2. 下纵肋间距均为300mm。
3. 上横肋尺寸均为35×4mm,下横肋尺寸均为50×6mm,下横肋间距均为250mm。
4. 混凝土宽度均为600mm。
5. 中跨纵隔板间距均为1500mm,边跨纵隔板间距均为750mm。
6. 上翼缘抗剪连接程度 A 按受压混凝土截面内力计算,即受压区混凝土总压力计算;上翼缘抗剪连接程度 B 按上翼缘钢板内力计算,即上翼缘总压力除以剪跨区抗剪连接件与纵隔板的总承载力(混凝土内部压力只能由剪力连接件和纵隔板及横隔板的总承载力除以剪跨区抗剪连接件、纵隔板及横隔板的总承载力(类似于工字钢上翼缘压力,腹板作用较大)。

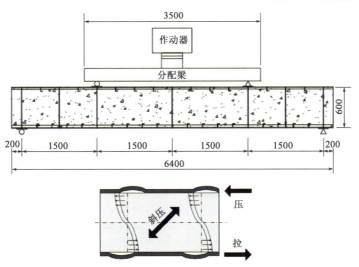

图 5-1 抗弯性能试验(尺寸单位:mm)

抗弯构件钢结构加工如图 5-2 所示。角钢在横隔板处断开,横肋穿过角钢与纵隔板。抗弯构件混凝土浇筑如图 5-3 所示,使用振动器振密混凝土,模拟实际使用的自密实混凝土。构件 W3、W4 和 W6 考虑实际混凝土浇筑中可能存在的脱空现象,分别按受压翼缘板内侧脱空 5mm、10mm、15mm 考虑。为模拟混凝土脱空,上翼缘内部粘贴低弹性模量的乙烯-醋酸乙烯共聚物(EVA)板材(图 5-4),弹性模量小于 100MPa,可以较好地模拟脱空现象。

a)钢结构下料

b)钢结构定位

c)钢结构焊接

d)钢结构成型

图 5-2

e) 钢结构隔仓

f) 钢结构上漆

g) 纵隔板局部构造

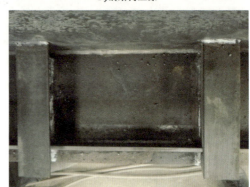
h) 角钢局部构造

图 5-2　抗弯构件钢结构加工

a) 混凝土浇筑

b) 混凝土浇筑成型

c) 混凝土养护

图 5-3　抗弯构件混凝土浇筑

a) 混凝土浇筑前　　　　　　　　　　b) 混凝土浇筑后

图 5-4　上翼缘内部粘贴低弹性模量的 EVA 板材

5.1.2　材料性能

为得到结构的材料性能,分别进行了钢材与混凝土的材料性能试验。典型的 6mm 厚度钢材的应力-应变曲线如图 5-5 所示。钢材虽为 Q345 级,但其屈服强度已达到 400MPa。该钢材具有较长的强化段,极限强度接近 550MPa,极限应变接近 0.14。该钢材的弹性模量约为 2.06×10^5 MPa,屈服后出现平台段,平台段应变范围为 0.002~0.2,平台段后出现强化段,弹性模量相比弹性段有大幅减小,且随着应变发展不断减小,约为 1.0×10^4 MPa。其他厚度钢板的应力-应变曲线类似,但屈服强度与极限强度不尽相同,不同厚度钢板的屈服强度与极限强度如表 5-2 所示,其屈服强度为 300~400MPa,极限强度为 500~550MPa。

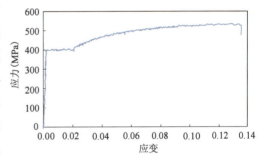

图 5-5　钢材材料性能试验(厚度 6mm)

不同厚度钢材的强度(单位:MPa)　　　　表 5-2

强　度	钢　材　厚　度				
	6mm	10mm	25mm	30mm	40mm
屈服强度	401	363	376	347	305
极限强度	536	494	545	538	506

混凝土材料性能试验结果如表 5-3 所示。由于试验室条件限制,构件两侧的混凝土在 3d 内分 2 次浇筑,浇筑时制作 150mm × 150mm × 150mm 的标准试块,轴心抗压强度按试块抗压强度的 0.76 倍考虑。第一批浇筑的 W1~W5 的轴心抗压强度约为 41.2MPa,第二批浇筑的 W6、W8 的轴心抗压强度约为 16.6MPa。

抗弯构件混凝土材性试验结果　　　　　　　　表 5-3

试 块 名 称	浇筑日期	试验日期	龄期(d)	试验荷载(kN)				轴心抗压强度(MPa)
				1	2	3	平均	
W1～W5 背面	6月11日	6月27日	16	1084	1280	1284	1216	41.1
W1～W5 正面	6月13日	6月27日	14	1284	1084	1308	1225	41.4
W6、W8 背面	7月2日	7月14日	12	432	464	484	460	15.5
W6、W8 正面	7月5日	7月14日	9	524	532	508	521	17.6

5.1.3　测点布置及数据采集

抗弯试验测点布置如图 5-6 所示。上翼缘每区格均布置应变片,以考虑可能存在的局部屈曲;上、下翼缘沿构件轴向与横向均布置应变片,以考虑可能存在的应力集中与剪力滞后;腹板沿构件高度方向布置 5 个应变片以考察平截面假定是否成立;构件底部布置 3 个位移计,其中 D2 为构件挠度的主控数据监测点。

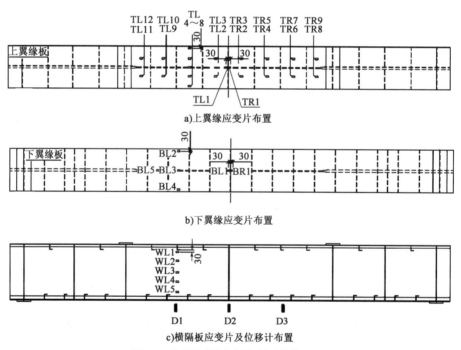

a) 上翼缘应变片布置

b) 下翼缘应变片布置

c) 横隔板应变片及位移计布置

图 5-6　抗弯试验测点布置(尺寸单位:mm)

注:1. TL1～TL12、TR1～TR9、BL1～BL5、BR1、WL1～WL5 代表应变片编号,其中"L"为左,"R"为右,"T"为上,"B"为下,"W"为横隔板。

2. D1、D2、D3 为挠度测点编号。

5.1.4　主要试验现象

W1～W6、W8 极限荷载时混凝土裂缝开展、上翼缘鼓曲情况见图 5-7。

a)W1裂缝开展

b)W1上翼缘鼓曲及混凝土压溃

c)W2裂缝开展

d)W2上翼缘鼓曲及混凝土压溃

e)W3裂缝开展

f)W3上翼缘鼓曲及混凝土压溃

g)W4裂缝开展

h)W4上翼缘鼓曲及混凝土压溃

图 5-7

i) W5裂缝开展

j) W5上翼缘鼓曲及混凝土压溃

k) W6裂缝开展

l) W6上翼缘鼓曲及混凝土压溃

m) W8裂缝开展

n) W8上翼缘鼓曲及混凝土压溃

图 5-7 抗弯构件极限荷载图

加载过程中,荷载达到 500kN 时开始出现裂缝,此时初始裂缝基本无发展;荷载达到 1500kN 左右时裂缝宽度发展到 0.2mm;荷载达到 2500kN 左右时裂缝宽度发展到 0.5mm;荷载达到 4000kN 左右时裂缝宽度发展到 1.0mm;位移接近 50mm 时,有响声发出,可能存在内部破坏。

由于构件设置了不同的纵向加劲肋(间距),不同构件呈现不同的屈曲发展模式。W1 横肋间距为 250mm,位移达到 90mm 左右时,上翼缘出现了可见的屈曲;位移达到 120mm 时,上部混凝土开始脱落;位移达到 180mm 时,上翼缘鼓曲较大,该处混凝土压溃,结构达到极限承载力。W5 横肋间距为 150mm,位移达到 160mm 左右时,上翼缘出现了可见的屈曲;位移达到 180mm 时,上翼缘屈曲更加明显;位移达到 200mm 时,屈曲处混凝土压溃,结构达到极限承载力。W2 横肋间距为 100mm,位移达到 180mm 左右时,上翼缘出现了可见的屈曲;位移达到

200mm 时,屈曲更加明显,屈曲处混凝土压溃,结构达到极限承载力。

脱空对构件屈曲的影响不大。相比于 W1,W3、W4、W6 沿上翼缘全长分别设置了 5mm、10mm、15mm 的脱空,W1、W3、W4、W6 均在位移达到 90mm 左右时出现可见屈曲,之后屈曲发展。构件 W1、W3、W4 达到相近的极限承载力,构件 W6 极限承载力相对较小,这是因为其脱空对截面削弱较大且采用了较低强度的混凝土。

考虑到在正常受力阶段,抗弯构件受拉区混凝土将开裂而退出工作,该处的抗剪连接件将不参与结构受力,按此分析,受拉区是不用配置抗剪连接件的。为对此进行验证,W8 下翼缘不设置抗剪连接件,其他几何参数与 W2 一致,以构成对比。W8 下翼缘破坏情况见图 5-8,出现了下翼缘钢板拉裂的现象,但其延性仍然较好。

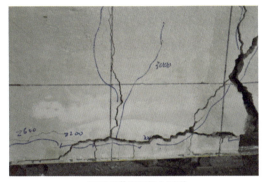 

a)W8下翼缘混凝土开裂　　　　　　　　b)W8下翼缘钢板断裂

图 5-8　W8 下翼缘破坏图

总结不同构件的加载过程:当位移小于 20mm 时,构件基本处于弹性段;位移超过 20mm 后,钢材屈服,但随着材料的强化荷载不断增大,位移达到一定程度时出现可见的局部鼓曲,但荷载仍然可以增大,直到屈曲发展严重,屈曲处混凝土压溃,结构达到极限承载力,荷载下降。

5.1.5　试验结果分析

抗弯构件的荷载-位移曲线如图 5-9、图 5-10 所示。考虑到分配梁的自重后,抗弯构件的极限荷载如表 5-4 所示。

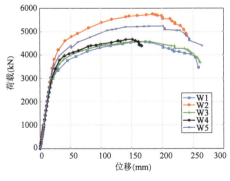 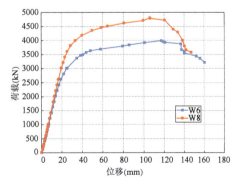

图 5-9　抗弯构件荷载-位移曲线(第一批)　　图 5-10　抗弯构件荷载-位移曲线(第二批)

抗弯构件极限荷载 　　　　　　　　　　　　　　　　表 5-4

构件	W1	W2	W3	W4	W5	W6	W8
极限荷载(kN)	4608	5797	4621	4730	5288	4037	4849

5.1.5.1 受压翼缘横肋间距的影响

抗弯构件整体延性良好。在试验中发现,构件最后的破坏都是由屈曲引发的受压区局部混凝土压溃导致。不同构件由于加劲肋布置不同,屈曲发展也不同,导致构件呈现出不同的延性与极限承载力。W2横肋间距为100mm,位移达到180mm左右时上翼缘出现了可见的屈曲,其后荷载开始下降;W5横肋间距为150mm,位移达到160mm左右时上翼缘出现了可见的屈曲,其后屈曲有一定发展,结构荷载不再增加,到位移达到200mm时荷载开始下降,相比于W2,极限承载力下降10%左右;W1横肋间距为250mm,位移达到90mm左右时上翼缘出现了可见的屈曲,位移达到180mm时上翼缘鼓曲较大,该处混凝土压溃,结构达到极限承载力,相比于W5,其极限承载力下降10%左右。

从以上分析可见,横肋间距对构件抗弯承载力有一定影响,横肋间距每增大100mm,抗弯承载力下降10%左右。考虑到加劲肋也参与截面受力,去掉加劲肋对抗弯的贡献后,加劲肋对屈曲的影响相当于其间距每增大100mm,抗弯承载力下降5%。综上所述,受压翼缘横肋间距对极限荷载的影响并不显著。

5.1.5.2 上翼缘脱空的影响

相比于W1,W3、W4、W6沿上翼缘全长分别设置了5mm、10mm与15mm的脱空。对比W1、W3、W4、W6的位移曲线,当脱空为5mm与10mm时,抗弯承载力基本不受影响;当脱空达到15mm时,排除混凝土强度的影响因素后,抗弯承载力约有5%的下降。当脱空较小时(小于10mm),截面混凝土高度下降较少,下翼缘仍能全部进入塑性,并与上翼缘、受压混凝土形成抗弯截面,所以抗弯承载力基本不受影响;当脱空较大时,对受力截面有一定削弱,抗弯承载力也受一定影响,但由于仍能形成全塑性截面,只是有效高度有所降低,所以此影响仍然不大。试验中发现W1、W3、W4、W6的屈曲发展基本相同,这说明脱空对屈曲基本无影响。

5.1.5.3 下翼缘不设置抗剪连接件的影响

相比于W2,W8下翼缘未设置抗剪连接件,其他几何参数完全相同。在排除混凝土强度不同的影响因素之后,W8的抗弯承载力相比于W2仍有大约10%的降低。试验中观察到,当下翼缘不设置抗剪连接件时,构件屈服后下翼缘钢板更容易出现应力集中,导致局部钢板应力、应变更快发展,直到发生断裂、结构破坏。下翼缘不设置抗剪连接件时,构件屈服后仍有良好的延性,经历了较长的强化段后其极限荷载降幅不大。设计中可以考虑设置部分连接件的构造措施。

此外,由于试验中所有的屈曲现象都在位移较大时发生,此时结构早已屈服,因此当不考虑屈曲时,按理想弹塑性设计的构件是偏于安全的,即结构均可以达到塑性极限承载力,并在此前不会发生局部屈曲。

5.2 有限元分析

5.2.1 有限元模型

5.2.1.1 几何模型与网格划分

采用大型通用有限元程序 MSC.MARC,对钢壳混凝土沉管隧道抗剪组合构件进行精细有限元分析,对其抗剪承载力、荷载传递机制及内力分布机制进行研究。抗剪构件有限元模型网格划分如图 5-11 所示。其中,钢结构部分使用 quad4 四边形四节点完全积分单元,沿厚度方向设置 3 个积分点;混凝土结构部分使用 hex8 立面体八节点完全积分单元。

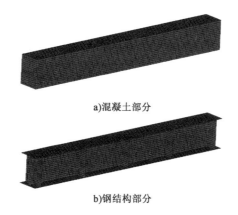

图 5-11 抗弯构件有限元模型网格划分

5.2.1.2 界面连接与接触

实际结构中,上、下翼缘面处有角钢加劲肋与板钢加劲肋,阻止钢与混凝土的相对滑移。模型中,在角钢所在位置设置弹塑性弹簧以模拟角钢连接件的滑移效应。根据已有试验的相关结果,取"1.5×最大滑移/极限承载力"作为弹簧的弹性阶段刚度,其数值为 $1000N/mm^2$,单位长度角钢的极限承载力取 $1400N/mm$,即角钢滑移达到 1.4mm 时进入塑性。

在上、下翼缘加劲肋间的部分,混凝土与钢壳间存在面面接触作用,即存在分离或挤压,当存在挤压时还可能存在摩擦作用。纵、横隔板上只设置了少量的构造加劲肋,建模中未考虑这些加劲肋的有利作用,纵、横隔板与混凝土间的作用为面面接触作用。接触采用 Segment-to-Segment 的控制方法,在接触表(Contact Table)中开启壳单元的双面接触判定,可以考虑多变形体间的接触、壳单元双面接触,使用有限滑移(Finite Sliding),使用库伦双线性(Coulomb Bi-linear)摩擦本构,偏斜系数(Bias Factor)设为 0,按实际厚度建模,接触容限设为 0,钢材与混凝土间的摩擦系数设为 0.3。

弹簧模拟与接触面设定如图 5-12 所示。

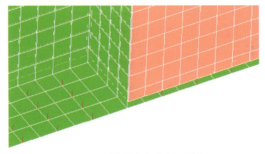

图 5-12　弹簧模拟与接触面设定

5.2.1.3　荷载模式

加载点处设置了钢垫板,防止应力集中。加载时使用 RBE2 单元约束构件垫板加载线附近的狭窄区域的竖向位移,再对 RBE2 的参考点使用单点位移加载,在 2 个四分点位置进行加载,以模拟实际试验中的可能加载模式,并得到构件的极限承载力,如图 5-13 所示。

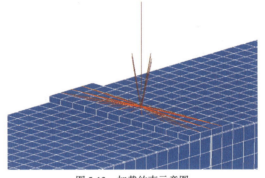

图 5-13　加载约束示意图

5.2.1.4　材料本构

使用弹塑性分析,考虑钢材屈服、混凝土屈服、开裂等因素的影响。钢材本构模型采用 von Mises 屈服面、理想塑性屈服模型,其应力-应变曲线按照钢结构材料性能试验数据取值。由于在实际试验中观察到混凝土受到较强的钢板约束作用,故混凝土本构模型采用约束混凝土本构,采用规范推荐的二次曲线,同时根据试验中观察到的压溃现象补充下降段。采用 MSC. MARC 自带的弥散裂缝模型模拟混凝土受拉,受拉时上升段视为弹性段。受拉、受压达到极限强度后都伴随软化,受压极限强度为试验得到的混凝土轴向抗压强度 f_c,受拉极限强度为 $0.3f_c^{2/3}$。材料的本构曲线如图 5-14 所示。

5.2.2　试验模型有效性校核

以构件 W2 为例,其荷载-位移曲线如图 5-15 所示,可见有限元模拟结果与试验吻合良好,最后有限元模拟因混凝土压溃而停止,可以利用有限元进行实际结构受力过程的模拟。抗弯构件弹塑性分析结果如图 5-16 所示,从图中可看出抗弯构件的中间段的上、下翼缘以及腹板都已经屈服。从应力图中可以看到,抗弯有限元模型钢结构部分下翼缘的最大主应力比其 von Mises 最大主应力大 10% 左右,说明此处的钢材受到了双向受拉的强化效应,其抗拉强度有一定的提高,考虑实际结构中组合构件受到面外的变形约束,这种双向受拉的强化效应将更加明显。从混凝土主应变分布图中可以看出混凝土为受弯破坏模式,跨中区的混凝土已经开裂。

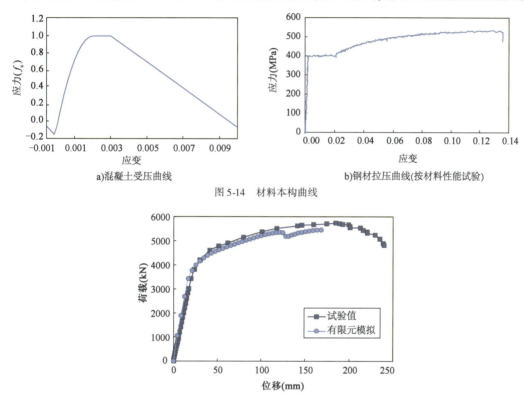

a) 混凝土受压曲线　　　　　　　　b) 钢材拉压曲线(按材料性能试验)

图 5-14　材料本构曲线

图 5-15　抗弯构件 W2 的荷载-位移曲线

有限元模拟反映了构件的双向强化效应,与试验结果符合良好。实际结构的纯弯段的应变发展是不均匀的,相比于有限元模拟较为均匀的结果将强化更多,所以有限元模拟结果比试验结果小。

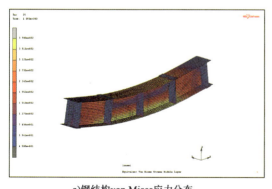
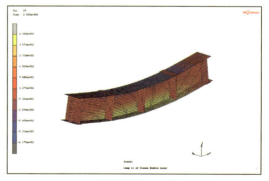

a) 钢结构 von Mises 应力分布　　　　　　　　b) 钢结构轴向应力分布

图　5-16

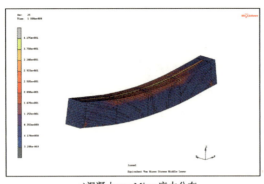 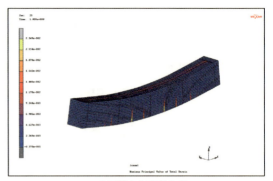

c)混凝土von Mises应力分布　　　　　　　　d)混凝土主应变分布

图 5-16　抗弯构件弹塑性分析结果(有限元软件截图)

5.3　承载力计算方法

5.3.1　现有计算公式校核

国内外规范对梁式构件抗弯承载力的计算方法比较相近,均采用平截面假定下的极限平衡法。《钢结构设计规范》(GB 50017—2017)规定,对于受压钢板,需要验算其稳定性,采用刚性加劲时不需要对受压钢板强度(或面积)进行折减,采用柔性加劲肋时需要对受压钢板强度(或面积)进行折减。

日本《指针(案)》建议参考钢筋混凝土构件,按照塑性理论计算 SCS 组合结构的抗弯承载力,如图 5-17 所示,但须特别考虑以下两点:

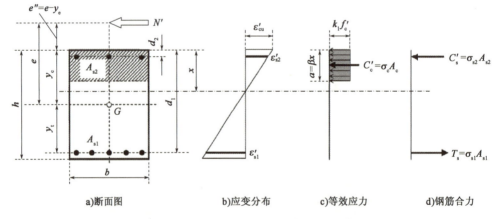

a)断面图　　　　　　b)应变分布　　　　c)等效应力　　　　d)钢筋合力

图 5-17　钢筋混凝土构件截面抗弯承载力计算

b-混凝土梁宽;h-混凝土梁高;y_t-梁中心到下排钢筋的距离;y_c-梁中心到梁顶的距离;d_1-梁顶到下排钢筋的距离;d_2-梁顶到上排钢筋的距离;e-轴力到梁中心的偏心距;e''-轴力到梁顶的距离;x-混凝土有效高度;ε'_{cu}-混凝土极限压应变;ε'_{s1}-下排钢筋拉应变;ε'_{s2}-上排钢筋压应变;k_1-混凝土受压应力-应变曲线系数;f'_c-混凝土抗压强度;α、β-等效矩形应力图形系数;C'_c-混凝土受到的压力;σ_c-混凝土压应力;A_c-混凝土受压面积;C'_s-钢筋受到的压力;σ_{s1}-钢筋拉应力;σ_{s2}-钢筋压应力;T_s-钢筋受到的拉力;A_{s1}-钢筋受拉面积;A_{s2}-钢筋受压面积;N'-偏心轴力

一是受压钢板局部屈曲的影响,考虑局部屈服的受压钢板抗压强度设计值f'_{ud}应通过下式计算:

$$f'_{ud} = (t_f/b)\sqrt{E_s f'_{yd}} \tag{5-1}$$

式中:t_f——受压钢板的厚度;

b——受压钢板的纵向加劲肋布置间隔,如图 5-18 所示;

f'_{yd}——受压钢板的抗压屈服强度设计值。

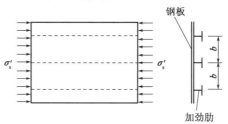

图 5-18 受压钢板加劲肋布置

二是截面剪力对横隔板屈服应力的影响。考虑截面剪力的横隔板抗拉强度设计值f_{eyd}、抗压屈服强度设计值f'_{eyd}分别为:

$$f_{eyd} = f_{wyd}(1 - \sigma_w/f_{wyd}) \tag{5-2}$$

$$f'_{eyd} = f'_{wyd}(1 - \sigma_w/f_{wyd}) \tag{5-3}$$

式中:f_{wyd}、f'_{wyd}——分别为横隔板抗拉、抗压屈服强度设计值,不得大于392.3MPa;

σ_w——横隔板中的拉应力,其值为$f_{wyd}(V_d - V_{od})/(V_{u2d} - V_{od})$,其中,$V_d$为作用在截面上的设计剪力,$V_{od}$为承载能力极限状态时桁架机构以外机构提供的抗剪承载力,可偏于安全地取0,V_{u2d}为当横隔板屈服时的抗剪承载力设计值,参考本书第 6.3 节抗剪部分取值。

因受弯构件剪力大的区域与弯矩大的区域一般不重合,《钢结构设计规范》(GB 50017—2017)的抗弯承载力计算公式不考虑弯剪耦合效应,该设计公式可能存在进一步优化的空间。

此外,根据《公路钢结构桥梁设计规范》(JTG D64—2015),一般组合梁的栓钉最大间距限值为$18t_f\sqrt{345/f_y}$(其中 t_f 为受压钢板的厚度,f_y 为钢材屈服强度,下同);根据《钢结构设计规范》(GB 50017—2017),一般组合梁的栓钉最大间距限值为$22t_f\sqrt{235/f_y}$;根据《钢板剪力墙技术规程》(JGJ/T 380—2015),组合剪力墙布置 T 型加劲肋的间距限值为$60t_f\sqrt{235/f_y}$。根据《公路钢结构桥梁设计规范》(JTG D64—2015)与《钢结构设计规范》(GB 50017—2017),构件 W2 的受压钢板满足塑性稳定要求,不需要进行折减;构件 W1、W3、W4、W5 的受压钢板不满足塑性稳定要求,需要进行折减。根据《钢板剪力墙技术规程》(JGJ/T 380—2015),构件 W1~W5 的受压钢板均满足塑性稳定要求,不需要进行折减。

此外,如采取如图 5-19 所示的型钢加劲肋与栓钉交错布置的构造方式,可将型钢作为简支边界,根据《钢板剪力墙技术规程》(JGJ/T 380—2015),栓钉与型钢间距限值可取$40t_f\sqrt{235/f_y}$,若两型钢间布置一个栓钉,则型钢间距可以放宽至$80t_f\sqrt{235/f_y}$。

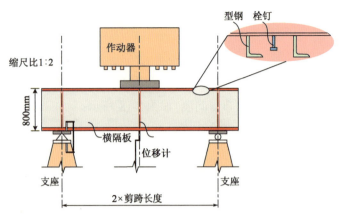

图 5-19　型钢加劲肋与栓钉交错布置

材料试验表明,钢材在屈服平台后有一个较长的强化段,强化段一般从应变达到 0.02 开始。通过试验中的应变数据发现,当结构达到极限荷载时,钢板的应变在 0.02 左右,因此构件上、下翼缘钢材存在一定强度的强化,应按实际应变对应的强化强度进行极限承载力的计算(钢材应变为 0.02 时,上、下翼缘对应的单向强度均为 400MPa 左右)。

表 5-5 给出了不考虑受压钢板折减、按照《公路钢结构桥梁设计规范》(JTG D64—2015)柔性加劲对受压钢板宽度进行折减以及日本《指针(案)》建议公式对受压钢板进行强度折减的计算结果。从表中可以看到,按实际应变强化强度计算的抗弯极限承载力仍比试验值低 10%~20%,这是由于钢板与混凝土在协同受力时分别受到相互的侧向约束,钢板的实际塑性发展大于单向受力的情况,其轴向应力大于其 von Mises 应力,因此出现了双向强化效应。试验与有限元分析都验证了双向强化效应,即约束条件下的钢材单向屈服应力将比无约束条件下的单向屈服应力大 10% 左右,这将导致结构的抗弯承载力提高 10% 左右。

采用不同方式计算得到的抗弯构件极限承载力　表 5-5

构件	试验值(kN)	日本《指针(案)》		《公路钢结构桥梁设计规范》(JTG D64—2015)		全截面塑性(不考虑受压钢板折减)	
		计算值(kN)	误差(%)	计算值(kN)	误差(%)	计算值(kN)	误差(%)
W1	4608	4015	-12.9	3989	-13.4	4145	-10.1
W2	5797	4628	-20.2	4619	-20.3	4626	-20.2
W3	4621	3980	-13.9	3954	-14.4	4120	-10.8
W4	4730	3945	-16.6	3919	-17.2	4094	-13.4
W5	5288	4333	-18.1	4294	-18.8	4358	-17.6
W6	4037	3558	-11.9	3511	-13.0	3818	-5.4
W8	4849	4396	-9.3	4380	-9.7	4394	-9.4

从试验结果可以观察到,局部屈曲导致了结构的最终破坏与承载力下降,但其局部屈曲均发生在钢材屈服之后;同时,结构存在较强的屈服后强化效应与双向强化效应。因此,按屈服

强度计算的全截面塑性抗弯承载力偏于安全,且富余度较大。

除本研究的试验外,《鋼板とコンクリートから構成されるサンドイッチ式複合構造物の強度に関する研究》介绍了钢壳混凝土构件的类似试验,分为弯剪耦合、抗剪、抗弯三类,其中弯剪耦合试验考虑了不同的加劲肋与剪力连接件布置方式。

根据本试验与日本试验结果,按照全截面塑性,使用屈服强度计算得到的构件抗剪承载力均偏于安全,且有较大富余度,可以于设计中使用。但由于其未考虑钢材受约束时单向屈服应力的强化,计算结果偏于保守,还存在一定的优化空间。

5.3.2 建议的计算公式

当材料处于多向应力状态时,用 von Mises 应力表达的屈服准则为:

$$\sqrt{\frac{(\sigma_1-\sigma_2)^2+(\sigma_2-\sigma_3)^2+(\sigma_3-\sigma_1)^2}{2}}=\sigma_0 \tag{5-4}$$

式中:$\sigma_1,\sigma_2,\sigma_3$——分别为三个方向的主应力;

σ_0——单向拉伸试验对应的屈服应力。

当材料处于二维应力状态时,上式退化成:

$$\sigma_1^2+\sigma_2^2-\sigma_1\sigma_2=\sigma_0^2 \tag{5-5}$$

将其绘制于笛卡尔坐标系中,即为图 5-20 所示的椭圆。从图中可以看到,当 σ_1、σ_2 同号且不相等时,任何一个方向的屈服应力都将大于单向拉伸屈服应力 σ_0。

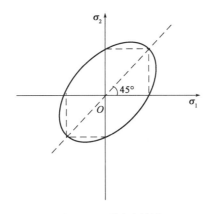

图 5-20 二维应力椭圆

此外,由广义胡克定律,仅双向受力材料的弹性应力-应变关系为:

$$\varepsilon_1=\frac{\sigma_1}{E}-\nu\frac{\sigma_2}{E} \tag{5-6}$$

$$\varepsilon_2=\frac{\sigma_2}{E}-\nu\frac{\sigma_1}{E} \tag{5-7}$$

式中:E——材料的弹性模量;

ν——材料的泊松比。

沉管隧道构件的上、下翼缘板处于平面应变状态,设第二方向的应变为零,则有以下关系:

$$\sigma_2 = \nu\sigma_1 \tag{5-8}$$

代入后,可以得到:

$$\sigma_1 = \frac{1}{\sqrt{1-\nu+\nu^2}}\sigma_0 \tag{5-9}$$

当 $\nu=0.3$ 时,$\sigma_1=1.125\sigma_0$,即材料的单向屈服强度有 12.5% 的提高;$\nu=0.2$ 时,$\sigma_1=1.091\sigma_0$,即材料的单向屈服强度有 9.1% 的提高。

根据以上的理论分析以及试验、有限元模拟中观察到的双向强化现象,建议:对抗弯构件的下翼缘板考虑 1.05 的强度强化系数;由于上翼缘受压不利,同时可能存在脱空影响,不建议考虑强度强化系数;试验中观察到的屈曲都是在屈服后发生的,因此可以按塑性屈服设计,不折减。

本研究建议的抗弯承载力计算公式如下:

$$M_u = C_s y_{sC} + C_c y_c + C_w y_{cw} - T_w y_{tw} \tag{5-10}$$

$$C_s + C_c + C_w = T_s + T_w \tag{5-11}$$

$$C_s = f_s A_{sC} \tag{5-12}$$

$$C_c = \beta f_c b_c x \tag{5-13}$$

$$T_s = 1.05 f_s A_{sT} \tag{5-14}$$

$$C_w = f_s x t_w \tag{5-15}$$

$$T_w = f_s(h_s - t_t - t_b - x) t_w \tag{5-16}$$

$$y_{sC} = h_s - \frac{t_b}{2} - \frac{t_t}{2} \tag{5-17}$$

$$y_c = y_{cw} = h_s - \frac{t_b}{2} - t_t - \frac{x}{2} \tag{5-18}$$

$$y_{tw} = \frac{h_s - t_t - x}{2} \tag{5-19}$$

式中:M_u——钢壳混凝土组合构件极限抗弯承载力;

C_s——上翼缘钢板压力;

y_{sC}——上翼缘钢板中心与下翼缘钢板中心的距离;

C_c——混凝土压力;

y_c——混凝土受压中心与下翼缘钢板中心的距离;

C_w——受压钢腹板(横隔板)压力;

y_{cw}——受压钢腹板(横隔板)中心与下翼缘钢板中心的距离;

T_w——受拉钢腹板(横隔板)拉力;

y_{tw}——受拉钢腹板(横隔板)中心与下翼缘钢板中心的距离;

T_s——下翼缘钢板拉力；

f_s——钢材的拉压设计强度；

A_{sC}——上翼缘钢板面积,需考虑加劲肋面积；

β——混凝土强度图形系数,按规范采用；

f_c——混凝土的抗压设计强度；

b_c——混凝土宽度；

x——混凝土受压区高度,忽略受拉区混凝土,按平衡关系计算；

A_{sT}——下翼缘钢板面积,需考虑加劲肋面积；

t_w——腹板(横隔板)的厚度；

h_s——截面高度；

t_b——下翼缘钢板厚度；

t_t——上翼缘钢板厚度。

表 5-6 给出了建议公式计算得到的抗弯构件极限承载力,并与之前的计算公式进行了对比。从表中可见,本研究建议公式与试验结果吻合较好,机理明确,且有一定的富余度,可以运用于实际设计。

采用不同方式计算得到的抗弯构件极限承载力　　　　　表 5-6

构件	试验值(kN)	日本《指针(案)》		《公路钢结构桥梁设计规范》(JTG D64—2015)		全截面塑性(不考虑受压钢板折减)		建议公式	
		计算值(kN)	误差(%)	计算值(kN)	误差(%)	计算值(kN)	误差(%)	计算值(kN)	误差(%)
W1	4608	4015	-12.9	3989	-13.4	4145	-10.1	4326	-6.1
W2	5797	4628	-20.2	4619	-20.3	4626	-20.2	4831	-16.7
W3	4621	3980	-13.9	3954	-14.4	4120	-10.8	4299	-7.0
W4	4730	3945	-16.6	3919	-17.2	4094	-13.4	4272	-9.7
W5	5288	4333	-18.1	4294	-18.8	4358	-17.6	4550	-14.0
W6	4037	3558	-11.9	3511	-13.0	3818	-5.4	3967	-1.7
W8	4849	4396	-9.3	4380	-9.7	4394	-9.4	4572	-5.7

5.3.3 纵向剪力计算公式

组合结构中,钢与混凝土通过剪力连接件相互连接,发挥协同作用,剪力连接件设计是组合结构设计中的关键。剪力连接件的设计中,除需要计算连接件的承载力以外(抗力),还需要计算钢-混凝土界面的纵向剪力 V_s(外力),确保其承载力大于纵向剪力。因此,纵向剪力的计算也是剪力连接件设计中的关键。

研究表明,角钢连接件属于柔性连接件,在较大的荷载下会产生滑移变形,使交界面上的剪力在各个连接件之间发生重分布。因此,角钢连接件可以使用塑性方法设计并在各个剪跨区内均匀布置。

在钢壳混凝土组合构件中,受压混凝土有效高度为 x(忽略受拉区混凝土), x 由式(5-10)~式(5-19)确定,由于角钢连接件仅与此部分混凝土发挥作用,因此纵向剪力 V_s 按下式确定:

$$V_s = b_c x f_c \tag{5-20}$$

根据《钢结构设计规范》(GB 50017—2017),连续梁剪跨区划分见图5-21, m_1 区段对应正弯矩最大点到边支座区段, m_2 和 m_3 区段对应正弯矩最大点到中支座(负弯矩最大点)区段。

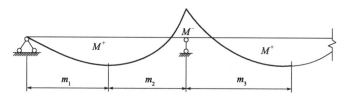

图 5-21 连续梁剪跨区划分图

按完全抗剪连接设计时,每个剪跨区段内需要的连接件总数 n_f 按下式计算:

$$n_f = V_s / N_V^c \tag{5-21}$$

式中: N_V^c——单个剪力连接件的承载力。

5.4 本章小结

通过资料调研、试验研究、有限元分析、理论推导等方法研究了钢壳混凝土组合构件抗弯性能及设计方法。试验结果、有限元分析及理论分析均表明,钢壳混凝土组合构件抗弯存在双向强化效应,按全截面塑性方法计算得到的抗弯承载力偏于保守,本研究建议的考虑部分双向强化效应全截面塑性方法的计算结果与试验结果吻合较为良好,机理明确,且有一定的富余度,可以运用于实际设计。其他主要结论如下:

①试验结果表明,当沿构件全长的脱空为5~10mm时,构件的抗弯承载力基本不受影响,而实际脱空不可能沿全长发生,影响将更小;当沿构件全长的脱空达到15mm时,构件的抗弯强度下降约5%,分析表明这是由于受力截面削弱产生的。

②当下翼缘不设置剪力连接件时,抗弯承载力约有10%的降低,同时构件屈服后仍有良好的延性,经历了较长的屈服后强化段,可以达到全截面屈服时的极限承载力。设计时,下翼缘可以考虑设置部分连接件的构造措施。

③试验结果表明,抗弯构件屈曲均发生在大塑性变形后,按全截面塑性方法计算得到的抗弯承载力偏于安全,即屈服前不会发生局部屈曲。

第6章 构件抗剪性能及设计方法

沉管隧道构件节点处的剪力较大,由抗剪性能控制其设计。国内外对于双钢板-混凝土组合结构的试验研究主要为梁式试验,但这些试验与本书所研究的钢壳混凝土沉管隧道结构相比,缺少纵、横隔板结构,同时少有采用型钢连接件,其抗剪受力机理与设计方法差异较大。使用纵隔板、横隔板、角钢连接件的钢壳混凝土沉管隧道结构形式目前只在日本应用过,但大量细节尚未披露。日本根据相关试验结果编制了《指针(案)》,但《指针(案)》中给出的设计方法较为复杂与保守,且缺少对一些关键问题的考虑。

本章通过对钢壳混凝土沉管隧道结构的试验研究,对钢壳混凝土沉管隧道结构在剪力作用下的变形及正常使用性能进行了量测,对该结构的整体性能与局部性能有了全面的认识,从而为对该体系的理论分析奠定了试验基础。试验中重点关注剪跨比、混凝土宽度及纵、横隔板布置形式等对钢壳混凝土结构抗剪性能的影响,针对沉管隧道结构的具体形式提出更加适合的设计方法。

6.1 试验分析

6.1.1 试验设计

抗剪试验主要研究剪跨比、混凝土宽度及纵、横隔板布置形式等对钢壳混凝土结构抗剪性能的影响,纵、横隔板布置形式主要包括横隔板厚度及布置间距、纵隔板厚度、隔板是否设置抗剪连接件等。在此基础上,提出钢壳混凝土结构抗剪承载力、弯剪承载力的计算公式以及纵、横隔板适宜布置形式。

双钢板-混凝土组合梁的抗剪承载力主要由横隔板(作为竖向腹板)和混凝土两部分提供。其中,钢板部分的抗剪研究已较为成熟;混凝土部分的抗剪承载力比较复杂,横、纵隔板间距、厚度、是否设置抗剪连接件对此都有重要的影响,需要着重研究混凝土部分的抗剪性能,提出相关设计方法。

采用三点弯曲试验,缩尺比为1:2,试件数量共17个,具体试验布置如图6-1所示,高度均为800mm,采用C50混凝土、Q345钢。试验极限承载力估算为2000~11000kN。

钢壳混凝土结构抗剪构件钢结构加工、混凝土浇筑与抗弯构件相同(图6-2),角钢在横隔板处断开,横肋穿过角钢与纵隔板,使用振动器振密混凝土,这里省略示意图。

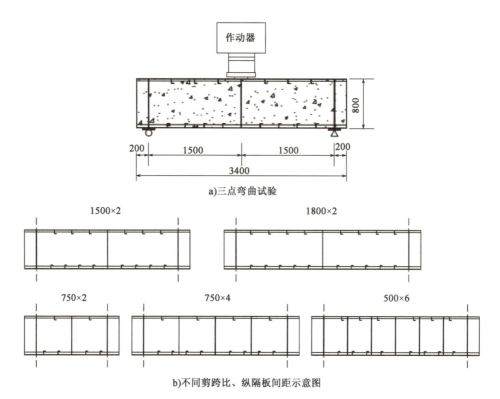

a) 三点弯曲试验

b) 不同剪跨比、纵隔板间距示意图

图 6-1 抗剪性能试验(尺寸单位:mm)

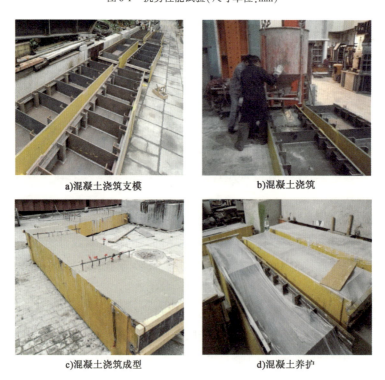

a) 混凝土浇筑支模　　　　b) 混凝土浇筑

c) 混凝土浇筑成型　　　　d) 混凝土养护

图 6-2 抗弯构件混凝土浇筑

6.1.2 材料性能

抗剪构件与抗弯构件采用同一批钢材,钢材性能见第2.2.1.2节。抗剪构件混凝土材料性能试验结果见表6-1。由于试验室条件限制,构件两侧的混凝土在3d内分2次浇筑,浇筑时制作150mm×150mm×150mm的标准试块,轴心抗压强度按0.76倍试块抗压强度考虑。第一批浇筑的J1~J6试块的轴心抗压强度约为36.9MPa,第二批浇筑的J7~J14、J16~J17试块的轴心抗压强度约为19.3MPa。

抗剪构件混凝土材料性能试验结果　　表6-1

试块名称	浇筑时间	试验时间	龄期(d)	试验荷载(kN)				轴心抗压强度(MPa)
				1	2	3	平均	
J1~J6 背面	5月5日	6月23日	49	1096	1056	1056	1069	36.1
J1~J6 正面	5月7日	6月23日	51	1044	1256	1036	1112	37.6
J7~J14、J16~J17 背面	7月2日	7月25日	23	540	572	588	567	19.1
J7~J14、J16~J17 正面	7月5日	7月25日	20	612	616	500	576	19.5

6.1.3 测点布置及数据采集

抗剪构件测点布置及数据采集如图6-3所示。上、下翼缘沿构件轴向与横向均布置应变片,以考虑可能存在的应力集中与剪力滞后;腹板沿构件高度方向布置5个应变花,两个角部布置2个应变花,以考察整个横隔板上剪应力的分布;构件底部布置4个位移计,其中D2为构件挠度的主控数据监测点。

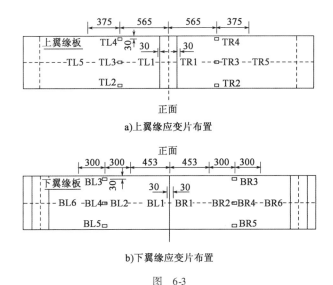

a) 上翼缘应变片布置

b) 下翼缘应变片布置

图 6-3

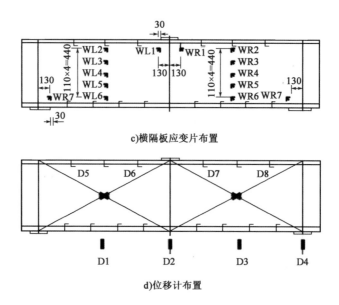

图 6-3 抗剪试验测点布置(尺寸单位:mm)

注:1. 图中 TL1~TL5、TR1~TR5、BL1~BL6、BR1~BR6、WL1~WL7、WR1~WR7 代表应变片编号,其中"L"为左,"R"为右,"T"为上,"B"为下,"W"为横隔板。

2. D1~D8 为挠度测点编号。

6.1.4 主要试验现象

整体试验设置如表 6-2 所示。抗剪构件极限荷载与最终破坏状态如图 6-4 所示。

以 J3 为例描述加载过程中的主要现象。荷载达到 100~200kN 时,有界面剥离的响声,角钢连接件开始发挥作用;荷载达到 300kN 时,N 侧下角有响声,由此处支座的滑动引起;荷载达到 100~300kN 时,由于初始收缩裂缝的闭合,结构刚度有微小的增大趋势;荷载达到 800kN 左右时,在跨中附近出现初始的斜裂缝,随后不断发展,此前已有初始收缩裂缝的地方也按斜裂缝的模式继续发展,由初始裂缝发展而来的最大斜裂缝宽度达到 0.4mm;荷载达到 1400kN 左右时,最大斜裂缝宽度达到 0.7mm;荷载达到 2200kN 左右时,斜裂缝开始沿构件高度方向连通,最大斜裂缝宽度达到 1.0mm;荷载达到 4000kN 时,左、右最大斜裂缝宽度达到 1.4mm,构件内部有响声,可能是由内部混凝土断裂引起;荷载达到 4000~6000kN 时,各处裂缝不断发展;荷载达到 7000kN 时,有混凝土压碎声,外侧混凝土剥落;位移加载至 50mm 时,结构连接件处裂缝连通,出现滑移,部分混凝土挤出,结构抗剪承载力达到极限,之后开始下降;位移加载至 55mm 时有巨响,可能是内部混凝土破坏。

除 J1、J2 外,所有抗剪构件出现与 J3 类似的裂缝发展模式。与 J3 不同,J1 出现了弯曲裂缝的发展模式,J2 出现了弯剪耦合的裂缝发展模式,通过试验的应变数据也观察到 J1、J2 的上、下翼缘首先屈服。

第6章 构件抗剪性能及设计方法

表6-2 组合结构抗剪试验参数

试验批次	序号	变化参数	区格长度（mm）	构件长度（mm）	构件宽度（mm）	上翼缘厚（mm）	下翼缘厚（mm）	横隔板厚（mm）	纵隔板厚（mm）	纵肋规格	抗剪连接程度	纵肋间距（上）（mm）	纵肋间距（下）（mm）	混凝土宽度（mm）	纵隔板间距（mm）	预估中点加载受弯破坏荷载（kN）	预估中点加载受剪破坏荷载（中国公式）（kN）	预估中点加载受剪破坏荷载（日本公式）（kN）
第一批	J1	基本试件1	1500	3000	600	6	10	10	6	L80×50×6	3.37	375	300	600	1500	385	1102	685
	J2	基本试件2	1500	3000	400	24	24	10	6	L80×50×10	1.36	300	300	400	1500	589	814	456
	J3	基本试件3	1500	3000	400	40	40	10	6	L80×50×10	1.02	100	100	400	1500	889	779	456
	J4	混凝土宽度	1500	3000	400	24	24	10	6	L80×50×10	1.13	300	300	200	1500	603	570	228
	J5	混凝土宽度	1500	3000	400	24	24	10	6	L80×50×10	1.02	300	300	100	1500	615	448	114
	J6	纵肋间距	1500	3000	400	24	24	10	6	L80×50×10	1.30	100	100	200	1500	603	570	228
	J7	纵肋间距	1500	3000	400	24	24	10	6	L80×50×10	1.23	150	150	200	1500	603	570	228
	J8	横隔板厚度	1500	3000	400	24	24	6	6	L80×50×10	0.94	100	100	200	1500	572	440	228
	J9	横隔板厚度	1500	3000	400	30	30	12	6	L80×50×10	1.18	100	100	200	1500	739	625	228
	J10	剪跨比	1800	3600	400	24	24	10	6	L80×50×10	1.22	300	300	100	1800	513	448	114
	J11	剪跨比	750	1500	400	24	24	10	6	L80×50×10	0.65	100	100	200	750	1206	570	228
第二批	J12	纵隔板间距	1500	3000	400	24	24	10	6	L80×50×10	1.13	300	300	200	750	603	570	228
	J13	纵隔板间距	1500	3000	400	24	24	10	6	L80×50×10	1.13	300	300	200	500	603	570	228
	J14	隔板设栓钉	1500	3000	400	40	40	10	6	L80×50×10	1.02	100	100	400	1500	889	779	456
	J15	侧限影响	750	1500	400	40	40	30	6	L80×50×10	1.05	100	100	400	750	1978	1404	456
	J16	纵隔板厚度	1500	3000	400	24	24	10	10	L80×50×10	1.13	300	300	200	750	603	570	228
	J17	纵隔板厚度	1500	3000	400	24	24	10	10	L80×50×10	1.13	300	300	200	500	603	570	228

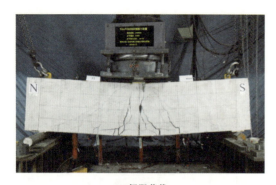
a)J1极限荷载

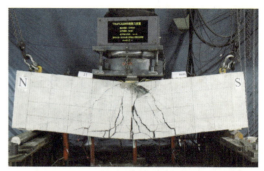
b)J1最终破坏

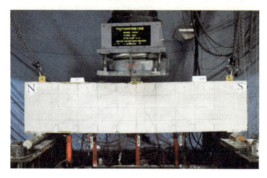
c)J2极限荷载

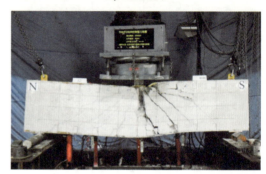
d)J2最终破坏

e)J3极限荷载

f)J3最终破坏

g)J4极限荷载

h)J4最终破坏

图 6-4

i) J5极限荷载

j) J5最终破坏

k) J6极限荷载

l) J6最终破坏

m) J7极限荷载

n) J7最终破坏

o) J8极限荷载

p) J8最终破坏

图 6-4

q)J9极限荷载　　　　　　　　　　　　r)J9最终破坏

s)J10极限荷载　　　　　　　　　　　　t)J10最终破坏

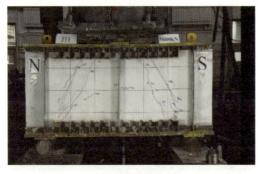 

u)J11极限荷载　　　　　　　　　　　　v)J11最终破坏

w)J12极限荷载　　　　　　　　　　　　x)J12最终破坏

图 6-4

第6章 构件抗剪性能及设计方法

y) J13极限荷载

z) J13最终破坏

aa) J14极限荷载

ab) J14最终破坏

ac) J16极限荷载

ad) J16最终破坏

ae) J17极限荷载

af) J17最终破坏

图6-4 抗剪构件极限荷载与最终破坏状态

与裂缝发展模式相对应,J1 最终出现了上翼缘混凝土正向压溃的受弯破坏模式;J2 出现了较为复杂的弯剪耦合破坏模式;J3~J8、J11、J14、J16、J17 出现了较为典型的以混凝土斜向压溃为代表的受剪斜压破坏模式;J9、J10、J12、J13 由于混凝土较窄且强度较小,出现了如图 6-5 所示的局部压溃的破坏模式,其承载力低于受剪斜压破坏。

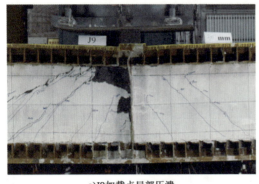 

a)J9加载点局部压溃　　　　　　　　　　b)J12加载点局部压溃

图 6-5　局部压溃工况图

图 6-6 展示了 J3、J4 内部钢板的屈服情况,可见其出现多波形的屈曲,受剪承载力已达极限。

a)J3横隔板屈曲　　　　　　　　　　b)J4横隔板屈曲

图 6-6　抗剪构件 J3、J4 内部情况

6.1.5　试验结果分析

抗剪构件的荷载-位移曲线如图 6-7、图 6-8 所示。各个构件的极限荷载如表 6-3 所示。通过试验观察和应变数据分析,构件 J1 上、下翼缘钢板首先达到屈服,其裂缝开展主要呈弯曲裂缝模式。构件 J2 同样是上、下翼缘先达到屈服,但相比于 J1,J2 腹板更快达到屈服,所以 J2 的裂缝模式介于典型的弯曲裂缝与剪切裂缝之间。J1、J2 为较为复杂的弯剪耦合破坏,J1 以弯曲控制为主,J2 以剪切控制为主。J3~J8、J11、J14、J16、J17 出现了较为典型的以混凝土斜向压溃为代表的受剪斜压破坏模式;J9、J10、J12、J13 由于混凝土较窄且强度较小,出现了局部压

溃的破坏模式,其承载力低于受剪斜压破坏,但试验结果表明降低幅度不大。

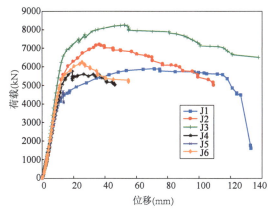

图 6-7 抗剪构件荷载-位移曲线(第一批)

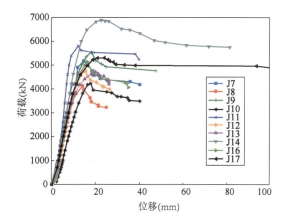

图 6-8 抗剪构件荷载-位移曲线(第二批)

抗剪构件极限荷载　　　　　　　　　　　　　　　　表 6-3

构　件	极限荷载(kN)	构　件	极限荷载(kN)
J1	5899	J9	5529
J2	7194	J10	4233
J3	8249	J11	5801
J4	5765	J12	4744
J5	4674	J13	4697
J6	6244	J14	6877
J7	5169	J16	5123
J8	4115	J17	5300

6.1.5.1　混凝土宽度的影响

J6、J3、J5 混凝土宽度分别为 400mm、200mm、100mm,J6 极限荷载比 J3 下降 24.3%,J5 极限荷载比 J6 下降 25.1%。当混凝土宽度不同时,各个构件的承载力差别较大,说明混凝土对受剪承载力有较大的影响。

此外,J4~J6 由于混凝土宽度较窄,结构横隔板屈服达到剪切承载力后,两侧混凝土被不同程度挤出,导致加载点处的局部承压能力不够,从而位移明显增加,荷载减小。由于 J5 的混凝土宽度最小(只有 100mm),这一现象最为明显,其钢板屈服、混凝土挤出后荷载立即减小,从图 6-4j)中可以看到 J5 的破坏模式。J4、J6 由于混凝土较宽,局部承压能力较强,同时混凝土不易鼓出,所以其达到极限荷载后还有较好的延性。考虑到实际结构中混凝土都是满灌,侧向还会有相互的约束,可以推论实际结构的延性与 J3 类似;此外,由于侧向约束钢板屈服与混凝土挤出受到限制,实际承载力将还有一定程度的提高。

6.1.5.2　连接件间距的影响

对比 J4、J6,两构件仅角钢配置不同,当角钢加密时,构件承载力有一定提升,J6 承载力比

J4 提高 8.3%,这是由于密集的加劲肋有利于形成混凝土斜压机制。

6.1.5.3 横隔板厚度的影响

对比 J2、J8、J9,构件的横隔板厚度不同,在排除其他因素的影响后,当横隔板厚度增加时,构件抗剪承载力增加,其增加幅度与《冷弯薄壁型钢结构技术规范》(GB 50018—2002)对应的工字钢抗剪承载力公式基本一致。

6.1.5.4 剪跨比的影响

对比 J4、J10、J11,构件的剪跨比不同,在排除其他因素的影响后,当剪跨比减小时,构件抗剪承载力增加;当剪跨比从 2.25 减小到 1.875 时,抗剪承载力增加幅度不大;当剪跨比从 1.875 减小到 0.68 时,抗剪承载力增加约 10%。这是由于当剪跨比大于 1 时,形成 45°左右的斜压角,抗剪承载力变化不大;当剪跨比小于 1 时,形成的斜压角将大于 45°,抗剪承载力将增加。

6.1.5.5 纵隔板设置的影响

对比 J4、J12、J13、J16、J17,设置了不同的纵隔板间距与纵隔板厚度,在排除其他因素的影响后,纵隔板间距与厚度对构件的抗剪承载力呈有利影响,但试验中此影响很小,基本可以忽略,这是因为试验中横隔板相对于混凝土较强,最后都是混凝土压坏,纵隔板无法同时发挥作用。但是另一方面,纵隔板的设置会对混凝土桁架杆模型中拉杆的形成提供进一步的保障,同时会极大地增强结构的延性,建议作为构造措施使用。

从图 6-4 可以看出,当剪跨比大于 1 时,所有的剪切裂缝都沿 30°~45°方向按斜压杆模型的形态发展。

6.2 有限元计算

6.2.1 有限元模型

6.2.1.1 几何模型与网格划分

采用大型通用有限元程序 MSC.MARC,对钢壳混凝土沉管隧道抗剪组合构件进行精细有限元分析,对其抗剪承载力、荷载传递机制及内力分布机制进行研究。以 J1 为例,抗剪构件有限元网格划分如图 6-9 所示。钢结构部分使用 quad4 四边形四节点完全积分单元,沿厚度方向设置 3 个积分点。混凝土结构部分使用 hex8 立面体八节点完全积分单元。

6.2.1.2 界面连接与接触

采取与抗弯构件相同的处理方式。

6.2.1.3 荷载模式

采取与抗弯构件相同的荷载模式,区别于抗弯试验,采用跨中单点加载的方式。

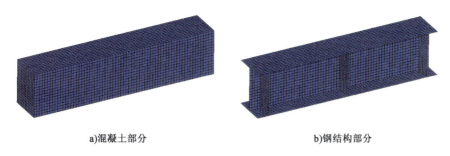

a)混凝土部分　　　　　　　　b)钢结构部分

图 6-9　抗剪构件有限元模型网格划分

6.2.1.4　材料本构

采取与抗弯构件相同的本构模型。

6.2.2　试验模型校核

以抗剪构件 J3 为例,其荷载-位移曲线如图 6-10 所示。由该图可见有限元模拟结果与试验吻合良好,有限元模拟因混凝土压溃而停止,可以利用有限元方法模拟实际结构受力过程。

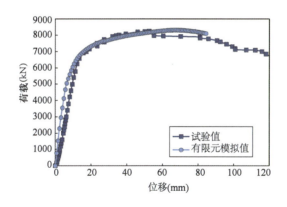

图 6-10　抗剪构件 J3 荷载-位移曲线

有限元分析中,进一步对比了 J1、J2、J3 的破坏模式,如图 6-11 所示。J1 出现抗弯破坏,即原设计抗剪承载力大于抗弯承载力,与公式计算一致;J2 出现弯剪复合破坏,由于剪切影响,实际承载力低于抗弯承载力,大于根据日本《指针(案)》计算的抗剪承载力,小于根据《钢结构设计规范》(GB 50017—2017)计算的抗剪承载力;J2 出现明显的剪切斜裂缝,即出现抗剪破坏,但下翼缘钢板应力较大,接近屈服。因此,J1、J2 是弯剪耦合的破坏模式。J3 构件腹板首先达到屈服,混凝土形成剪切裂缝后荷载减小,属于受剪破坏。

以 J3 为例,抗剪构件弹塑性分析结果如图 6-12 所示,从图中可见抗剪构件的腹板已经全部屈服,且上、下翼缘的中间部分已经屈服,跟踪其应力历史,可以发现腹板首先屈服。从混凝土主应变分布图中可以看出混凝土为受剪破坏模式,裂缝开展为 45°左右的斜裂缝模式,与试验观察一致。

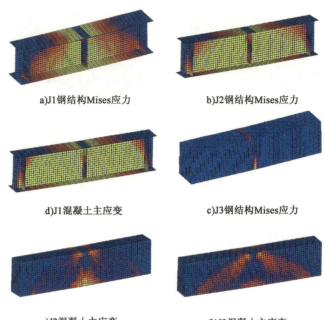

a) J1钢结构Mises应力　　b) J2钢结构Mises应力

d) J1混凝土主应变　　c) J3钢结构Mises应力

e) J2混凝土主应变　　f) J3混凝土主应变

图 6-11　J1～J3 破坏模式对比

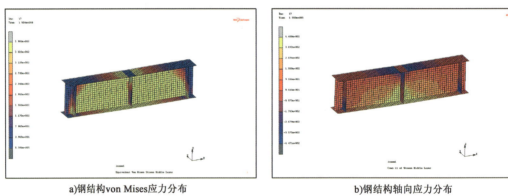

a) 钢结构von Mises应力分布　　b) 钢结构轴向应力分布

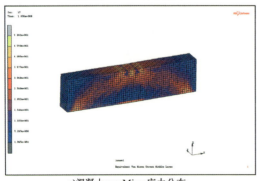

c) 混凝土von Mises应力分布

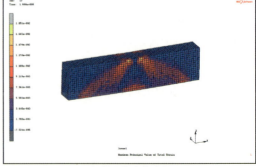

d) 混凝土主应变分布

图 6-12　抗剪构件弹塑性分析结果(有限元软件截图)

6.3 承载力计算方法

针对钢壳混凝土组合构件同时设置纵、横隔板的构造形式,根据已有试验现象与结果,参考《型钢混凝土组合结构技术规程》(JGJ 138—2001)及《钢骨混凝土结构设计规程》(YB 9082—2006),认为钢壳混凝土组合构件中的以下机制可以提供抗剪承载力。

6.3.1 组合抗剪桁架机制

在钢壳混凝土组合构件的组合抗剪桁架机制中,混凝土构成压杆,混凝土受到外部钢板的包裹,属于受约束混凝土,在试验中体现出良好的延性,在结构塑性极限状态时,横隔板与纵隔板可以同时屈服并共同构成拉杆,其模型如图 6-13 所示。当混凝土斜压杆破坏时,其承载力为:

$$V_{uc} = f_{vud} b_c z \tag{6-1}$$

$$f_{vud} = 1.25 f_{cd}^{\frac{1}{2}} \leqslant 7.8 \tag{6-2}$$

式中:V_{uc}——钢壳混凝土组合构件抗剪桁架机制中混凝土斜压杆受剪最大承载力;

f_{vud}——抗剪桁架模型中混凝土斜压杆的剪切设计强度;

b_c——混凝土宽度;

z——混凝土受剪区高度;

f_{cd}——混凝土的抗压设计强度。

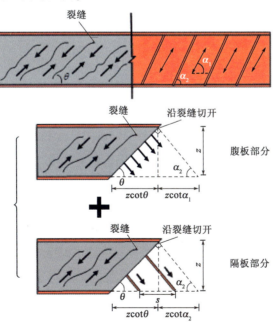

图 6-13 连续的抗剪桁架模型(配置纵、横隔板)

当纵、横隔板拉杆破坏时,其承载力为:

$$V_{ut} = \sin^2\alpha_1(\cot\theta + \cot\alpha_1)zt_w f_s + \sin\alpha_2 \frac{(\cot\theta + \cot\alpha_2)z}{s_1}A_p f_s \tag{6-3}$$

式中:V_{ut}——钢壳混凝土组合构件抗剪桁架机制中纵、横隔板拉杆受剪最大承载力;

α_1——横隔板斜拉角,可偏于安全地取60°;

θ——混凝土斜压杆斜压角,可偏于安全地取30°;

z——混凝土受剪区高度;

t_w——横隔板的厚度;

f_s——钢材的拉压等强设计强度;

α_2——纵隔板与水平轴间的夹角;

s_1——纵隔板间距;

A_p——纵隔板的截面积。

当 $\theta = 30°$、$\alpha_1 = 60°$、$\alpha_2 = 90°$ 时,上式转化为:

$$V_{ut} = \sqrt{3}\left(t_w + \frac{A_p}{s_1}\right)zf_s \tag{6-4}$$

当 $\theta = 30°$、$\alpha_1 = 60°$、$\alpha_2 = 90°$ 时,将以上各式合并,可以得到钢壳混凝土组合构件的抗剪桁架机制剪切承载力 V_{truss} 为:

$$V_{truss} = f_{vud} b_c z \tag{6-5}$$

$$f_{vud} = 1.25 f_{cd}^{\frac{1}{2}} \leq \min\left(7.8, \sqrt{3}f_s \frac{t_w + A_p/s_1}{b_c}\right) \tag{6-6}$$

6.3.2 钢腹板纯剪机制

在钢壳混凝土组合构件中,类似于工字型钢梁,横隔板发挥了腹板的作用。如图6-14所示,钢腹板不需要与其他结构(如混凝土)共同作用,可以直接通过纯剪切变形的方式提供剪切承载力。在钢壳混凝土组合构件中,如果横隔板较厚,在承担抗剪桁架机制中的拉杆作用后仍有富余,则可以通过钢腹板纯剪机制提供额外的抗剪承载力。

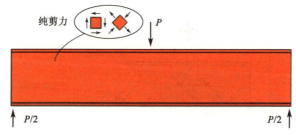

图6-14 钢腹板纯剪机制

若 $V_{uc} < V_{ut}$,可以认为纵、横隔板中承担桁架机制拉杆作用的应力 f_t 为:

$$f_{\mathrm{t}} = \frac{f_{\mathrm{vud}} b_{\mathrm{c}}}{\sin^2\alpha_1 (\cot\theta + \cot\alpha_1) t_{\mathrm{w}} + \sin\alpha_2 \dfrac{\cot\theta + \cot\alpha_2}{s_1} A_{\mathrm{p}}} \tag{6-7}$$

式中：f_{t}——抗剪桁架机制在横隔板中产生的斜向拉应力；

f_{vud}——抗剪桁架模型中混凝土斜压杆的剪切设计强度；

b_{c}——混凝土宽度；

α_1——横隔板斜拉角，可偏于安全地取 60°；

θ——混凝土斜压杆斜压角，可偏于安全地取 30°；

α_2——纵隔板与水平轴间的夹角；

t_{w}——横隔板的厚度；

A_{p}——纵隔板的截面面积；

s_1——纵隔板间距。

当 $\theta = 30°$、$\alpha_1 = 60°$、$\alpha_2 = 90°$ 时，上式转化为：

$$f_{\mathrm{t}} = \frac{f_{\mathrm{vud}} b_{\mathrm{c}}}{\sqrt{3}\left(t_{\mathrm{w}} + \dfrac{A_{\mathrm{p}}}{s_1}\right)} \tag{6-8}$$

设横隔板屈服时纯剪应力为 τ，当 $\theta = 30°$、$\alpha_1 = 60°$、$\alpha_2 = 90°$ 时，根据 von Mises 屈服原理，下式成立：

$$\frac{1}{6}\left[\left(f_{\mathrm{t}} + \frac{\sqrt{3}\tau}{2}\right)^2 + (f_{\mathrm{t}} + \sqrt{3}\tau)^2 + \left(\frac{\sqrt{3}\tau}{2}\right)^2\right] + \left(\frac{1}{2}\tau\right)^2 = \frac{f_{\mathrm{s}}^2}{3} \tag{6-9}$$

化简可得：

$$\sqrt{f_{\mathrm{t}}^2 + 3\tau^2 + \frac{3\sqrt{3}}{2} f_{\mathrm{t}} \tau} = f_{\mathrm{s}} \tag{6-10}$$

解上式可得：

$$\tau = -\frac{\sqrt{3} f_{\mathrm{t}}}{4} + \frac{\sqrt{12 f_{\mathrm{s}}^2 - \dfrac{21}{4} f_{\mathrm{t}}^2}}{6} \tag{6-11}$$

则钢腹板纯剪机制提供的抗剪承载力为：

$$V_{\mathrm{web}} = \tau z t_{\mathrm{w}} \quad (V_{\mathrm{uc}} < V_{\mathrm{ut}}) \tag{6-12}$$

式中：V_{web}——钢壳混凝土组合构件钢腹板纯剪机制受剪最大承载力；

τ——钢腹板纯剪剪应力；

z——混凝土受剪区高度；

t_{w}——横隔板的厚度。

6.3.3 变截面梁斜向翼缘机制

在变截面钢壳混凝土组合构件中,如图 6-15 所示,斜向翼缘会产生一个竖直方向的分力,当此竖直分力与剪力方向相对应时,其对构件抗剪形成有利作用。当斜向翼缘板较厚时,此作用承担的剪力占的比重较大。由于翼缘板较薄,不考虑翼缘板中的剪切应力,设其只有轴向应力,则变截面梁斜向翼缘机制提供的剪切承载力为:

$$V_{\text{incline}} = f_s b_s t_{\text{incline}} \sin\alpha_3 \qquad (6-13)$$

式中:V_{incline}——钢壳混凝土组合构件变截面梁斜向翼缘机制受剪最大承载力;

f_s——钢材的拉压等强设计强度;

b_s——钢板宽度;

t_{incline}——斜向翼缘钢板厚度;

α_3——斜向翼缘钢板与水平轴的夹角,呈有利作用时为正值,呈不利作用时为负值。

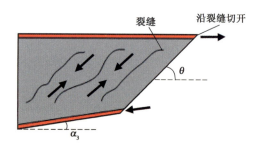

图 6-15 变截面梁斜向翼缘机制

6.3.4 上、下翼缘板销栓机制

在钢壳混凝土组合构件中,与工字型钢梁不同,其上、下翼缘板在竖直方向受到混凝土的支撑,这与钢筋混凝土结构中的纵筋类似,因此其上、下翼缘板可以通过销栓机制承担一定的剪力。当上、下翼缘板较厚时,销栓机制承担的剪力占比较大。对试验结果进行回归分析,建议按下式计算上、下翼缘销栓机制提供的剪切承载力:

$$V_{\text{bolt}} = 0.03 f_s b_s (t_t + t_b) \qquad (6-14)$$

式中:V_{bolt}——钢壳混凝土组合构件销栓机制受剪最大承载力;

f_s——钢材的拉压等强设计强度;

b_s——上、下翼缘钢板宽度;

t_t——上翼缘钢板厚度;

t_b——下翼缘钢板厚度。

6.3.5 总抗剪承载力

根据试验结果,组合抗剪桁架机制、钢腹板纯剪机制、变截面梁斜向翼缘机制及上、下翼缘

板销栓机制的抗剪承载力在塑性设计情况下可以叠加,则钢壳混凝土组合构件的总抗剪承载力 V_u 为:

$$V_u = V_{truss} + V_{web} + V_{incline} + V_{bolt} \tag{6-15}$$

$$V_{truss} = f_{vud} b_c z \tag{6-16}$$

$$f_{vud} = 1.25 f_{cd}^{\frac{1}{2}} \leqslant \min\left(7.8, \sqrt{3} f_s \frac{t_w + A_p/s_1}{b_c}\right) \tag{6-17}$$

$$V_{web} = \tau z t_w \quad (V_{uc} < V_{ut}) \tag{6-18}$$

$$V_{bolt} = 0.03 f_s b_s (t_t + t_b) \tag{6-19}$$

$$\tau = -\frac{\sqrt{3} f_t}{4} + \frac{\sqrt{12 f_s^2 - \frac{21}{4} f_t^2}}{6} \tag{6-20}$$

$$f_t = \frac{f_{vud} b_c}{\sqrt{3}\left(t_w + \dfrac{A_p}{s_1}\right)} \tag{6-21}$$

$$V_{incline} = f_s b_s t_{incline} \sin\alpha_3 \tag{6-22}$$

式(6-15)~式(6-22)中各符号的含义与前文相同。式(6-15)~式(6-22)即本研究推导的抗剪承载力计算公式。在考虑弯剪耦合时,可参考日本《指针(案)》简化地取受剪高度 z 为压应力合力作用位置到受拉钢板形心的距离,同时对抗剪承载力考虑一定的折减系数;如要精确计算,则需要考虑包含弯矩在内的横隔板的复合应力屈服条件。此外,在考虑弯剪耦合时,可偏于安全地不计入销栓作用提供的抗剪承载力。

6.3.6 试验验证

表 6-4 给出了本研究推导的公式的抗剪承载力计算结果,并与根据日本《指针(案)》和《型钢混凝土组合结构技术规程》(JGJ 138—2001)得到的计算值进行了对比,可见:本研究建议的公式与试验结果吻合较为良好,机理明确,可以运用于实际设计;从计算结果中可以发现,构件受剪破坏时,本研究建议的公式有 5%~15% 富余(构件局部压溃破坏时承载力小于受剪承载力),总体上偏于安全。

采用不同方式计算得到的抗剪构件极限承载力 表 6-4

构件	试验值(kN)	破坏模式	日本《指针(案)》		《型钢混凝土组合结构技术规程》(JGJ 138—2001)		建议公式	
			计算值(kN)	误差(%)	计算值(kN)	误差(%)	计算值(kN)	误差(%)
J1	5899	受弯破坏	7284	—	4754	—	4853	—
J2	7194	弯剪耦合	4856	—	3663	—	6931	—
J3	8249	受剪破坏	4856	−41.1	3517	−57.4	6806	−17.5
J4	5765	受剪破坏	2428	−57.9	2779	−51.8	5237	−9.2
J5	4674	受剪破坏	1214	−74.0	2337	−50.0	4366	−6.6

续上表

构件	试验值（kN）	破坏模式	日本《指针（案）》		《型钢混凝土组合结构技术规程》（JGJ 138—2001）		建议公式	
			计算值(kN)	误差(%)	计算值(kN)	误差(%)	计算值(kN)	误差(%)
J6	6244	受剪破坏	2428	-61.1	2779	-55.5	5237	-16.1
J7	5169	受剪破坏	1720	-66.7	2339	-54.8	4765	-7.8
J8	4115	受剪破坏	1720	-58.2	2537	-38.3	3762	-8.6
J9	5529	局部压溃	1720	-68.9	2308	-58.3	5354	-3.2
J10	4233	局部压溃	860	-79.7	2117	-50.0	4139	-2.2
J11	5801	受剪破坏	1720	-70.3	2339	-59.7	4810	-17.1
J12	4744	局部压溃	1720	-63.7	2339	-50.7	4810	1.4
J13	4697	局部压溃	1720	-63.4	2339	-50.2	4846	3.2
J14	6877	受剪破坏	3441	-50.0	2672	-61.2	5898	-14.2
J16	5123	受剪破坏	1720	-66.4	3602	-29.7	4856	-5.2
J17	5300	受剪破坏	1720	-67.5	3602	-32.0	4897	-7.6

6.3.7 设计公式修正

实际工程设计中，考虑到试验以及有限元分析未能准确反映构件的尺寸效应、高宽比等因素，需要针对实际的设计公式进行修正，具体考虑的因素如下：

①对于抗剪桁架模型中混凝土斜压杆破坏时的剪切设计强度，按照日本《指针（案）》建议的方式考虑配筋率、斜压角、尺寸效应的影响。

②根据日本的相关经验，在混凝土宽度较大时，考虑到其可能离拉杆较远，按照日本《指针（案）》建议的方式考虑一定的压杆承载力折减。

③实际设计中，考虑弯剪耦合作用，建议不考虑销栓作用，仅将其作为安全储备，参考日本《指针（案）》取受剪高度 z 为压应力合力作用位置到受拉钢板形心的距离。

④考虑到实际结构中，纵隔板间距较大，相对于具有连续分布的横隔板，纵隔板较为离散，剪力较大处不一定对应有纵隔板，且纵隔板同时承担抗剪连接件作用，实际设计中建议不考虑纵隔板的抗剪桁架拉杆作用，仅将其作为安全储备。

考虑以上因素，同时与日本《指针（案）》保持一定的一致性，建议在实际工程中采用以下设计公式：

$$V_\mathrm{u} = V_\mathrm{truss} + V_\mathrm{web} + V_\mathrm{incline} \tag{6-23}$$

$$V_\mathrm{truss} = \min(V_\mathrm{uc}, V_\mathrm{ut}) \tag{6-24}$$

$$V_\mathrm{uc} = f_\mathrm{vud} b_\mathrm{c} z \tag{6-25}$$

$$f_\mathrm{vud} = k_\mathrm{m} \max(1.25 f_\mathrm{cd}^{\frac{1}{2}}, 0.1879 f_\mathrm{cd}^{\frac{1}{2}} \beta_\mathrm{d} \beta_\mathrm{p} \beta_\mathrm{s}) \leqslant 7.8 \tag{6-26}$$

$$k_\mathrm{m} = \frac{1}{\sqrt{s_\mathrm{t}/d}} \leqslant 1 \tag{6-27}$$

$$\beta_{\mathrm{d}} = \left(\frac{1000}{d}\right)^{\frac{1}{4}} \leqslant 1.5 \tag{6-28}$$

$$\beta_{\mathrm{p}} = (100\rho_{\mathrm{w}})^{\frac{1}{3}} \leqslant 1.5 \tag{6-29}$$

$$\beta_{\mathrm{s}} = \frac{5}{1+\cot^2\theta} \tag{6-30}$$

$$\rho_{\mathrm{w}} = \frac{A_{\mathrm{s}}}{s_{\mathrm{t}}d} \tag{6-31}$$

$$V_{\mathrm{ut}} = \sin^2\alpha_1 (\cot\theta + \cot\alpha_1) z t_{\mathrm{w}} f_{\mathrm{s}} \tag{6-32}$$

$$V_{\mathrm{web}} = \tau z t_{\mathrm{w}} \tag{6-33}$$

$$\frac{1}{6}\left[(f_{\mathrm{t}}+\tau\sin2\alpha_1)^2+(f_{\mathrm{t}}+2\tau\sin2\alpha_1)^2+(\tau\sin2\alpha_1)^2\right]+(\tau\cos2\alpha_1)^2 = \frac{f_{\mathrm{s}}^2}{3} \tag{6-34}$$

$$f_{\mathrm{t}} = \frac{f_{\mathrm{vud}}b_{\mathrm{c}}}{\sin^2\alpha_1(\cot\theta+\cot\alpha_1)t_{\mathrm{w}}} \leqslant f_{\mathrm{s}} \tag{6-35}$$

$$V_{\mathrm{incline}} = f_{\mathrm{s}} b_{\mathrm{s}} t_{\mathrm{incline}} \sin\alpha_3 \tag{6-36}$$

式中：V_{u}——钢壳混凝土组合构件总受剪最大承载力；

V_{truss}——钢壳混凝土组合构件抗剪桁架机制受剪最大承载力；

V_{web}——钢壳混凝土组合构件钢腹板纯剪机制受剪最大承载力；

V_{incline}——钢壳混凝土组合构件变截面梁斜向翼缘机制受剪最大承载力；

V_{uc}——钢壳混凝土组合构件抗剪桁架机制中混凝土斜压杆受剪最大承载力；

V_{ut}——钢壳混凝土组合构件抗剪桁架机制中纵、横隔板拉杆受剪最大承载力；

f_{vud}——抗剪桁架模型中混凝土斜压杆的剪切设计强度；

b_{c}——混凝土宽度；

z——混凝土受剪区高度，取压应力合力作用位置到受拉钢板形心的距离；

k_{m}——考虑横隔板布置间隔对抗剪承载力的影响而设置的系数；

f_{cd}——混凝土的抗压设计强度；

β_{d}——考虑尺寸效应的折减系数；

β_{p}——考虑配筋率的折减系数；

β_{s}——考虑斜压角的折减系数；

s_{t}——横隔板间距；

d——断面的有效高度；

ρ_{w}——构件配筋率；

A_{s}——受拉钢板面积；

α_1——横隔板斜拉角，可偏于安全地取60°；

θ——混凝土斜压杆斜压角，可偏于安全地取30°；

t_{w}——横隔板的厚度；

f_s——钢材的拉压设计强度；

τ——钢腹板纯剪剪应力；

f_t——抗剪桁架机制在横隔板中产生的斜向拉应力；

t_{incline}——斜向翼缘钢板厚度；

α_3——斜向翼缘钢板与水平轴的夹角，呈有利作用时为正，呈不利作用时为负。

6.3.8 简化设计公式

实际应用中，$\theta = 30°$、$\alpha_1 = 60°$ 时，各部分剪力计算公式简化为：

$$V_u = V_{\text{truss}} + V_{\text{web}} + V_{\text{incline}} \tag{6-37}$$

$$V_{\text{truss}} = \min(V_{uc}, V_{ut}) \tag{6-38}$$

$$V_{uc} = f_{\text{vud}} b_c z \tag{6-39}$$

$$f_{\text{vud}} = k_m \max(1.25 f_{cd}^{\frac{1}{2}}, 0.1879 f_{cd}^{\frac{1}{2}} \beta_d \beta_\rho \beta_s) \leqslant 7.8 \tag{6-40}$$

$$k_m = \frac{1}{\sqrt{s_t/d}} \leqslant 1 \tag{6-41}$$

$$\beta_d = \left(\frac{1000}{d}\right)^{\frac{1}{4}} \leqslant 1.5 \tag{6-42}$$

$$\beta_\rho = (100 \rho_w)^{\frac{1}{3}} \leqslant 1.5 \tag{6-43}$$

$$\beta_s = \frac{5}{1 + \cot^2 \theta} \tag{6-44}$$

$$\rho_w = \frac{A_s}{s_t d} \tag{6-45}$$

$$V_{ut} = \sqrt{3} z t_w f_s \tag{6-46}$$

$$V_{\text{web}} = \tau z t_w \tag{6-47}$$

$$\tau = -\frac{\sqrt{3} f_t}{4} + \frac{\sqrt{12 f_s^2 - \frac{21}{4} f_t^2}}{6} \tag{6-48}$$

$$f_t = \frac{f_{\text{vud}} b_c}{\sqrt{3} t_w} \leqslant f_s \tag{6-49}$$

$$V_{\text{incline}} = f_s b_s t_{\text{incline}} \sin \alpha_3 \tag{6-50}$$

式中：V_u——钢壳混凝土组合构件总受剪最大承载力；

V_{truss}——钢壳混凝土组合构件抗剪桁架机制受剪最大承载力；

V_{web}——钢壳混凝土组合构件钢腹板纯剪机制受剪最大承载力；

$V_{incline}$——钢壳混凝土组合构件变截面梁斜向翼缘机制受剪最大承载力;

V_{uc}——钢壳混凝土组合构件抗剪桁架机制中混凝土斜压杆受剪最大承载力;

V_{ut}——钢壳混凝土组合构件抗剪桁架机制中纵、横隔板拉杆受剪最大承载力;

f_{vud}——抗剪桁架模型中混凝土斜压杆的剪切设计强度;

b_c——混凝土宽度;

z——混凝土受剪区高度,取压应力合力的作用位置到受拉钢板的形心的距离;

k_m——考虑横隔板布置间隔对抗剪承载力的影响而设置的系数;

f_{cd}——混凝土的抗压设计强度;

β_d——考虑尺寸效应的折减系数;

β_ρ——考虑配筋率的折减系数;

β_s——考虑斜压角的折减系数;

s_t——横隔板间距;

d——断面的有效高度;

ρ_w——构件配筋率;

A_s——受拉钢板面积;

t_w——横隔板的厚度;

f_s——钢材的拉压设计强度;

b_s——钢板宽度;

τ——钢腹板纯剪剪应力;

f_t——抗剪桁架机制在横隔板中产生的斜向拉应力;

$t_{incline}$——斜向翼缘钢板厚度;

α_3——斜向翼缘钢板与水平轴的夹角,呈有利作用时为正值,呈不利作用时为负值。

6.3.9 算例

根据实际工程的截面数据,取混凝土强度为 18.4MPa、钢材强度为 295MPa,采用建议的简化公式可得到不同截面的抗剪承载力(表6-5),为方便比较,表中也给出了考虑上、下翼缘板销栓机制的计算结果。

与根据日本《指针(案)》的计算结果进行对比,可以得出以下几点结论:

①原工程设计中,强度基本均由横隔板拉杆屈服控制,在不考虑纵隔板作用和上、下翼缘板销栓机制时,建议公式与日本《指针(案)》公式得到相同的结果。

②当横隔板增加到一定厚度,其不再成为控制因素时,建议公式考虑了其自身的纯剪抗剪承载力,得到的抗剪承载力更大。

③当斜向翼缘厚度较大时,即使倾斜角度较小,变截面梁斜向翼缘机制也能较大地提高受剪承载力。

④实际设计时不考虑纵隔板作用与销栓作用,不考虑侧限作用,具有一定的安全储备。

采用建议公式计算得到的抗剪构件极限承载力

表 6-5

截面	截面参数							日本《指针(案)》公式计算结果 (kN)	建议公式计算结果（考虑销栓作用）		建议公式计算结果（不考虑销栓作用）	
	纵隔间距 (mm)	横隔间距 (mm)	梁高 (mm)	纵隔板厚 (mm)	横隔板厚 (mm)	上翼缘厚 (mm)	下翼缘厚 (mm)	斜向翼缘角度(°)		计算值 (kN)	误差 (%)	计算值 (kN)	误差 (%)
a	3000	3000	1500	0	10	44	40	0	7235	9465	30.80	7235	0.00
b	3000	3000	1500	12	10	44	40	0	7235	18147	150.80	15917	120.00
c	3000	3000	1500	0	24	36	30	0	16311	18614	14.10	16862	3.40
d	3000	3000	1500	12	24	36	30	0	16311	20694	26.90	18941	16.10
e	3000	3000	1500	0	36	36	30	0	16311	22009	34.90	20257	24.20
f	3000	3000	1500	0	24	10	10	0	16834	17934	6.50	17403	3.40
g	3000	3000	1500	12	24	10	10	0	16834	20080	19.30	19549	16.10
h	3000	3000	1500	0	10	44	40	5	7235	12859	77.70	10629	46.90

注：截面 a～g 均从实际工程结构中选取，其位置为：a 为中管廊顶板(不考虑纵隔板)；b 为中管廊顶板(考虑纵隔板)；c 为行车孔顶板1(不考虑纵隔板)；d 为行车孔顶板1(考虑纵隔板)；e 为行车孔顶板2(考虑纵隔板)；f 为行车孔顶板2(不考虑纵隔板)；g 为中管廊顶板(横隔板加厚)；h 为中管廊顶板(不考虑纵隔板，考虑斜向翼缘)。

6.4 本章小结

通过资料调研、试验研究、有限元分析、理论推导等方法,研究了钢壳混凝土组合构件抗剪性能及设计方法,主要结论如下:

①绝大部分构件呈现剪切破坏的模式,均由腹板屈服及混凝土斜向压溃导致最后破坏,混凝土均沿 30°~45°方向发展剪切裂缝并形成斜压杆,试验结果表明钢板屈服和混凝土受剪可以同时发挥作用并达到承载极限,不同抗剪机制的承载力可以叠加。

②通过参数控制发现混凝土宽度对抗剪承载力的影响很大,说明混凝土部分承担很大的剪力,其数值与混凝土斜压破坏剪力相当;横隔板对抗剪承载力的影响很大,说明横隔板纯剪部分的抗剪承载力对总承载力有较大贡献。

③仅考虑钢腹板或仅考虑混凝土受剪的日本《指针(案)》《型钢混凝土组合结构技术规程》(JGJ 138—2001)及《钢骨混凝土结构设计规程》(YB 9082—2006)对钢壳混凝土组合构件抗剪性能的计算结果过于保守,比试验承载力低 40%~70%。本研究考虑组合抗剪桁架机制、钢腹板纯剪机制、变截面梁斜向翼缘机制及上、下翼缘板销栓机制共四种机制,建议采用叠加方法进行抗剪承载力计算,公式机理明确,与试验符合良好,且有一定富余度,可于设计中运用。

第 7 章　混凝土脱空影响及控制标准

7.1　日本钢壳混凝土沉管管节制作情况及控制标准

7.1.1　神户港港岛隧道沉管管节制作情况

神户港港岛隧道是日本第一条采用三明治钢壳混凝土结构的沉管隧道。在建设过程中，日本运输省第三港湾建设局对钢壳混凝土结构设计、混凝土配比、浇筑工艺等问题进行了系统的研究，其研究成果及工程经验对深中通道建设有重要参考意义。该隧道的横断面见图7-1。

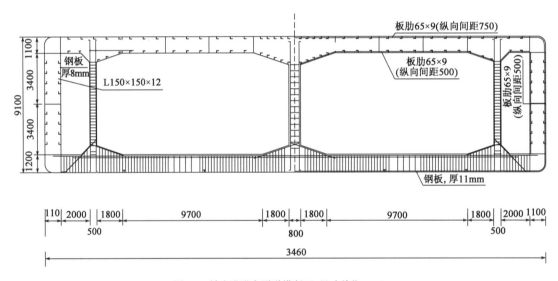

图 7-1　神户港港岛隧道横断面(尺寸单位:mm)

1995 年，日本运输省第三港湾建设局小门武等人针对神户港港岛隧道沉管预制需求，通过足尺模型浇筑试验，研究了混凝土配合比及浇筑工艺。共设计了两个试验件，主要变化参数为格室高度、排气孔设置方式和混凝土配合比。

试验结果表明：顶板与混凝土间完全充填的面积占顶板总面积的比例为88.1%～97.5%，顶板与混凝土间脱空高度在5mm以内的面积占顶板总面积的比例为98.1%～99.9%，脱空高度超过5mm的区域很小。

1995 年，日本运输省第三港湾建设局久米仁司等人进行了一个针对神户港港岛隧道沉管预制的足尺模型浇筑试验。试验结果表明：顶板与混凝土间未充填的面积占顶板总面积的比例为4.6%,平均深度为3.14mm,脱空高度超过5mm的区域很小。

1990年代末,日本运输省港湾技术研究所小岛朗史等人总结了神户港港岛隧道2号、3号管节的预制情况。实测结果表明:

①对于2号管节,混凝土硬化后,顶板、侧墙、中墙、隔墙的平均脱空分别为1.66mm、2.35mm、3.51mm、2.45mm,脱空超过5mm的测点约占1.2%。

②对于3号管节,混凝土硬化后,顶板、侧墙、中墙、隔墙的平均脱空分别为1.83mm、1.34mm、2.29mm、1.47mm,脱空超过5mm的测点约占0.2%。

③实际施工以脱空高度5mm进行控制。2号、3号管节脱空超过5mm的格室共有38个,占所有浇筑格室的4.5%,并进行了灌浆处理。

7.1.2 新若户隧道沉管管节制作情况

2002年,沿岸开发技术研究所藤村贡等人介绍了针对新若户隧道(图7-2)沉管预制开展的足尺模型浇筑试验情况(图7-3),共设计了流动性确认和实物大充填两组试验(图7-4~图7-8)。

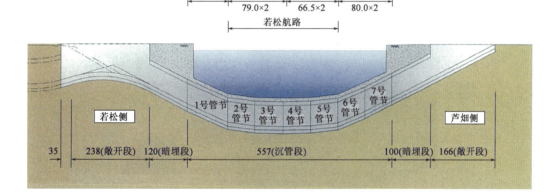

图7-2 新若户隧道纵断面图(尺寸单位:m)

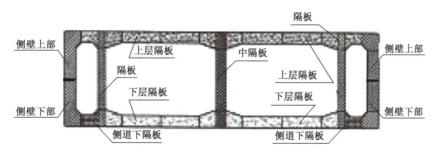

图7-3 建筑区规划图

实物充填试验结果(图7-9)表明:采用坍落度550mm的混凝土,硬化后最大脱空高度为2mm;采用坍落度450mm的混凝土,除一个区域脱空较大、平均脱空达到4mm外,其余区域脱空均在2mm以内。

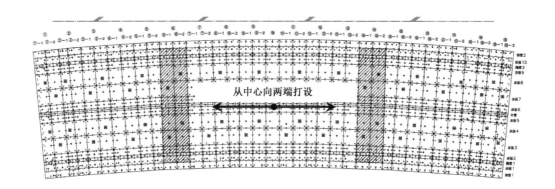

图 7-4 轴向分配图

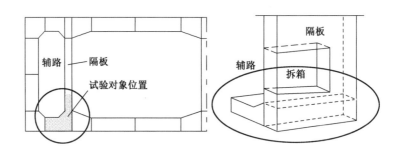

图 7-5 试验充填区域

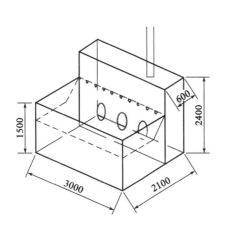 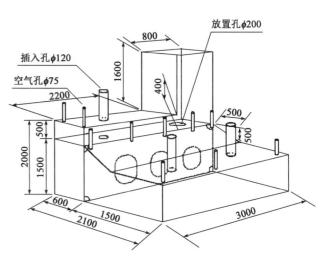

图 7-6 流动性测试试验模板(尺寸单位:mm)　　图 7-7 充填试验中钢壳模型(尺寸单位:mm)

振动器插孔
气孔
浇筑孔
气孔
[加振方法]
①浇筑至首辆混凝土罐车中间(2m³处)。
②从2m³处开始，每1min加振5s，上下振动加振器。
③在加振器第1个插孔，从2m³处加振至最末端。
④从2m³处加振到完成下部浇筑，在下部第2个加振器插孔处加振。
⑤在缓冲块上的第3个气孔处加振。

图 7-8　加振方法

	1	2	3	4	5	6	7	8	9	10	11	12	13	14	15	16	17	18	19	20	21	22	23	24	
1	0	0	0	0	0	0	0	0	0	0	0	0	0	0	0	0	0	0							箱顶
2	0	0	0	0	0	0	0	0	0	0	0	0	0	0	0	0	0	0							
3	0	0	0	0	0	0	0	0	0	0	0	0	0	0	0	0	0	0			放置孔				
4	0	0	0	0	0	0	0	0	0	0	0	0	0	0	0	0	0	0							
5	0	0	0	0	0	0	0	0	0	0	0	0	0	0	0	0	0	0							
6	0	0	0	0	0	0	0	0	0	0	0	0	0	0	0	0	0	2	0	0	0	0	0	0	
7	0	0	0	0	0	0	0	0	0	0	0	0	0	0	0	0	0	0	0	0	0	0	0	0	
8	0	0	0	0	0	0	0	0	0	0	0	0	0	0	0	0	0	0	0	0	0	0	0	0	
9	0	0	0	0	0	0	0	0	0	0	0	0	0	0	0	0	0	0	0	0	0	0	0	0	
10	0	0	0	0	0	0	0	0	0	0	0	0	0	0	0	0	0	0	0	0	0	0	0	0	
11	0	0	0	0	0	0	0	0	0	0	0	0	0	0	0	0	0	0	0	0	0	0	0	0	
12→	0	0	0	0	0	0	0	0	0	0	0	0	0	0	0	0	0	0	0	0	0	0	0	0	← 辅道顶
13	0	0	0	0	0	0	0	0	0	0	1	0	0	0	0	0	0	0	0	0	0	0	0	0	
14	0	0	0	0	0	0	0	0	0	0	0	0	0	0	0	0	0	0	0	0	0	0	0	0	
15	0	0	0	0	0	0	0	0	0	0	1	0	0	0	2	0	0	0	0	0	0	0	0	0	
16	0	0	0	0	0	0	0	0	0	0	0	0	0	0	0	0	0	0	0	0	0	0	0	0	
17→	0	0	1	0	0	0	0	1	0	1	0	0	0	0	0	1	0	1	0	1	0	0	0	0	←
18	0	0	0	0	0	0	0	0	0	1	0	0	0	0	0	0	0	2	0	0	0	0	0	0	
19	0	0	0	0	0	0	0	0	0	0	0	0	0	0	0	0	0	1	0	0	0	0	0	0	

剪力连接件安装位置

图 7-9　充填试验结果

7.1.3　小结

从日本神户港港岛隧道、新若户隧道沉管管节制作的研究成果及工程经验来看，通过合理设计混凝土配比、浇筑工艺、结构构造等，可以有效将钢壳混凝土脱空控制在 5mm 以内，脱空超过 5mm 的格室数量不超过总格室数量的 4.5%，对于这些格室可进行灌浆补强处理。

7.2　混凝土浇筑缺陷影响下的抗剪连接件承载力与刚度

7.2.1　日本相关研究情况

1990 年代，日本运输省港湾技术研究所清宫理等人研究了钢壳混凝土浇筑不密实对角钢

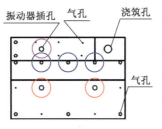

连接件抗剪承载力的影响。他们采用推出试验,设计了5种混凝土填充不密实的情况,其中情况1~3的未充填部在厚度为1.0mm的厚纸上涂剥离剂制作,情况4~5的未充填部用发泡苯乙烯做成三角形。主要试验结果如下:

①所有试验件均由角钢前面的混凝土压溃破坏控制,未发生角钢剪断的情况,如图7-10所示。对于所研究的大尺寸角钢,抗剪承载力不随角钢尺寸的增加而成比例地增加,而是基本上维持在一定值。这是因为角钢前面的混凝土抗压强度不随着型钢尺寸的变化而变化,而是基本上维持在一个定值,即混凝土的压溃没有波及整个角钢高度。

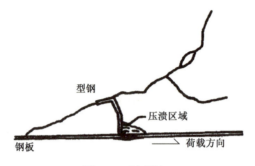

图7-10 破坏形态

②对于所研究的角钢配置间隔(60cm和90cm),角钢间隔对抗剪承载力没有明显影响(图7-11)。

③如图7-12所示,对于未充填模式1~3,未发现未充填给抗剪承载力带来的显著影响。但是对于未充填模式4~5,未充填部位深度达到30mm时,抗剪承载力减小了约40%(图7-12),这种情况下,角钢前面的混凝土压溃范围达不到角钢高度的一半,表示混凝土的承载范围一开始就比较小。

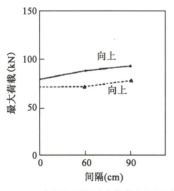 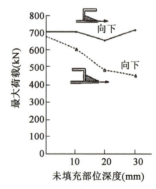

图7-11 角钢间隔与最大荷载之间的关系　　图7-12 未填充部位深度与最大荷载之间的关系

④以小尺寸角钢的载荷试验为基础提出的抗剪承载力计算式会偏于不安全,对个别大尺寸角钢试件承载力高估达50%,原因在于大尺寸角钢前面的混凝土压溃区域较小。

1993年,日本运输省第三港湾建设局小岛朗史等人针对大阪南港隧道开展了栓钉抗剪承载力试验(图7-13~图7-15),模拟栓钉所处的管节不同部位,研究了混凝土浇筑方向对连接件承载力的影响。研究结果表明:混凝土浇筑方向对栓钉连接件抗剪承载力的影响很小,用《道路橋示方書》中的相关计算公式可以准确预测。

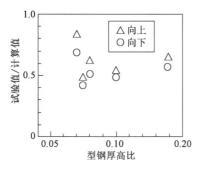

图 7-13 既往设计值与试验结果的比较

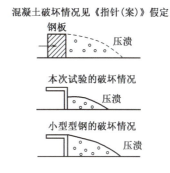

图 7-14 假定破坏形态

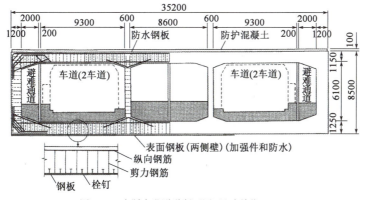

图 7-15 大阪南港隧道断面图(尺寸单位:mm)

7.2.2 国内相关研究情况

国内尚未开展有关脱空对角钢连接件抗剪承载力影响的研究。

与小岛朗史等人的研究类似,同济大学刘玉擎教授通过不同直径的正立、侧立和倒立焊钉连接件和开孔板连接件抗剪性能试验,研究了混凝土浇筑方向、焊钉所处使用状态对其抗剪刚度和使用阶段承载力的影响[53-54],对本项目有一定的参考意义。焊钉连接件使用状态有圆柱头正立、侧立、倒立等类型。其最初的使用状态非常简单[图7-16a)],主要用于承担钢梁与混凝土桥面板间的剪力,所以最早称为剪力件、剪力钉等。此时焊钉的使用状态为正立、头部朝上,自焊钉的根部向头部浇筑混凝土,根部周围混凝土密实度很好,水平面上任何方向的剪切强度都是相同的。

近几年来,在桥梁工程组合结构领域,焊钉连接件的应用范围不断扩大,在钢锚箱、钢锚梁的钢混索塔锚固以及混合梁结合部中都有应用,见图7-16b)~d)。焊钉使用状态由原来单一的头部正立,发展为侧立、倒立,甚至是二者或三者的混合。当焊钉连接件侧立,即水平焊接在钢构件上,混凝土从上方浇筑,焊钉下侧的混凝土容易发生离析,密实度较差,在钢构件上施加自上而下的作用力时将会不同程度地影响其抗剪性能。当焊钉倒立,即头部朝下焊接在钢构件上时,混凝土从上方浇筑,根部周围混凝土容易发生离析,密实度比较差,承担水平面上任何方向剪力的性能相对于正立连接件可能不同。

a) 钢梁与混凝土桥面板结合

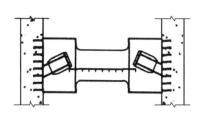
b) 钢锚箱与混凝土塔壁结合

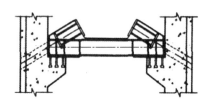
c) 钢锚梁与混凝土塔壁结合

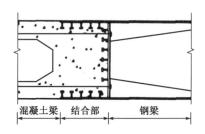
d) 钢梁与混凝土梁结合

图 7-16　焊钉连接件使用状态

焊钉连接件的模型试件共 4 组,每组 3 个试件(表 7-1)。试件构造及尺寸见图 7-17。采用 C60 混凝土、Q345C 钢材。所用焊钉规格为 2 种(19mm×100mm、22mm×100mm),其材质、焊接等要求参照《电弧螺柱焊用圆柱头焊钉》(GB/T 10433—2002)。

模型试件分组及参数　　　　　　表 7-1

试件分组	试件个数(个)	使用状态	焊钉个数(个)	焊钉直径(mm)
NS-1	3	正立	4	22
NS-2	3	正立	4	19
NS-3	3	侧立	4	19
NS-4	3	倒立	4	19

试验结果(图 7-18 ~ 图 7-21、表 7-2)表明:

①焊钉连接件破坏为结合面处焊钉剪断,大部分焊钉连接件断裂面光滑,且可以看到明显的剪切变形。

②混凝土浇筑方式对焊钉连接件极限状态承载力影响不大。相比于正立状态,侧立状态试件承载力基本无变化,倒立状态试件承载力下降 7.8%。

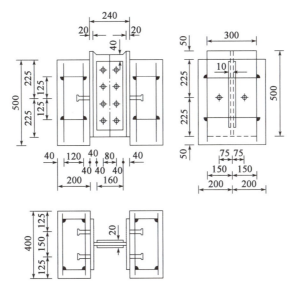

图 7-17 试件构造及尺寸(尺寸单位:mm)

a)钢桥面上的焊钉断痕

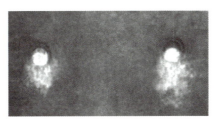
b)混凝土面上的焊钉断痕

图 7-18 焊钉连接件断裂面形态

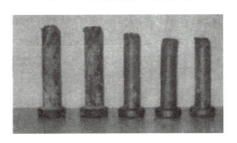

图 7-19 焊钉连接件变形形态

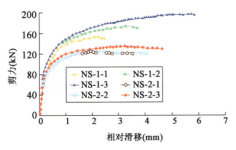

图 7-20 焊钉直径不同时的剪力-相对滑移曲线

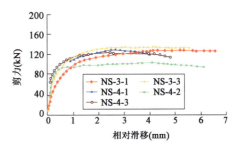

图 7-21 焊钉侧、倒立时的剪力-相对滑移曲线

焊钉连接件抗剪性能试验结果　　　　表 7-2

试件分组		焊钉直径 (mm)	k_s (kN/mm)		V_r (kN)		V_u (kN)		S_u (mm)	
			单件	平均	单件	平均	单件	平均	单件	平均
NS-1	1	22	410.0	396.0	82.0	78.6	153.5	175.1	2.29	3.89
	2		389.0		77.8		173.6		3.55	
	3		389.0		76.0		198.2		5.83	
NS-2	1	19	340.0	359.5	68.0	71.9	124.7	128.4	2.19	2.57
	2		348.0		69.6		125.8		2.21	
	3		390.5		78.1		134.8		3.33	
NS-3	1	19	212.5	260.3	42.5	52.1	128.0	130.6	5.63	4.81
	2		—		—		—		—	
	3		308.0		61.6		133.3		3.98	
NS-4	1	19	324.0	351.3	64.8	70.3	129.1	118.4	3.00	3.45
	2		364.5		72.9		103.1		4.78	
	3		365.5		73.1		123.0		2.58	

注：k_s 为焊钉的抗剪刚度，V_r 为相对滑移 $d_r=0.2$mm 对应的使用阶段承载力，V_u 为极限承载力，S_u 为 V_u 对应的相对滑移。

2006 年，刘玉擎还对开孔板连接件分别处于正立、侧立、倒立状态及有无贯通钢筋进行了抗剪性能试验研究，发现设置贯通钢筋可以大幅度提高抗剪承载力和延性，受力状态对抗剪刚度和使用阶段承载力影响较大，但对极限承载力影响并不明显。其所用试件的尺寸见图 7-22，形式及分组见表 7-3。

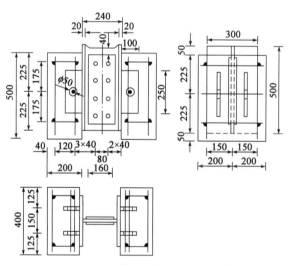

图 7-22　开孔板连接件试件尺寸（尺寸单位：mm）

开孔板连接件试件形式及分组　　　　表 7-3

试件分组	试件个数（个）	测试目的	开孔板数（个）	贯通钢筋
NP-1	3	正立	4	无
NP-2	3	正立	4	有

续上表

试件分组	试件个数(个)	测试目的	开孔板数(个)	贯通钢筋
NP-3	3	侧立	4	有
NP-4	3	倒立	4	有

试验结果表明：

①开孔板连接件破坏时，混凝土表面无明显裂缝。切割混凝土后发现，无贯通钢筋试件孔中混凝土有明显的剪切痕迹；有贯通钢筋试件孔中钢筋产生弯曲变形，穿孔部分局部受压，有明显折角(图7-23)。

a)无贯通钢筋　　　　　　b)有贯通钢筋

图7-23　开孔板连接件内部情况

②不同浇筑方向对连接件的极限承载力影响并不明显。相比于正立状态，侧立状态试件承载力下降8.4%，倒立状态试件承载力下降8.5%(表7-4)。

抗剪承载力试验结果　　　　表7-4

试件分组		贯通钢筋	测试目的	弹性极限(kN)		屈服极限(kN)		极限荷载(kN)		理论荷载(kN)	
				单件	平均	单件	平均	单件	平均	单件	平均
NP-1	1	无	正立	—	—	—	—	204.7	203.1	5.6	5.5
	2			—		—		167.2		4.6	
	3			—		—		237.5		6.5	
NP-2	1	有	正立	224.7	245.0	275.5	300.1	340.7	392.1	9.3	10.7
	2			250.7		297.4		401.5		10.9	
	3			259.7		327.4		434.0		11.8	
NP-3	1	有	侧立	165.1	156.8	213.9	219.2	362.8	359.3	9.9	9.8
	2			169.0		243.0		375.9		10.2	
	3			136.4		200.7		339.2		9.2	
NP-4	1	有	倒立	206.5	203.9	256.0	284.4	363.0	358.7	9.9	9.8
	2			195.5		248.0		351.0		9.6	
	3			209.8		241.2		362.2		9.9	

《公路钢混组合桥梁设计与施工规范》(JTG/T D64-01—2015)采用了上述研究成果。规定连接件布置成倒立状态时，应在钢板上设置出气孔确保混凝土浇筑密实；连接件布置成侧立

状态时,宜避免混凝土离析。如图 7-24 所示,连接件可能处于正立、倒立和侧立等不同的使用状态,当处于倒立和侧立状态时,宜采取措施确保混凝土的浇筑质量。

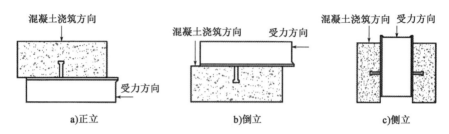

图 7-24 《公路钢混组合桥梁设计与施工规范》(JTG/T D64-01—2015)对栓钉连接件的相关规定

7.2.3 有限元初步分析

7.2.3.1 有限元模型

采用有限元分析软件 MSC. MARC,版本为 2012.1.0(64bit)。MSC. MARC 是功能齐全的高级非线性有限元求解器,对混凝土开裂之后的计算收敛性较好,适合处理钢筋混凝土结构的非线性问题。

本研究在考虑混凝土和角钢之间的作用时,认为混凝土和角钢之间为接触作用,混凝土和钢材的接触摩擦系数取 0.7。为了考虑混凝土和内嵌角钢的接触作用,混凝土和内嵌角钢均采用完全积分的 8 节点六面体三维实体单元,MSC. MARC 中单元编号为 7。边界条件与实际推出试验类似,角钢底部采用固定约束,在混凝土底部左侧节点施加水平相对滑移,混凝土底部节点约束除水平滑移外的其他自由度。此外,在实际建模中,考虑到混凝土应力集中区的大小,选取了合适范围的混凝土单元,在角钢作用区域考虑单元加密,在角钢附近考虑对混凝土设置脱空,脱空形体为长方体。

混凝土单元的材料具有受压塑性和受拉开裂的特征,角钢单元的材料为理想弹塑性材料。混凝土峰值压应力取 C50 混凝土的设计强度(23.1MPa),混凝土受压应力-应变曲线采用 Rüsch 曲线。混凝土弹性极限取峰值压应力的 1/3,弹性模量 E_c 取该点对应的割线模量,泊松比取 0.2。混凝土临界拉应力取 C50 混凝土的设计强度(1.89MPa),受拉开裂后软化模量为 $0.2E_c$。采用固定角裂缝模型模拟混凝土开裂,界面剪力传递系数取 0.5。由于混凝土不涉及滞回加载,且单元静水压力较小,因此采用 von Mises 屈服准则。

角钢单元的弹性模量 E_s 取 2.06×10^5 MPa,采用理想弹塑性模型,屈服应力取 Q420 钢材的设计强度(360MPa),采用 von Mises 屈服准则。

7.2.3.2 混凝土脱空影响

本研究首先比较了滑移方向的影响,滑移方向及剪力-相对滑移曲线见图 7-25。从图中可以看出顺推和反推对剪力-相对滑移曲线影响不大。

有限元分析中仅考虑顺推工况,分析脱空位置和脱空区域大小的影响。由于深中通道隧道顶部钢板附近容易出现混凝土脱空现象,因此在有限元分析中把脱空位置选在顶部纵向加劲肋根部的左侧及右侧,脱空高度取 30mm,单侧脱空宽度取 100mm(图 7-26)。

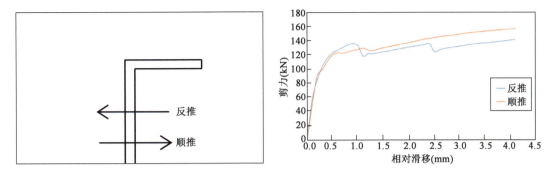

图 7-25　滑移方向示意图(左)及剪力-相对滑移曲线(右)

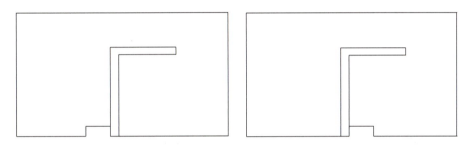

图 7-26　混凝土脱空位置(依次为左侧、右侧脱空)

有限元模拟结果如图 7-27 及表 7-5 所示。从有限元模拟结果来看,基本上在相对滑移为 1mm 时达到极限承载力,相对滑移 0.6mm 以内时塑性不明显,这和试验结果较为吻合,说明该有限元模型具有一定的合理性。从破坏模式来看,极限状态下钢板发生屈服,受压区混凝土发生压溃,这和试验结果也较为吻合。受压区混凝土脱空对角钢连接件的刚度和承载力均有较大影响,当受压侧出现脱空时,参与受压的混凝土面积减小,钢板应力更为集中,导致承载力和刚度出现明显下降。考虑到在实际结构中剪力方向的复杂性(顺推或反推),应尽量减少角钢处混凝土的脱空或在设计时考虑一定程度的折减。

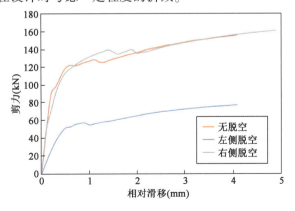

图 7-27　有限元模拟的连接件剪力-相对滑移曲线

脱空对连接件的影响 表7-5

模 型	归一化后0.6mm割线刚度	归一化后1mm处剪力
不脱空	1.00	1.00
左侧脱空	0.44	0.44
右侧脱空	0.97	1.00

7.2.3.3 脱空尺寸及形状的影响

加劲肋分析长度为100mm,其他尺寸同设计方案,脱空构造示意图见图7-28(对混凝土施加箭头方向的推力,其中 a 和 b 分别表示脱空区域的高和宽)。有限元模拟的剪力-相对滑移曲线见图7-29($\triangle a \times b$ 和 $\square a \times b$ 分别表示对应尺寸的三角形脱空和矩形脱空),曲线中的下降点(A点和B点)由连接件与混凝土脱开所致,具体结果见表7-6(割线刚度以相对滑移0.5mm为标准,下同)。

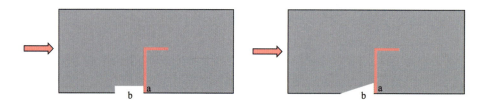

图7-28 脱空构造示意图

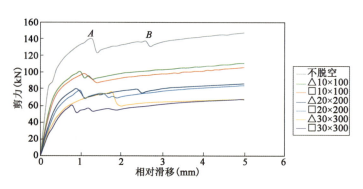

图7-29 有限元模拟的剪力-相对滑移曲线

割线刚度及承载力 表7-6

参 数	构 造						
	不脱空	△10×100	□10×100	△20×200	□20×200	△30×300	□30×300
割线刚度(kN/mm)	223.06	167.12	159.50	132.54	121.36	101.56	97.20
极限承载力(kN)	147.78	110.00	105.83	86.46	84.21	68.00	67.43
相对承载力	1.000	0.744	0.716	0.585	0.570	0.460	0.456

7.2.3.4 脱空宽度影响

对应△30×300,改变了脱空宽度,分别为100mm、200mm。有限元模拟的连接件剪力-相对滑移曲线见图7-30,具体结果见表7-7。

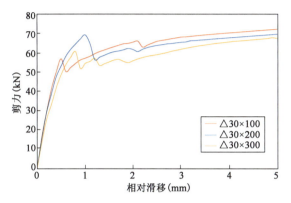

图7-30 有限元模拟的连接件剪力-相对滑移曲线

割线刚度及承载力 表7-7

参　　数	构　　造			
	不脱空	△30×100	△30×200	△30×300
割线刚度(kN/mm)	223.06	113.78	106.20	101.56
极限承载力(kN)	147.78	72.15	69.60	68.00
相对承载力	1.000	0.488	0.471	0.460

7.2.3.5 脱空长度影响

对应△30×300和△10×100,改变了脱空长度,不设置通长的100mm脱空,在中部分别设置30mm、50mm以及70mm的脱空,分别记作△30×300×30、△30×300×50、△30×300×70、△10×100×30、△10×100×50、△10×100×70。△30×300的有限元模拟的剪力-相对滑移曲线见图7-31,具体结果见表7-8。△10×100的有限元模拟的剪力-相对滑移曲线见图7-32,具体结果见表7-9。

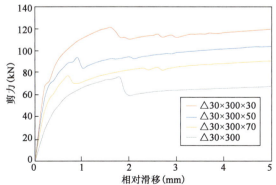

图7-31 有限元模拟的连接件剪力-相对滑移曲线

割线刚度及承载力　　　　　　　　　　　表7-8

参　数	构　造				
	不脱空	△30×300×30	△30×300×50	△30×300×70	△30×300×100
割线刚度(kN/mm)	223.06	185.44	160.64	137.56	101.56
极限承载力(kN)	147.78	119.77	104.14	90.99	68.00
相对承载力	1.000	0.810	0.705	0.616	0.460

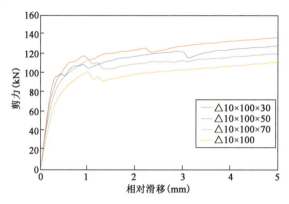

图7-32　有限元模拟的连接件剪力-相对滑移曲线

割线刚度及承载力　　　　　　　　　　　表7-9

参　数	构　造				
	不脱空	△10×100×30	△10×100×50	△10×100×70	△10×100×100
割线刚度(kN/mm)	223.06	209.90	201.00	192.00	167.12
极限承载力(kN)	147.78	136.50	128.21	120.04	110.00
相对承载力	1.000	0.924	0.868	0.812	0.744

7.2.4　小结

从日本运输省港湾技术研究所清宫理等人所做的试验结果来看,所有试验件均由角钢前面的混凝土压溃破坏控制,未发生角钢剪断的情况;顶板角钢连接件根部未填充对其抗剪承载力影响很大,相比于无脱空试件,设置高度为10mm、20mm、30mm的三角形未填充区域的试件的抗剪承载力分别降低11.8%、29.4%和33.8%。从前期的钢格室浇筑工艺试验来看,顶板角钢连接件根部确实存在较多的三角形未填充区域,目测深度有10mm左右。根据清宫理等人的研究,连接件抗剪承载力须折减约15%,如采用该结果将对深中通道钢壳混凝土沉管隧道抗剪连接件设计产生很大影响。有限元初步分析结果进一步验证了该结论。

清宫理等人的试验结果有几点值得商榷之处:

①该试验虽然为神户港港岛隧道而做,但该隧道设计过程中并未采用该结果,连接件抗剪承载力未考虑脱空影响。

②该试验中三角形未填充缺陷是通过设置塑料泡沫实现的,深度与宽度之比为1∶10,该缺陷形式与实际差别较大。

建议下阶段采用实际施工工艺制作顶板角钢连接件试件,而非人为引入脱空缺陷,进一步测试连接件的抗剪承载力。

另外,在实际沉管结构中,顶板角钢连接件根部未填充不会沿管节纵向在全长范围内发生,实际只会在一定区段内间隔发生;如果按纵向脱空长度占总长度的30%考虑,单个角钢连接件平均承载力的下降将非常有限,经初步有限元分析,降幅约为8%。

国内开展的混凝土浇筑方向对焊钉连接件和开孔板连接件抗剪性能影响的试验研究表明,混凝土浇筑方式对连接件抗剪承载力影响不大。对于焊钉连接件,所有试件破坏均为结合面处焊钉剪断,混凝土浇筑质量未控制抗剪承载力,相比于正立状态,侧立状态试件的承载力基本相同,倒立状态试件的承载力下降7.8%;对于开孔板连接件,均为孔中混凝土剪切破坏,相比于正立状态,侧立状态试件的承载力下降8.4%,倒立状态试件的承载力下降8.5%。

7.3 脱空控制标准

7.3.1 日本相关研究情况

20世纪90年代,日本运输省港湾技术研究所清宫理等通过试验(图7-33)研究了浇筑不密实对钢壳混凝土构件抗弯及竖向抗剪承载力的影响。

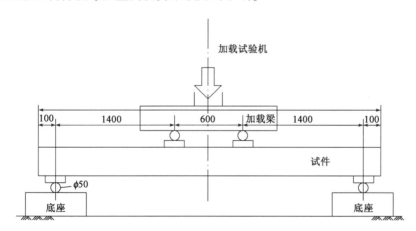

图7-33 主要试验参数(尺寸单位:mm)

抗弯试验共设计了两组6个试件,其中第一组仅设置横隔板,第二组仅设置纵隔板,主要变化参数为未充填率 $\Delta h/h$(其中 Δh 为未充填区高度,h 为角钢高度)。采用跨中两点对称加载。

试验结果表明:

①对于纵隔板试件,相比于未脱空试件,未充填率为50%、100%的试件极限承载力分别

下降 14.6% 和 18.1%。

②对于横隔板试件,相比于未脱空试件,未充填率为 50%、100% 的试件极限承载力分别下降 10.6% 和 18.7%。

③两组试件的延性均较为理想。

竖向抗剪试验共设计了两组共 10 个试件,其中第一组仅设置横隔板,第二组仅设置纵隔板,主要变化参数为未充填率 $\Delta h/h$(其中 h 为未充填区高度,h 为角钢高度)及其所在区域,每组各有 1 个试件未充填区域位于构件受拉侧。采用跨中单点对称加载。

试验结果表明:

①对于纵隔板试件,相比于未脱空试件,受压侧未充填率为 50%、100% 的试件极限承载力分别下降 16.6% 和 25.7%;对于相同的 50% 未充填率的试件,相比于受压侧脱空,受拉侧脱空极限承载力下降 24.3%。

②对于横隔板试件,相比于未脱空试件,受压侧未充填率为 50%、100% 的试件极限承载力分别下降 15.1% 和 21.8%;对于相同的 50% 未充填率的试件,相比于受压侧脱空,受拉侧脱空极限承载力下降 18.7%。

对于清宫理等人所做的试验,未充填率为 100% 时,脱空高度与断面高度的比值为 50/300 = 16.7%。对于深中通道钢壳沉管管节,如以脱空高度 5mm 作为控制标准,则脱空高度与断面高度的比值为 5/1500 = 0.33%,脱空比例远小于试验设定参数,根据模型试验结果,可以推断脱空折减系数应不小于 0.95。

7.3.2 有限元初步分析

本节通过有限元分析,量化混凝土脱空对结构整体力学性能的影响,从而为混凝土浇筑施工控制提供依据。重点研究混凝土脱空后钢壳与混凝土的共同工作情形,包括脱空区域钢壳变形、钢壳与混凝土的接触等问题。

7.3.2.1 几何及边界条件

采用 MSC.MARC 进行有限元分析。考虑到计算效率和设计控制断面两个因素,采用多尺度模型进行模拟,模型长度取反弯点间距,设计控制断面处区格采用实体及壳单元按照实际结构进行模拟,设计断面区格外采用三维弹性梁进行模拟,梁单元和壳单元之间采用 MSC.MARC 的 REB2 实现平截面约束。模型一端为固定约束,另一端为滑动约束,竖向水压按设计值加载,水平向设计轴力施加于滑动端以考虑实际中的压弯共同作用。

7.3.2.2 单元及材料属性

壳体内混凝土单元类别及材料属性同第 4 章的混凝土单元。考虑到塑性单元的要求,钢桥面板及纵、横加劲肋采用完全积分的 4 节点四边形三维厚壳单元,MSC.MARC 中的单元编号为 75,单元材料属性同第 4 章的角钢单元。

设计断面区格外的梁单元采用 2 节点三维弹性梁单元,MSC.MARC 中的单元编号为 98,

截面采用弹性材料,弹性模量、泊松比与壳体内混凝土部分相同。

由于结构为静定体系,因此设计区格外的梁单元只起到传递弯矩和轴力的作用,截面属性不会影响钢壳的内力,且由于结构横向变形相对结构跨度很小,因此轴力所产生的附加弯矩也很小。

7.3.2.3 接触及界面模拟

由于顶部钢板处混凝土容易产生脱空现象,因此主要针对顶部钢板处混凝土脱空展开研究。由于存在加劲肋、横隔板以及混凝土黏结等作用,认为底部钢板、侧面钢板和混凝土完全共同工作,不发生滑移,采用 MSC. MARC 中 insert(插入)命令使二者协同变形。

脱空处混凝土和钢板之间仅考虑面的法向约束。通过非线性弹簧来模拟接触受压,当弹簧变形达到混凝土脱空距离时弹簧刚度变得很大(图7-34)。同样采用非线性弹簧模拟非脱空处混凝土和钢板法向作用(脱空距离为0),混凝土和钢板之间均不考虑法向受拉时的刚度。

考虑到计算的收敛性和效率,认为混凝土顶板加劲肋与混凝土之间是线弹性接触,采用3个方向固定刚度的弹簧进行模拟。

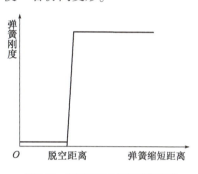

图 7-34 钢板混凝土接触弹簧模型

7.3.3 混凝土脱空影响

经过网格优化和模型修正以后,通过有限元模拟,得出不同脱空高度时跨中载荷-位移曲线(图7-35),具体结果见表7-10。

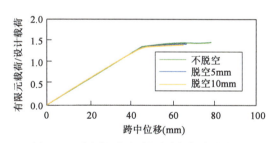

图 7-35 不同脱空高度时的跨中载荷-位移曲线

混凝土整体脱空的影响 表 7-10

模 型	承 载 力	屈服点割线刚度
不脱空	1.00	1.00
脱空 5mm	0.97	0.98
脱空 10mm	0.96	0.97

注:以不脱空时的承载力和刚度为基准,取值为1(无量纲)。

考虑跨中的弯矩最大,因此局部脱空的位置选在跨中处,局部脱空的高度为30mm,脱空区域大小为500mm×500mm。具体结果见图7-36、表7-11。

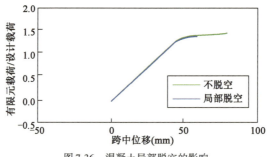

图 7-36 混凝土局部脱空的影响

混凝土局部脱空的影响 表 7-11

模 型	承 载 力	屈服点割线刚度
不脱空	1.00	1.00
局部脱空	0.97	0.99

注：以不脱空时的承载力和刚度为基准，取值为1(无量纲)。

在脱空基础上研究初始缺陷。通过在跨中施加 3mm 初始位移来模拟初始缺陷，载荷-位移曲线见图 7-37，具体结果见表 7-12。

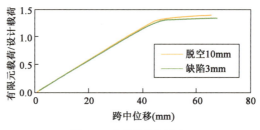

图 7-37 初始缺陷的影响

初始缺陷的影响 表 7-12

缺陷情况	承 载 力	屈服点割线刚度
无缺陷	1.00	1.00
初始缺陷	0.98	0.96

注：以不脱空时的承载力和刚度为基准，取值为1(无量纲)。

从有限元分析结果可以看出，10mm 以内的混凝土整体脱空对整体力学性能影响不大，但是会对钢壳的变形产生一定影响，整体脱空高度越大，钢壳的法向变形越明显。局部脱空同样会对钢壳变形产生影响，但对整体承载力影响很小，3mm 初始缺陷对脱空结构的影响同样很小。

考虑承载力和施工变形的要求，可以将脱空高度控制在 10mm 以内。

7.4 本章小结

从日本运输省港湾技术研究所清宫理等人所做的试验结果来看，未充填率为50%(即脱空高度与断面高度的比值为 8.3%)时,构件抗弯承载力下降 10.6% ~14.6%,竖向抗剪承载力下降 15.1% ~16.6%;相比于受压侧脱空,受拉侧脱空竖向抗剪承载力下降 18.7% ~24.3%。

如果深中通道钢壳混凝土沉管管节以脱空高度 5mm 为控制标准,则脱空高度与断面高度的比值为 0.33%,远小于试验设定参数,根据模型试验结果可以推断脱空折减系数应不小于 0.95。有限元初步分析结果进一步验证了该结论。

第 8 章 超长沉管隧道抗震分析方法与减振控制

地震作用下超长沉管隧道产生的隧道本身的应力与变形、管节接头的张开或压缩、水平剪力键和竖向剪力键的剪力,对超长沉管隧道抗震设计具有重要影响;其中,沉管隧道刚性整体式管节分段与柔性地基参数变化必须尽可能匹配是钢壳混凝土沉管隧道工程必须解决的难题。本章采用整体宏观模型与三维有限元方法作为超长沉管隧道抗震分析的主要理论与方法,并以深中通道沉管隧道为例介绍两种方法的计算思路。

8.1 超长沉管隧道整体宏观模型及参数变化优选分析

8.1.1 研究内容

针对刚性整体式管节分段与柔性地基参数变化必须尽可能匹配的工程难题,建立全长沉管隧道-地基系统的多质点-弹簧宏观力学模型及分析方法,在综合考虑多点非一致地震激励效应以及管节接头动力性能分析模型基础上,开展多工况参数化数值模拟分析,系统研究整体式管节分段长度与地基参数之间的关联性,优化钢壳混凝土沉管隧道的整体式管节长度及合理布置方式,揭示地基参数变化对沉管隧道动力响应的影响机制,从而为超长沉管隧道结构优化设计提供指导。

8.1.2 等效质点-弹簧模型理论与方法

8.1.2.1 等效质点-弹簧模型

日本学者田村重四郎和冈本舜三在对一座沉管隧道进行振动台模型试验和地震观测的基础上,首先提出用于沉管隧道地震响应分析的等效质点-弹簧模型。该计算模型成功应用于日本东京港沉管隧道抗震设计中,至今仍得到广泛应用。

1) 基本假定

该模型的基本假定为:地基土层的自振特性不受隧道存在的影响,土层剪切振动的基本振型对隧道在地震中产生的应变起主导作用;隧道的自身惯性力对其动力性态的影响很小,分析中可不予考虑;可根据周围土层变形计算隧道变形,并视隧道为一个弹性地基梁。

2）计算模型

该模型分别对隧道纵向和横向的水平振动进行分析。将土层沿隧道纵向划分成一系列垂直于隧道轴线的切片单元,每一切片单元简化成与其具有等效自振周期的单质点-弹簧体系,然后用弹簧连接相邻土质点,从而形成质点-弹簧模型;将隧道简化为一个弹性地基梁,通过土弹簧和周围土层相连,如图 8-1 所示。

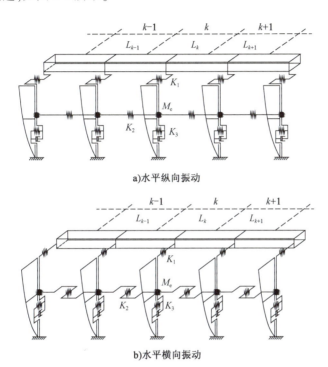

图 8-1　沉管隧道地震响应分析的等效质点-弹簧模型

K_1-土和隧道之间相互作用的弹簧刚度;K_2-相邻土质点之间的连接弹簧刚度;K_3-等效质点-弹簧体系的弹簧刚度;M_e-等效质点-弹簧体系的土质点质量

8.1.2.2　沉管隧道模型的简化原则

根据沉管隧道的结构特点和接头构件的受力模式,建立如图 8-2 所示的沉管隧道模型。采用三维梁单元模拟管节结构,采用精细化的非线性弹簧单元组模拟管节接头。沿管节端面橡胶止水带中心线每隔 1m 布置一个非线性弹簧单元来模拟橡胶的受力和变形[图 8-3a)],在管节接头水平和竖向剪力键位置分别布置多段线性弹性单元来模拟剪力键的作用[图 8-3b)],所有弹簧的两端分别与相邻的管节端点刚性连接。

将沉管隧道结构的梁-弹簧模型与地基土层的质点-弹簧模型组合,即可形成沉管隧道-地基系统的多质点-弹簧宏观力学模型。为了更好地模拟沉管隧道的土-结构动力相互作用,在土-结构动力相互作用弹簧和阻尼单元的基础上,建立土与结构之间的接触滑动单元,以模拟当隧道表面受到大的摩擦力时隧道和周围地层之间可能产生的滑动。

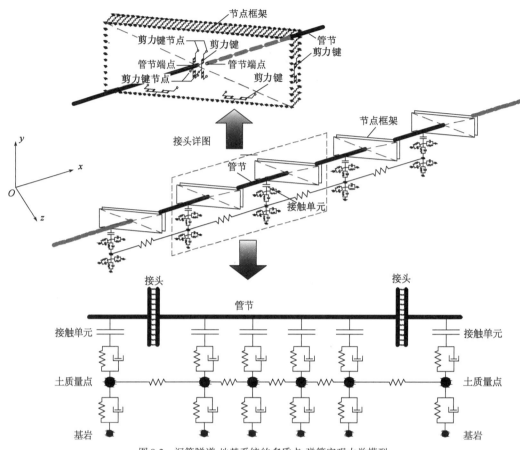

图 8-2 沉管隧道-地基系统的多质点-弹簧宏观力学模型

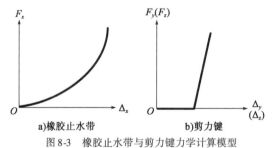

图 8-3 橡胶止水带与剪力键力学计算模型

F_x-轴向压力;F_y-y 向剪力;F_z-z 向剪力;Δx-压缩位移量;Δy-y 向剪切位移;Δz-z 向剪切位移

8.1.2.3 等效质点-弹簧模型参数的计算方法

1) 等效单质点-弹簧体系

等效单质点-弹簧体系的土质点质量等于土切片单元的一阶振型有效质量。单位长度土切片的一阶振型有效质量 M_e 按式(8-1)计算:

$$M_e = \left(\sum_{i=1}^{n} m_i \phi_i\right)^2 \Big/ \left(\sum_{i=1}^{n} m_i \phi_i^2\right) \tag{8-1}$$

式中:m_i——第 i 层土的质量;

ϕ_i——第 i 层土的一阶剪切振型。

第 k 个土质点的质量 M_k 等于单位长度土切片的一阶振型有效质量 M_e 与土切片长度 L_k 的乘积，即：

$$M_k = M_e L_k \tag{8-2}$$

弹簧刚度系数 K_{3k} 按照等效单质点-弹簧体系的固有周期等于土切片单元的一阶振动周期来计算，即：

$$K_{3k} = M_k \left(\frac{2\pi}{T_k}\right)^2 = M_k \omega_k^2 \tag{8-3}$$

式中：T_k——第 k 个土切片单元一阶剪切振动的周期；

ω_k——第 k 个土切片单元一阶剪切振动的频率。

阻尼系数 C_{3k} 按照等效单质点-弹簧体系的阻尼比等于土切片单元的阻尼比来计算，即：

$$C_{3k} = 2\xi_k \omega_k M_k \tag{8-4}$$

式中：ξ_k——第 k 个土切片单元的阻尼比。

2）相邻土质点之间的连接弹簧

土质点之间的横向弹簧刚度系数 K_{2t} 等于使相邻质点产生单位横向相对位移需要的作用力，如图 8-4a）所示。由一阶振型分析求出各土层的振型位移 δ_i，再由各土层的剪切模量计算产生单位横向相对位移所需的力，即：

$$K_{2t} = \frac{1}{L_k} \sum_{i=1}^{n} G_i A_i \delta_i \tag{8-5}$$

式中：G_i——第 i 层土的剪切模量；

A_i——第 i 层土的截面面积。

土质点之间的纵向弹簧刚度系数 K_{2l} 等于使相邻质点产生单位纵向相对位移需要的作用力，如图 8-4b）所示。由一阶振型分析求出各土层的振型位移 δ_i，再由各土层的弹性模量计算产生单位纵向相对位移所需的力，即：

$$K_{2l} = \frac{1}{L_k} \sum_{i=1}^{n} E_i A_i \delta_i \tag{8-6}$$

式中：E_i——第 i 层土的弹性模量。

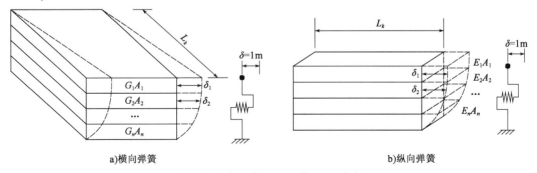

图 8-4 相邻土质点之间弹簧刚度的确定

3) 土和隧道之间相互作用参数

一般情况下,土和沉管隧道结构之间相互作用的弹簧刚度 K_1 等于作用在隧道处的力 P 与它所引起的位移 δ 之商,即:

$$K_1 = P/\delta \tag{8-7}$$

图 8-5 为土层发生横向和纵向运动时土和隧道之间相互作用弹簧刚度的计算示意图。横向弹簧刚度可采用平面应变有限元法计算,纵向弹簧刚度可采用三维有限元法计算。

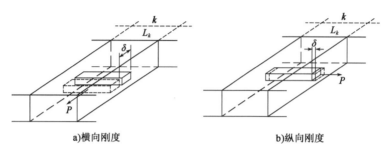

a) 横向刚度　　　　b) 纵向刚度

图 8-5　土和隧道之间相互作用弹簧刚度的确定

采用式(8-7)计算沉管隧道土-结构相互作用的刚度需要用到有限元建模,计算水平纵向刚度需建立三维有限元模型,计算费时费力。Gazetas 等[55]系统地研究了埋置于均质半无限土体中任意形状的刚性基础在不同模式下的振动。基于大量的分析结果,通过广泛而严格的参数研究,并辅以模型试验证明,形成了一整套计算各种谐振动模式下的动刚度和阻尼系数的简化公式。这些公式基于均质半空间表面刚性圆形基础的静力解析解,是经过形状、埋深和动力修正得到的。

(1) 弹簧刚度

如图 8-6 所示,均质半无限土体中埋置基础的动刚度 $\widetilde{K}_{emb}$ 可以表示为:

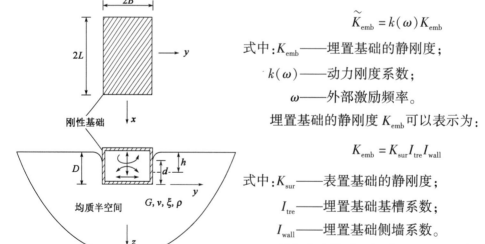

图 8-6　均质半无限土体中的埋置刚性基础

$$\widetilde{K}_{emb} = k(\omega) K_{emb} \tag{8-8}$$

式中:K_{emb}——埋置基础的静刚度;
　　　$k(\omega)$——动力刚度系数;
　　　ω——外部激励频率。

埋置基础的静刚度 K_{emb} 可以表示为:

$$K_{emb} = K_{sur} I_{tre} I_{wall} \tag{8-9}$$

式中:K_{sur}——表置基础的静刚度;
　　　I_{tre}——埋置基础基槽系数;
　　　I_{wall}——埋置基础侧墙系数。

不同平动模式下,表置基础的静刚度 K_{sur} 由式(8-10)计算:

$$\left.\begin{array}{l}K_{\text{sur},z} = \dfrac{2GL}{1-\nu}S_z \\[2mm] K_{\text{sur},y} = \dfrac{2GL}{2-\nu}S_y \\[2mm] K_{\text{sur},x} = \dfrac{2GL}{2-\nu}S_x\end{array}\right\} \tag{8-10}$$

式中：G——地基土的剪切模量，对于层状地基土可根据层厚的权重系数简化成均匀地基进行计算；

L——基础的半长；

ν——土体泊松比；

S_x, S_y, S_z——基础的形状系数，由式(8-11)计算：

$$\left.\begin{array}{l}S_z = 0.73 + 1.54\left(\dfrac{A_b}{4L^2}\right)^{0.75} \\[2mm] S_y = 2 + 2.5\left(\dfrac{A_b}{4L^2}\right)^{0.85} \\[2mm] S_x = S_y - \dfrac{0.1(2-\nu)}{0.75-\nu}\left(1-\dfrac{B}{L}\right)\end{array}\right\} \tag{8-11}$$

式中：A_b——基础底面面积；

B——基础的半宽。

埋置基础基槽系数 I_{tre} 由式(8-12)给出：

$$\left.\begin{array}{l}I_{\text{tre},x} = I_{\text{tre},y} = 1 + 0.15\left(\dfrac{D}{B}\right)^{0.5} \\[2mm] I_{\text{tre},z} = 1 + \dfrac{D}{21B}\left(1 + \dfrac{4}{3}\cdot\dfrac{A_b}{4L^2}\right)\end{array}\right\} \tag{8-12}$$

式中：D——基础埋深。

埋置基础侧墙系数 I_{wall} 由式(8-13)给出：

$$\left.\begin{array}{l}I_{\text{wall},x} = I_{\text{wall},y} = 1 + 0.52\left(\dfrac{hA_w}{BL^2}\right)^{0.4} \\[2mm] I_{\text{wall},z} = 1 + 0.2\left(\dfrac{A_w}{A_b}\right)^{2/3}\end{array}\right\} \tag{8-13}$$

式中：A_w——基础侧墙与土体的有效接触面积；

h——地表到基础侧墙与土体的有效接触深度 d 一半位置处的距离。

动力刚度系数 $k(\omega)$ 与基础的形状、埋深、外部激励频率以及土体性质有关，Gazetas[56]给出了不同振动模式下的动力刚度系数曲线，便于查取计算。对于完全埋置的沉箱基础，Gerolymos 和 Gazetas[57]通过曲线拟合出了水平运动下动力刚度系数的计算式：

$$k(\omega) \approx 1 + a_0 \frac{D}{B} \left[\left(0.08 - 0.0074 \frac{D}{B}\right) a_0^2 - \left(0.31 - 0.0416 \frac{D}{B}\right) a_0 - 0.0442 \frac{D}{B} + 0.14 \right] \tag{8-14}$$

式中:a_0——无量纲频率,按下式计算:

$$a_0 = \omega B / V_s \tag{8-15}$$

式中:V_s——土体的剪切波速。

对于地震引起的基础运动,外部激励频率 ω 可取自由场反应的主要频率。对于层状地基,土体剪切波速 V_s 可采用厚度加权换算的等效剪切波速 V_{se},其计算公式为:

$$V_{se} = H \Big/ \sum_{i=1}^{n} \frac{h_i}{V_{si}} \tag{8-16}$$

式中:H——地基土的总厚度;

h_i——第 i 层土的厚度;

V_{si}——第 i 层土的剪切波速。

(2)阻尼系数

土-结构动力相互作用的阻尼效应以辐射阻尼为主,是地震波从结构底部向无限土体中传播引起的能量耗散。Gazetas[56]推导了均质半空间中任意形状的表置和埋置基础的动力阻尼系数,表置基础的阻尼系数 C 的三分量为:

$$\left. \begin{array}{l} C_x = \rho V_s A_b \\ C_y = (\rho V_s A_b) \tilde{c}_y \\ C_z = (\rho V_{La} A_b) \tilde{c}_z \end{array} \right\} \tag{8-17}$$

埋置基础的阻尼系数 C_{emb} 的三分量为:

$$\left. \begin{array}{l} C_{emb,x} = C_x + 4\rho V_{La} B d + 4\rho V_s L d \\ C_{emb,y} = C_y + 4\rho V_s B d + 4\rho V_{La} L d \\ C_{emb,z} = C_z + \rho V_s A_w \end{array} \right\} \tag{8-18}$$

式中:ρ——土体密度;

$\tilde{c}_y, \tilde{c}_z$——分别为水平横向和竖向阻尼系数修正系数;

V_{La}——Lysmer 类波速,计算公式如下:

$$V_{La} = \frac{3.4}{\pi(1-\nu)} V_s \tag{8-19}$$

8.1.3 深中通道沉管隧道等效质点-弹簧模型

8.1.3.1 岩土层参数

根据工程地质勘察报告获得各种岩土的密度及平均剪切波速,然后计算得到土层动剪切模量及弹性模量。深中通道沉管隧道工程区域岩土层参数如表8-1所示。

深中通道沉管隧道工程区域岩土层参数 表8-1

层号	岩土名称	密度（g/cm³）	平均剪切波速（m/s）	剪切模量（MPa）	泊松比	弹性模量（MPa）
②1	淤泥	1.57	94~105(99.5)[①]	15.54	0.495	46.46
②2	淤泥	1.58	94~110(102)	16.44	0.496	49.18
②2-2	粉质黏土	1.94	210	85.55	0.491	255.12
②2-4	粉砂	1.94	200~222(211)	86.37	0.494	258.08
②2-6	中砂	1.96	238	111.02	0.492	331.29
②3	淤泥质土	1.75	109~116(112.5)	22.15	0.496	66.27
③1	黏土	1.92	182~227(204.5)	80.30	0.496	240.24
③2	粉质黏土	1.97	175~238(206.5)	84.01	0.492	250.67
③4	粉砂	2.05	222	101.03	0.492	301.48
③6	中砂	2.06	247	125.68	0.490	374.52
③7	粗砂	2.04	273	152.04	0.487	452.16
③8	砾砂	2.04	273	152.04	0.489	452.77
④1	残积粉质黏土	1.91	452~470(461)	405.92	0.466	1190.10
⑥1W4	全风化花岗岩	1.94	475~517(496)	477.27	0.466	1399.40
⑥1-1W3	砂砾状强风化花岗岩	1.96	587~650(618.5)	749.78	0.457	2184.90
⑥1-2W3	碎块状强风化花岗岩	2.60	720~1070(895)	2082.70	0.454	6056.40
⑥1W2	中风化花岗岩	2.67	1214~1513(1363.5)	4963.90	0.433	14226.00
⑥1W1	微风化花岗岩	2.71	1865~2100(1982.5)	10651.00	0.420	30249.00
⑥2W4	全风化花岗闪长岩	1.86	480	428.54	0.470	1259.90
⑥2W3	强风化花岗闪长岩	2.65	553	810.39	0.471	2384.20
⑥2W2	中风化花岗闪长岩	2.86	1288	4744.60	0.432	13588.00
⑥2W1	微风化花岗闪长岩	2.96	1945	11198.00	0.393	31197.00

注：①括号中为平均值，下同。

为充分考虑纵向地基的不均匀性，沿隧道纵向每隔200m左右选取ZKA01~ZKA83共37个钻孔土层，分别进行土切片的振型分析，通过考虑土体一阶剪切振型的方式建立土切片的等效单自由度体系。钻孔编号及相应参数如表8-2所示。

钻孔编号及相应参数 表8-2

钻孔编号	里程(m)	地表高程(m)	土层底部高层(m)	土层厚度(m)
ZKA01	K5+559.67	0.10	-15.90	16.0
ZKA02	K5+838.16	-0.34	-22.34	22.0
ZKA05	K6+101.37	-1.79	-20.09	18.3

续上表

钻孔编号	里程(m)	地表高程(m)	土层底部高层(m)	土层厚度(m)
ZKA08	K6+301.13	-2.89	-16.79	13.9
ZKA16	K6+609.35	-3.68	-22.48	18.8
ZKA20	K6+763.35	-4.69	-26.69	22.0
ZKA24	K6+899.82	-5.09	-25.59	20.5
ZKA26	K7+100.44	-5.19	-30.79	25.6
ZKA27	K7+222.80	-5.19	-32.69	27.5
ZKA30	K7+392.70	-5.19	-30.19	25.0
ZKA32	K7+597.27	-4.69	-29.19	24.5
ZKA33	K7+795.32	-4.89	-24.99	20.1
ZKA34	K8+000.14	-4.59	-29.59	25.0
ZKA37	K8+200.15	-4.29	-27.29	23.0
ZKA40	K8+399.96	-4.79	-22.19	17.4
ZKA42	K8+597.62	-4.99	-25.19	20.2
ZKA43	K8+800.13	-5.39	-34.39	29.0
ZKA45	K8+997.45	-5.09	-31.09	26.0
ZKA47	K9+197.09	-3.79	-35.39	31.6
ZKA48	K9+397.64	-3.39	-30.39	27.0
ZKA49	K9+597.19	-3.69	-32.69	29.0
ZKA51	K9+800.03	-4.49	-41.49	37.0
ZKA53	K9+997.23	-5.39	-35.59	30.2
ZKA54	K10+199.65	-6.29	-36.74	30.5
ZKA55	K10+396.69	-7.53	-32.53	25.0
ZKA57	K10+600.17	-13.69	-37.49	23.8
ZKA59	K10+799.36	-14.89	-36.79	21.9
ZKA60	K10+998.24	-15.68	-36.03	20.4
ZKA61	K11+199.77	-15.86	-34.86	19.0
ZKA62	K11+401.07	-14.45	-38.85	24.4
ZKA64	K11+499.75	-14.25	-36.75	22.5
ZKA66	K11+700.17	-12.73	-35.23	22.5
ZKA68	K11+899.78	-13.89	-35.69	21.8
ZKA70	K12+100.36	-14.48	-36.78	22.3
ZKA77	K12+260.21	-12.79	-33.09	20.3
ZKA79	K12+387.46	-12.55	-39.05	26.5
ZKA83	K12+500.18	-13.62	-43.32	29.7

8.1.3.2 土层等效质点-弹簧模型参数

土层等效质点-弹簧模型参数包括场地主频及土质点质量、基岩与土质点间弹簧刚度、相邻土质点间弹簧刚度、土质点与结构间弹簧刚度。

1)场地主频及土质点质量

场地沿线主频可由模态分析得到。等效质点-弹簧体系的土质点质量等于土切片单元的一阶振型有效质量。单位长度土切片的一阶振型有效质量 M_e 按式(8-1)计算。

土层等效质点-弹簧模型基本假定包括：地基土层的自振特性不受隧道存在的影响，隧道的自身惯性力对其动力性态的影响很小。土切片水平横向宽度取 1000m，水平纵向长度取 10m。沿线场地主频及单位长度土切片的一阶振型有效质量(即参振质量)如表8-3所示。

沿线场地主频及单位长度土切片的一阶振型有效质量　　　　表8-3

钻孔编号	场地主频(Hz)	参振质量(kg)	钻孔编号	场地主频(Hz)	参振质量(kg)
ZKA01	2.84	1.70×10^7	ZKA48	1.30	2.79×10^7
ZKA02	2.36	1.71×10^7	ZKA49	1.43	2.59×10^7
ZKA05	3.04	2.26×10^7	ZKA51	1.31	3.17×10^7
ZKA08	3.07	1.19×10^7	ZKA53	1.22	3.19×10^7
ZKA16	2.80	1.77×10^7	ZKA54	1.25	2.76×10^7
ZKA20	2.72	2.20×10^7	ZKA55	1.87	2.15×10^7
ZKA24	3.21	2.94×10^7	ZKA57	1.78	2.40×10^7
ZKA26	2.66	2.24×10^7	ZKA59	2.14	2.29×10^7
ZKA27	1.98	2.24×10^7	ZKA60	1.78	2.13×10^7
ZKA30	1.85	2.18×10^7	ZKA61	2.03	1.90×10^7
ZKA32	1.93	1.99×10^7	ZKA62	1.88	2.76×10^7
ZKA33	1.78	2.26×10^7	ZKA64	1.84	2.54×10^7
ZKA34	2.08	2.89×10^7	ZKA66	2.07	2.29×10^7
ZKA37	1.59	2.58×10^7	ZKA68	2.13	2.68×10^7
ZKA40	1.75	1.90×10^7	ZKA70	1.55	2.96×10^7
ZKA42	2.21	1.93×10^7	ZKA77	2.00	2.20×10^7
ZKA43	1.45	2.78×10^7	ZKA79	1.55	2.70×10^7
ZKA45	1.52	2.28×10^7	ZKA83	1.33	3.65×10^7
ZKA47	1.42	2.64×10^7			

2)基岩与土质点间弹簧刚度

计算基岩与土质点间弹簧刚度系数时，等效单质点-弹簧体系的固有周期等于土切片单元的一阶振动周期。弹簧刚度和阻尼系数分别按式(8-3)和式(8-4)计算。阻尼比取0.05。沿纵向单位长度基岩与土质点间弹簧刚度及阻尼系数如表8-4所示。

沿纵向单位长度基岩与土质点间弹簧系数及阻尼系数 表8-4

钻孔编号	纵向剪切弹簧刚度 K_{3x} (N/m²)	横向剪切弹簧刚度 K_{3y} (N/m²)	竖向拉压弹簧刚度 K_{3z} (N/m²)	纵向阻尼系数 C_{3x} (N·s/m²)	横向阻尼系数 C_{3y} (N·s/m²)	竖向阻尼系数 C_{3z} (N·s/m²)
ZKA01	5.42×10^9	5.42×10^9	5.96×10^{10}	3.03×10^7	3.03×10^7	1.01×10^8
ZKA02	3.76×10^9	3.76×10^9	4.14×10^{10}	2.53×10^7	2.53×10^7	8.41×10^7
ZKA05	8.26×10^9	8.26×10^9	9.08×10^{10}	4.32×10^7	4.32×10^7	1.43×10^8
ZKA08	4.43×10^9	4.43×10^9	4.87×10^{10}	2.29×10^7	2.29×10^7	7.60×10^7
ZKA16	5.48×10^9	5.48×10^9	6.03×10^{10}	3.12×10^7	3.12×10^7	1.03×10^8
ZKA20	6.44×10^9	6.44×10^9	7.08×10^{10}	3.76×10^7	3.76×10^7	1.25×10^8
ZKA24	1.20×10^{10}	1.20×10^{10}	1.32×10^{11}	5.93×10^7	5.93×10^7	1.97×10^8
ZKA26	6.27×10^9	6.27×10^9	6.89×10^{10}	3.75×10^7	3.75×10^7	1.24×10^8
ZKA27	3.48×10^9	3.48×10^9	3.83×10^{10}	2.79×10^7	2.79×10^7	9.26×10^7
ZKA30	2.95×10^9	2.95×10^9	3.24×10^{10}	2.54×10^7	2.54×10^7	8.41×10^7
ZKA32	2.93×10^9	2.93×10^9	3.22×10^{10}	2.41×10^7	2.41×10^7	8.01×10^7
ZKA33	2.81×10^9	2.81×10^9	3.09×10^{10}	2.52×10^7	2.52×10^7	8.36×10^7
ZKA34	4.91×10^9	4.91×10^9	5.40×10^{10}	3.77×10^7	3.77×10^7	1.25×10^8
ZKA37	2.57×10^9	2.57×10^9	2.83×10^{10}	2.57×10^7	2.57×10^7	8.54×10^7
ZKA40	2.30×10^9	2.30×10^9	2.53×10^{10}	2.09×10^7	2.09×10^7	6.94×10^7
ZKA42	3.71×10^9	3.71×10^9	4.08×10^{10}	2.68×10^7	2.68×10^7	8.88×10^7
ZKA43	2.29×10^9	2.29×10^9	2.52×10^{10}	2.52×10^7	2.52×10^7	8.36×10^7
ZKA45	2.08×10^9	2.08×10^9	2.29×10^{10}	2.17×10^7	2.17×10^7	7.21×10^7
ZKA47	2.09×10^9	2.09×10^9	2.29×10^{10}	2.34×10^7	2.34×10^7	7.78×10^7
ZKA48	1.87×10^9	1.87×10^9	2.05×10^{10}	2.28×10^7	2.28×10^7	7.57×10^7
ZKA49	2.09×10^9	2.09×10^9	2.30×10^{10}	2.33×10^7	2.33×10^7	7.72×10^7
ZKA51	2.16×10^9	2.16×10^9	2.38×10^{10}	2.62×10^7	2.62×10^7	8.69×10^7
ZKA53	1.89×10^9	1.89×10^9	2.08×10^{10}	2.45×10^7	2.45×10^7	8.13×10^7
ZKA54	1.69×10^9	1.69×10^9	1.86×10^{10}	2.16×10^7	2.16×10^7	7.17×10^7
ZKA55	2.96×10^9	2.96×10^9	3.26×10^{10}	2.53×10^7	2.53×10^7	8.37×10^7
ZKA57	2.99×10^9	2.99×10^9	3.29×10^{10}	2.68×10^7	2.68×10^7	8.88×10^7
ZKA59	4.14×10^9	4.14×10^9	4.56×10^{10}	3.08×10^7	3.08×10^7	1.02×10^8
ZKA60	2.66×10^9	2.66×10^9	2.93×10^{10}	2.38×10^7	2.38×10^7	7.89×10^7
ZKA61	3.09×10^9	3.09×10^9	3.40×10^{10}	2.42×10^7	2.42×10^7	8.03×10^7
ZKA62	3.86×10^9	3.86×10^9	4.25×10^{10}	3.26×10^7	3.26×10^7	1.08×10^8
ZKA64	3.40×10^9	3.40×10^9	3.74×10^{10}	2.93×10^7	2.93×10^7	9.73×10^7
ZKA66	3.88×10^9	3.88×10^9	4.27×10^{10}	2.98×10^7	2.98×10^7	9.89×10^7
ZKA68	4.82×10^9	4.82×10^9	5.30×10^{10}	3.60×10^7	3.60×10^7	1.19×10^8

续上表

钻孔编号	纵向剪切弹簧刚度 K_{3x} (N/m^2)	横向剪切弹簧刚度 K_{3y} (N/m^2)	竖向拉压弹簧刚度 K_{3z} (N/m^2)	纵向阻尼系数 C_{3x} ($N \cdot s/m^2$)	横向阻尼系数 C_{3y} ($N \cdot s/m^2$)	竖向阻尼系数 C_{3z} ($N \cdot s/m^2$)
ZKA70	2.80×10^9	2.80×10^9	3.08×10^{10}	2.88×10^7	2.88×10^7	9.56×10^7
ZKA77	3.48×10^9	3.48×10^9	3.82×10^{10}	2.77×10^7	2.77×10^7	9.18×10^7
ZKA79	2.56×10^9	2.56×10^9	2.81×10^{10}	2.63×10^7	2.63×10^7	8.72×10^7
ZKA83	2.57×10^9	2.57×10^9	2.83×10^{10}	3.06×10^7	3.06×10^7	1.02×10^8

3）相邻土质点间弹簧刚度

相邻土质点弹簧刚度按式(8-5)及式(8-6)计算。相邻土质点间距离取10m。相邻土质点间弹簧刚度如表8-5所示。

相邻土质点间弹簧刚度 表8-5

钻孔编号	纵向拉压弹簧刚度 K_{2x} (N/m)	横向剪切弹簧刚度 K_{2y} (N/m)	竖向剪切弹簧刚度 K_{2z} (N/m)
ZKA01	2.28×10^{11}	7.87×10^{10}	7.87×10^{10}
ZKA02	1.31×10^{11}	4.53×10^{10}	4.53×10^{10}
ZKA05	2.76×10^{11}	9.52×10^{10}	9.52×10^{10}
ZKA08	5.82×10^{10}	2.01×10^{10}	2.01×10^{10}
ZKA16	1.94×10^{11}	6.69×10^{10}	6.69×10^{10}
ZKA20	1.76×10^{11}	6.07×10^{10}	6.07×10^{10}
ZKA24	3.79×10^{11}	1.31×10^{11}	1.31×10^{11}
ZKA26	1.83×10^{11}	6.31×10^{10}	6.31×10^{10}
ZKA27	1.87×10^{11}	6.44×10^{10}	6.44×10^{10}
ZKA30	1.32×10^{11}	4.55×10^{10}	4.55×10^{10}
ZKA32	9.52×10^{10}	3.28×10^{10}	3.28×10^{10}
ZKA33	1.84×10^{11}	6.33×10^{10}	6.33×10^{10}
ZKA34	3.01×10^{11}	1.04×10^{11}	1.04×10^{11}
ZKA37	1.34×10^{11}	4.63×10^{10}	4.63×10^{10}
ZKA40	4.94×10^{10}	1.70×10^{10}	1.70×10^{10}
ZKA42	1.27×10^{11}	4.38×10^{10}	4.38×10^{10}
ZKA43	2.15×10^{11}	7.42×10^{10}	7.42×10^{10}
ZKA45	7.87×10^{10}	2.71×10^{10}	2.71×10^{10}
ZKA47	1.03×10^{11}	3.57×10^{10}	3.57×10^{10}
ZKA48	7.54×10^{10}	2.60×10^{10}	2.60×10^{10}
ZKA49	9.85×10^{10}	3.40×10^{10}	3.40×10^{10}
ZKA51	1.55×10^{11}	5.35×10^{10}	5.35×10^{10}
ZKA53	1.00×10^{11}	3.45×10^{10}	3.45×10^{10}
ZKA54	7.91×10^{10}	2.73×10^{10}	2.73×10^{10}

续上表

钻孔编号	纵向拉压弹簧刚度 K_{2x} (N/m)	横向剪切弹簧刚度 K_{2y} (N/m)	竖向剪切弹簧刚度 K_{2z} (N/m)
ZKA55	1.47×10^{11}	5.06×10^{10}	5.06×10^{10}
ZKA57	9.30×10^{10}	3.21×10^{10}	3.21×10^{10}
ZKA59	1.36×10^{11}	4.70×10^{10}	4.70×10^{10}
ZKA60	7.61×10^{10}	2.63×10^{10}	2.63×10^{10}
ZKA61	8.17×10^{10}	2.82×10^{10}	2.82×10^{10}
ZKA62	2.23×10^{11}	7.69×10^{10}	7.69×10^{10}
ZKA64	1.76×10^{11}	6.07×10^{10}	6.07×10^{10}
ZKA66	1.28×10^{11}	4.42×10^{10}	4.42×10^{10}
ZKA68	1.51×10^{11}	5.20×10^{10}	5.20×10^{10}
ZKA70	1.23×10^{11}	4.25×10^{10}	4.25×10^{10}
ZKA77	1.50×10^{11}	5.17×10^{10}	5.17×10^{10}
ZKA79	8.70×10^{10}	3.00×10^{10}	3.00×10^{10}
ZKA83	3.17×10^{11}	1.09×10^{11}	1.09×10^{11}

4)土质点与结构间弹簧刚度

土质点与结构间弹簧刚度和阻尼系数按前文公式计算得到。单位长度土质点与结构间弹簧刚度及阻尼系数如表8-6所示。

单位长度土质点与结构间弹簧刚度及阻尼系数　　　表8-6

钻孔编号	纵向弹簧刚度 K_{1x} (N/m²)	横向弹簧刚度 K_{1y} (N/m²)	竖向弹簧刚度 K_{1z} (N/m²)	纵向阻尼系数 C_{1x} (N·s/m²)	横向阻尼系数 C_{1y} (N·s/m²)	竖向阻尼系数 C_{1z} (N·s/m²)
ZKA01	3.24×10^8	3.70×10^8	4.23×10^8	3.96×10^7	4.66×10^7	5.52×10^7
ZKA02	1.97×10^8	2.25×10^8	2.57×10^8	3.08×10^7	3.64×10^7	4.30×10^7
ZKA05	2.96×10^8	3.38×10^8	3.86×10^8	3.78×10^7	4.46×10^7	5.27×10^7
ZKA08	1.61×10^8	1.84×10^8	2.11×10^8	2.79×10^7	3.29×10^7	3.89×10^7
ZKA16	2.45×10^8	2.80×10^8	3.20×10^8	3.44×10^7	4.06×10^7	4.80×10^7
ZKA20	2.11×10^8	2.40×10^8	2.75×10^8	3.19×10^7	3.76×10^7	4.45×10^7
ZKA24	3.28×10^8	3.74×10^8	4.28×10^8	3.98×10^7	4.69×10^7	5.55×10^7
ZKA26	2.06×10^8	2.35×10^8	2.69×10^8	3.15×10^7	3.72×10^7	4.40×10^7
ZKA27	2.31×10^8	2.64×10^8	3.02×10^8	3.34×10^7	3.94×10^7	4.66×10^7
ZKA30	1.64×10^8	1.87×10^8	2.14×10^8	2.81×10^7	3.32×10^7	3.93×10^7
ZKA32	1.43×10^8	1.63×10^8	1.86×10^8	2.63×10^7	3.09×10^7	3.66×10^7
ZKA33	1.95×10^8	2.23×10^8	2.55×10^8	3.07×10^7	3.62×10^7	4.29×10^7
ZKA34	2.53×10^8	2.89×10^8	3.31×10^8	3.50×10^7	4.12×10^7	4.88×10^7
ZKA37	1.45×10^8	1.66×10^8	1.89×10^8	2.65×10^7	3.12×10^7	3.69×10^7
ZKA40	6.63×10^7	7.57×10^7	8.66×10^7	1.79×10^7	2.11×10^7	2.50×10^7
ZKA42	2.00×10^8	2.28×10^8	2.61×10^8	3.11×10^7	3.67×10^7	4.34×10^7

续上表

钻孔编号	纵向弹簧刚度 K_{1x} (N/m²)	横向弹簧刚度 K_{1y} (N/m²)	竖向弹簧刚度 K_{1z} (N/m²)	纵向阻尼系数 C_{1x} (N·s/m²)	横向阻尼系数 C_{1y} (N·s/m²)	竖向阻尼系数 C_{1z} (N·s/m²)
ZKA43	2.06×10^8	2.35×10^8	2.69×10^8	3.15×10^7	3.72×10^7	4.40×10^7
ZKA45	1.01×10^8	1.16×10^8	1.32×10^8	2.21×10^7	2.61×10^7	3.09×10^7
ZKA47	1.22×10^8	1.39×10^8	1.59×10^8	2.43×10^7	2.86×10^7	3.39×10^7
ZKA48	7.95×10^7	9.07×10^7	1.04×10^8	1.96×10^7	2.31×10^7	2.73×10^7
ZKA49	1.19×10^8	1.35×10^8	1.55×10^8	2.39×10^7	2.82×10^7	3.34×10^7
ZKA51	1.52×10^8	1.74×10^8	1.99×10^8	2.71×10^7	3.20×10^7	3.78×10^7
ZKA53	9.44×10^7	1.08×10^8	1.23×10^8	2.14×10^7	2.52×10^7	2.98×10^7
ZKA54	8.09×10^7	9.24×10^7	1.06×10^8	1.98×10^7	2.33×10^7	2.76×10^7
ZKA55	1.85×10^8	2.11×10^8	2.42×10^8	2.99×10^7	3.53×10^7	4.17×10^7
ZKA57	9.34×10^7	1.07×10^8	1.22×10^8	2.13×10^7	2.51×10^7	2.96×10^7
ZKA59	1.18×10^8	1.34×10^8	1.54×10^8	2.38×10^7	2.81×10^7	3.33×10^7
ZKA60	8.92×10^7	1.02×10^8	1.16×10^8	2.08×10^7	2.45×10^7	2.90×10^7
ZKA61	1.19×10^8	1.36×10^8	1.55×10^8	2.40×10^7	2.83×10^7	3.35×10^7
ZKA62	2.05×10^8	2.34×10^8	2.68×10^8	3.15×10^7	3.71×10^7	4.39×10^7
ZKA64	1.63×10^8	1.86×10^8	2.13×10^8	2.81×10^7	3.31×10^7	3.92×10^7
ZKA66	1.70×10^8	1.95×10^8	2.22×10^8	2.87×10^7	3.38×10^7	4.00×10^7
ZKA68	1.34×10^8	1.53×10^8	1.75×10^8	2.55×10^7	3.00×10^7	3.55×10^7
ZKA70	6.53×10^7	7.46×10^7	8.52×10^7	1.78×10^7	2.09×10^7	2.48×10^7
ZKA77	1.14×10^8	1.30×10^8	1.49×10^8	2.35×10^7	2.76×10^7	3.27×10^7
ZKA79	8.43×10^7	9.63×10^7	1.10×10^8	2.02×10^7	2.38×10^7	2.82×10^7
ZKA83	1.60×10^8	1.83×10^8	2.09×10^8	2.78×10^7	3.28×10^7	3.88×10^7

8.1.4 深中通道沉管隧道纵向整体宏观模型与计算条件

8.1.4.1 纵向整体宏观模型

1)沉管隧道结构建模与参数

采用大型有限元软件建立沉管隧道-地基系统的多质点-弹簧宏观力学模型,从基岩面输入地震动时程,进行沉管隧道非线性动力瞬态分析。

为准确模拟沉管隧道弹性约束的边界条件,有限元计算模型模拟了包括西人工岛敞开段(长300m)、暗埋段(长175m)、32管节的沉管段(长5035m)以及东人工岛暗埋段(长940m)和敞开段(长395m)在内的隧道,总长6845m。模型中管节单元的几何位置与沉管隧道轴线定义完全一致,如图8-7所示。采用三维梁单元模拟沉管隧道管节。钢壳混凝土沉管方案共有32个整体式管节,典型管节长165m,每个管节分为30个梁单元,每个单元长5.5m。梁单元的弹性模型按C50混凝土考虑,弹性模量取34.5GPa,泊松比为0.2。在沉管段和暗埋段之间设有管节接头,整个模型包含33个管节接头。

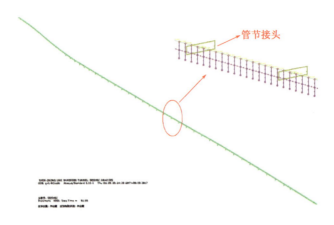

图 8-7　沉管隧道有限元计算模型（有限元软件截图）

2）管节接头模型与参数

管节接头采用 Trelleborg 公司提供的 GINA 止水带，包括 320-370-37、320-370-51、320-370-62 和 320-370-66 四种硬度型号。四种型号 GINA 止水带的力-压缩量曲线如图 8-8 所示。针对不同的水深使用不同的型号，布置情况如表 8-7 所示。

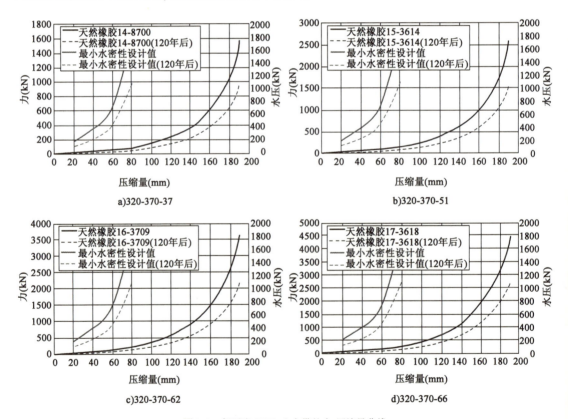

图 8-8　每延米 GINA 止水带的力-压缩量曲线

GINA 止水带布置情况 表8-7

管节接头	GINA 止水带型号	初始压缩量(mm)	管节接头	GINA 止水带型号	初始压缩量(mm)
AM&E32	320-370-51	150	E16&E15	320-370-51	152
E32&E31	320-370-51	152	E15&E14	320-370-62	139
E31&E30	320-370-62	137	E14&E13	320-370-62	144
E30&E29	320-370-62	139	E13&E12	320-370-62	149
E29&E28	320-370-62	141	E12&E11	320-370-62	154
E28&E27	320-370-62	143	E11&E10	320-370-62	149
E27&E26	320-370-62	143	E10&E9	320-370-66	151
E26&E25	320-370-62	142	E9&E8	320-370-66	151
E25&E24	320-370-62	140	E8&E7	320-370-62	156
E24&E23	320-370-62	138	E7&E6	320-370-62	153
E23&E22	320-370-51	153	E6&E5	320-370-62	148
E22&E21	320-370-51	150	E5&E4	320-370-62	143
E21&E20	320-370-51	148	E4&E3	320-370-62	137
E20&E19	320-370-51	146	E3&E2	320-370-51	145
E19&E18	320-370-51	146	E2&E1	320-370-37	130
E18&E17	320-370-51	147	E1&AM	320-370-37	135
E17&E16	320-370-51	149			

采用两段线性弹簧单元模拟管节接头水平混凝土剪力键,第一阶段容许变形范围设为4mm,变形曲线见图8-9。采用线性弹簧单元模拟管节接头竖向钢剪力键,侧墙剪力键刚度取1300kN/cm,中墙剪力键刚度取1900kN/cm。

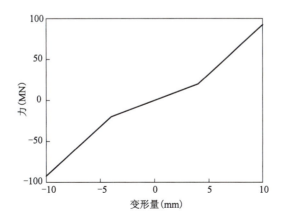

图8-9 水平混凝土剪力键变形曲线

8.1.4.2 纵向动力计算条件

1) 边界条件

为准确模拟沉管隧道弹性约束的边界条件,有限元计算模型模拟了包括西人工岛敞开段(长300m)、暗埋段(长175m)、32节管节的沉管段(长5035m)以及东人工岛暗埋段(长940m)和敞开段(长395m)在内的隧道,总长6845m。在沉管段和暗埋段之间设有管节接头,整个模型包含33个管节接头。

2) 地震动荷载

根据场区地震安全性评价报告,选取100年超越概率为10%和4%的基岩人工地震动加速度进行沉管隧道地震响应分析(图8-10)。其中,100年超越概率为4%的地震重现期约为2450年,与《建筑抗震设计规范》(GB 50011—2010)中50年超越概率为2%的地震重现期(约2475年)基本相同。

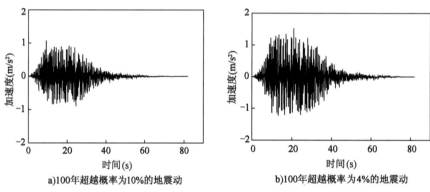

图8-10 场地基岩地震动加速度时程

100年超越概率为10%的地震动加速度对应最大设计地震荷载(MDE),峰值加速度为1.07m/s^2;100年超越概率为4%的地震动加速度对应罕遇地震荷载,峰值加速度为1.52m/s^2。

3) 非一致地震动输入

在一般的地震反应分析中,假定基岩做刚体运动,即在同一时刻输入基岩各点的运动是相同的。实际上,基岩上各点的运动在同一时刻是不同的,即它们之间有相位差。当土工结构的基底与基岩中的地震波长相比较小时,忽略基岩运动相位差的影响可能不会引起大的误差,否则应考虑这一影响。因此,对于沉管隧道这类细长的地下结构,地震响应分析中除了考虑局部场地条件外,还应当考虑行波效应。

行波效应即地震波到达不同点位的时间存在时间差。例如沿隧道纵向位置为x_i处,地震波到达时间将滞后t_i:

$$t_i = x_i/C_a \tag{8-20}$$

式中:C_a——视波速。

日本强震观测显示,软弱土层视波速在1000~2000m/s范围内。视波速越大,则行波效应导致的时间滞后越短,隧道的运动响应将越趋于一致。本工程场地基岩为微风化花岗岩,其剪切波速在 1865~2100m/s 范围内,视波速取 2000m/s。

4)时间与积分步长

场地基岩地震动加速度持续时间为 81.9s,时间间隔为 0.02s。有限元计算采用隐式积分算法,时间步长取 0.02s。

8.1.4.3 分析工况

在沉管隧道抗震分析中,不仅要考虑不同地震动水准、不同地震动输入方向以及不同地震激励方式,还要考虑不同管节分段方案和地基弹簧参数的变化。本研究的分析工况具体为:

①两种地震动水准:设防地震(100 年超越概率 10%),罕遇地震(100 年超越概率 4%)。
②两种输入地震波的方向:水平纵向(x),水平横向(y)。
③两种地震动激励方式:一致激励,非一致激励。
④温度荷载:考虑管节的整体升温和整体降温,整体升温和降温均按 15℃乘以 0.8 的组合系数。

分析工况如表 8-8 所示。工况编号中,"DE"表示设防地震,"RE"表示罕遇地震;"UN"表示一致激励,"NU"表示非一致激励;"X"表示地震动输入方向为水平纵向,"Y"表示地震动输入方向为水平横向;"R"表示升温工况,"F"表示降温工况。

分析工况表 表 8-8

序号	工况编号	地震动水准	地震动激励方式	地震动输入方向	温度荷载
1	DE-UN-X-R	设防地震	一致	水平纵向	升温
2	DE-UN-Y-R	设防地震	一致	水平横向	升温
3	DE-UN-X-F	设防地震	一致	水平纵向	降温
4	DE-UN-Y-F	设防地震	一致	水平横向	降温
5	DE-NU-X-R	设防地震	非一致	水平纵向	升温
6	DE-NU-Y-R	设防地震	非一致	水平横向	升温
7	DE-NU-X-F	设防地震	非一致	水平纵向	降温
8	DE-NU-Y-F	设防地震	非一致	水平横向	降温
9	RE-UN-X-R	罕遇地震	一致	水平纵向	升温
10	RE-UN-Y-R	罕遇地震	一致	水平横向	升温
11	RE-UN-X-F	罕遇地震	一致	水平纵向	降温
12	RE-UN-Y-F	罕遇地震	一致	水平横向	降温
13	RE-NU-X-R	罕遇地震	非一致	水平纵向	升温
14	RE-NU-Y-R	罕遇地震	非一致	水平横向	升温
15	RE-NU-X-F	罕遇地震	非一致	水平纵向	降温
16	RE-NU-Y-F	罕遇地震	非一致	水平横向	降温

8.1.5 计算结果分析

以设防地震的水平纵向和水平横向一致输入工况作为标准工况,在此基础上考察地震动各种因素变化对沉管隧道响应的影响,同时分别考虑管节结构的整体升温和整体降温。重点考察沉管隧道管节接头和管节结构的响应,主要包括管节接头变形、水平剪力和竖向剪力以及管节结构轴力、剪力和弯矩等。

8.1.5.1 设防地震(100年超越概率10%)

1) 一致激励+升温工况

表8-9列出了设防地震+一致激励+升温工况条件下的管节接头最大变形及最大剪力。从表中可以看出,管节接头相对张开量和相对压缩量在水平纵向地震动输入时最大,分别达到16.81mm和18.55mm。管节接头水平剪力在水平横向地震动输入时达到最大,为15019kN。管节接头竖向剪力在水平纵向地震动输入时达到最大,为28685kN。所以在后面的工况分析中,水平纵向地震动输入时主要关注管节接头变形量和竖向剪力,水平横向地震动输入时主要关注管节接头水平剪力。

设防地震+一致激励+升温工况条件下管节接头最大变形及最大剪力　　表8-9

参数	最大张开量	最大压缩量	最大水平剪力	最大竖向剪力
数值	16.81mm	18.55mm	15019kN	28685kN

(1) 水平纵向地震动输入

图8-11～图8-15分别为设防地震+水平纵向+一致激励+升温工况条件下的管节接头最大绝对压缩量、最大相对压缩量、最大相对张开量、最大竖向剪力以及管节结构最大轴向拉力。只考虑基岩一致输入时,由于局部场地条件沿隧道轴向的变化,地震作用下各管节接头变形范围、最大竖向剪力和管节结构最大轴向拉力有所差异。靠近隧道中间的E12&E11管节接头的最大绝对压缩量最大,为187.02mm;靠近隧道中间的E13&E12管节接头相对压缩量最大,为18.55mm;靠近隧道中间的E12&E11管节接头相对张开量最大,为-16.81mm;靠近隧道左侧的E23&E22管节接头竖向剪力最大,为28685kN;靠近隧道右侧的E1管节结构轴向力最大,但仍处于受压状态,为-19.03MN。

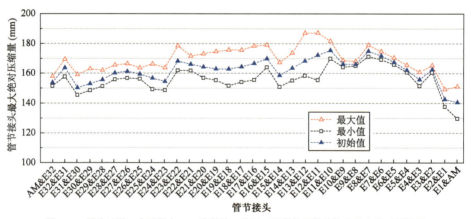

图8-11　设防地震+水平纵向+一致激励+升温工况条件下管节接头最大绝对压缩量

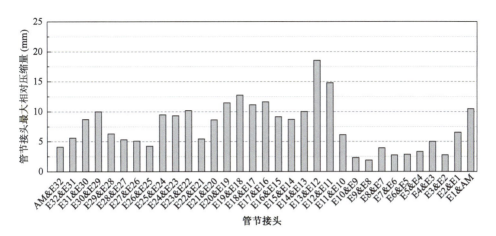

图 8-12　设防地震 + 水平纵向 + 一致激励 + 升温工况条件下管节接头最大相对压缩量

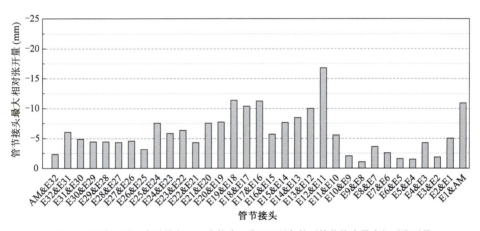

图 8-13　设防地震 + 水平纵向 + 一致激励 + 升温工况条件下管节接头最大相对张开量

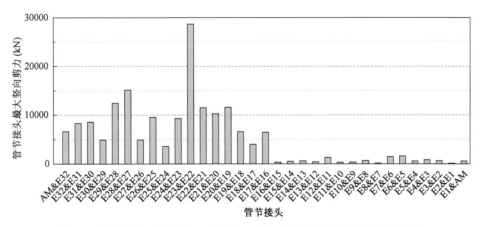

图 8-14　设防地震 + 水平纵向 + 一致激励 + 升温工况条件下管节接头最大竖向剪力

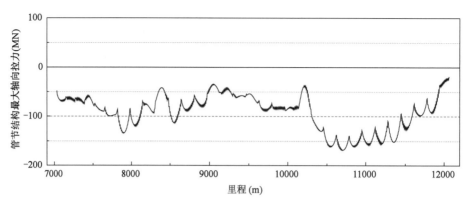

图 8-15　设防地震+水平纵向+一致激励+升温工况条件下管节结构最大轴向拉力

(2) 水平横向地震动输入

图 8-16 和图 8-17 分别为设防地震+水平横向+一致激励+升温工况条件下的管节接头最大水平剪力和管节结构最大水平横向弯矩。只考虑基岩一致输入时,由于局部场地条件沿隧道轴向的变化,地震作用下各管节接头最大水平剪力和管节结构最大水平横向弯矩有所差异。靠近隧道中间的 E13&E12 管节接头水平剪力最大,为 19105kN;靠近隧道中央的 E12 管节结构水平横向弯矩最大,为 1220MN·m。

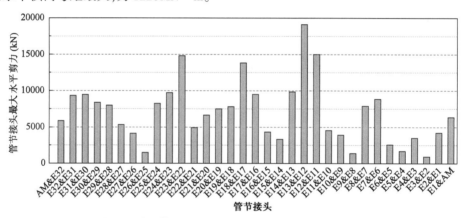

图 8-16　设防地震+水平横向+一致激励+升温工况条件下管节接头最大水平剪力

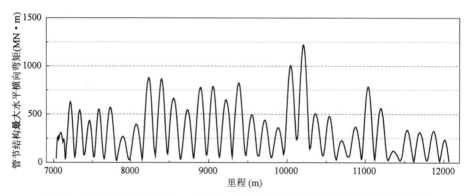

图 8-17　设防地震+水平横向+一致激励+升温工况条件下管节结构最大水平横向弯矩

第8章 超长沉管隧道抗震分析方法与减振控制

2）一致激励+降温工况

表8-10列出了设防地震+一致激励+降温工况条件下管节接头最大变形及最大剪力。从表中可以看出，管节接头相对张开量和相对压缩量最大分别达到17.90mm和20.48mm，管节接头水平剪力最大达到19143kN，管节接头竖向剪力最大达到28566kN。

设防地震+一致激励+降温工况条件下管节接头最大变形及最大剪力　　　表8-10

参数	最大张开量	最大压缩量	最大水平剪力	最大竖向剪力
数值	17.90mm	20.48mm	19143kN	28566kN

（1）水平纵向地震动输入

图8-18～图8-22分别为设防地震+水平纵向+一致激励+降温工况条件下的管节接头最大绝对压缩量、最大相对压缩量、最大相对张开量、最大竖向剪力以及管节结构最大轴向拉力。只考虑基岩一致输入时，由于局部场地条件沿隧道轴向的变化，地震作用下各管节接头变形范围、最大竖向剪力和管节结构最大轴向拉力有所差异。E12&E11管节接头最大绝对压缩量最大，为153.86mm；E13&E12管节接头最大相对压缩量最大，为20.48mm；E12&E11管节接头最大相对张开量最大，为-17.90mm；E23&E22管节接头最大竖向剪力最大，为28566kN；E21管节结构最大轴向拉力最大，为88.11MN。

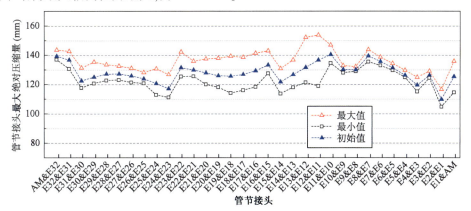

图8-18　设防地震+水平纵向+一致激励+降温工况条件下管节接头最大绝对压缩量

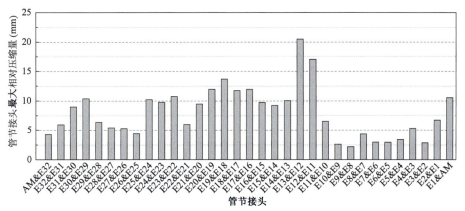

图8-19　设防地震+水平纵向+一致激励+降温工况条件下管节接头最大相对压缩量

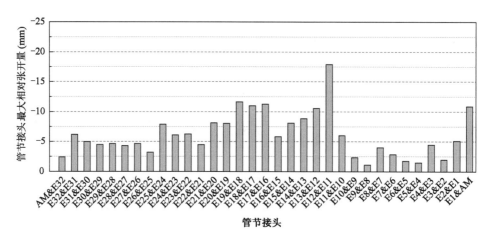

图 8-20 设防地震 + 水平纵向 + 一致激励 + 降温工况条件下管节接头最大相对张开量

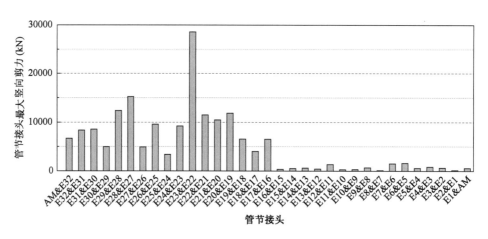

图 8-21 设防地震 + 水平纵向 + 一致激励 + 降温工况条件下管节接头最大竖向剪力

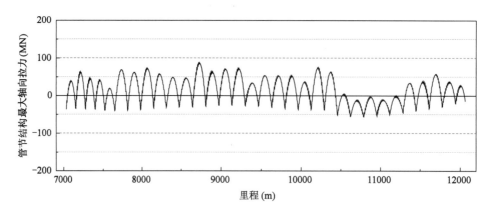

图 8-22 设防地震 + 水平纵向 + 一致激励 + 降温工况条件下管节结构最大轴向拉力

（2）水平横向地震动输入

图 8-23 和图 8-24 分别为设防地震＋水平横向＋一致激励＋降温工况条件下的管节接头最大水平剪力和管节结构最大水平横向弯矩。只考虑基岩一致输入时，由于局部场地条件沿隧道轴向的变化，地震作用下各管节接头最大水平剪力和管节结构最大水平横向弯矩有所差异。E13&E12 管节接头水平剪力最大，为 19143kN；E12 管节结构水平横向弯矩最大，为 1229MN·m。

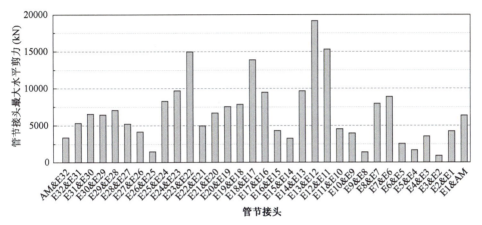

图 8-23　设防地震＋水平横向＋一致激励＋降温工况条件下管节接头最大水平剪力

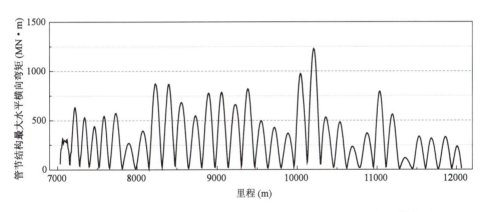

图 8-24　设防地震＋水平横向＋一致激励＋降温工况条件下管节结构最大水平横向弯矩

3）非一致激励＋升温工况

（1）水平纵向地震动输入

图 8-25 ～图 8-29 分别为设防地震＋水平纵向＋非一致激励＋升温工况条件下的管节接头最大绝对压缩量、最大相对压缩量、最大相对张开量、最大竖向剪力和管节结构最大轴向拉力。相比于水平纵向＋一致激励，非一致激励时管节接头相对张开量、相对压缩量、竖向剪力和管节结构轴向拉力均大幅增大。管节接头最大绝对压缩量出现在 E12&E11 管节接头，为 188.37mm；最大相对压缩量出现在 E19&E18 管节接头，为 20.29mm；最大相对张开量出现在 E14&E13 管节接头，为 -23.62mm；最大竖向剪力出现在 E23&E22 管节接头，为 29702kN；管节结构最大轴向拉力出现在 E19 管节，为 2.94MN。

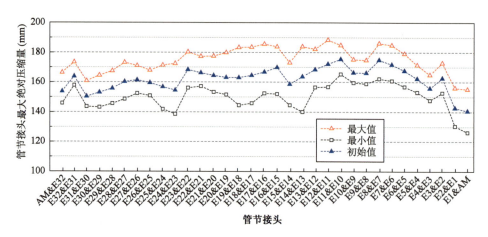

图 8-25　设防地震+水平纵向+非一致激励+升温工况条件下管节接头最大绝对压缩量

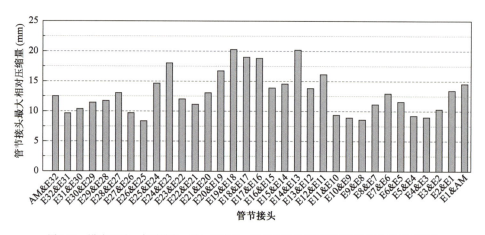

图 8-26　设防地震+水平纵向+非一致激励+升温工况条件下管节接头最大相对压缩量

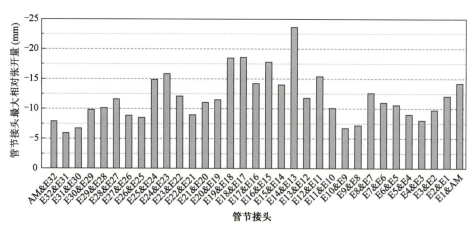

图 8-27　设防地震+水平纵向+非一致激励+升温工况条件下管节接头最大相对张开量

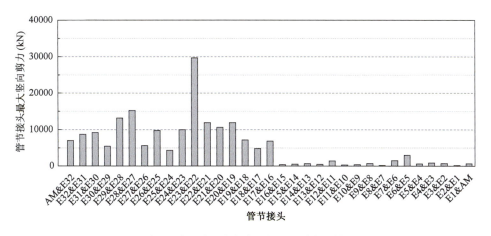

图8-28　设防地震+水平纵向+非一致激励+升温工况条件下管节接头最大竖向剪力

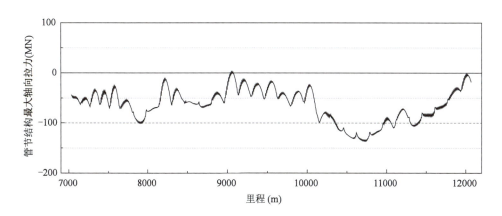

图8-29　设防地震+水平纵向+非一致激励+升温工况条件下管节结构最大轴向拉力

(2) 水平横向地震动输入

图8-30和图8-31分别为设防地震+水平横向+非一致激励+升温工况条件下的管节接头最大水平剪力和管节结构最大水平横向弯矩。相比于水平横向+一致激励,非一致激励时管节接头最大水平剪力和管节结构最大水平横向弯矩均大幅度增大,且最大值出现位置发生了变化。管节接头最大水平剪力出现在E24&E23管节接头,为33094kN;管节结构最大水平横向弯矩出现在E17管节,为1447MN·m。

4) 非一致激励+降温工况

(1) 水平纵向地震动输入

图8-32～图8-36分别为设防地震+水平纵向+非一致激励+降温工况条件下的管节接头最大绝对压缩量、最大相对压缩量、最大相对张开量、最大竖向剪力和管节结构最大轴向拉力。相比于水平纵向+一致激励,非一致激励时管节接头相对张开量、相对压缩量、竖向剪力和管节结构轴向拉力均有较大幅度增加。管节接头最大绝对压缩量出现在E12&E11管节接头,为155.33mm;最大相对压缩量出现在E14&E13管节接头,为22.45mm;最大相对张开量

出现在 E14&E13 管节接头,为 -24.43mm;最大竖向剪力出现在 E23&E22 管节接头,为 28714kN;管节结构最大轴向拉力出现在 E24 管节,为 124.68MN。

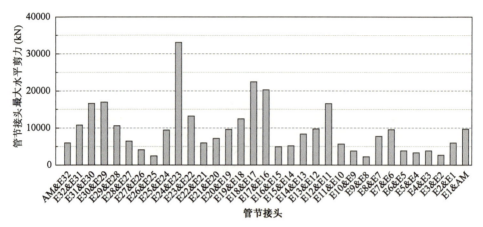

图 8-30　设防地震 + 水平横向 + 非一致激励 + 升温工况条件下管节接头最大水平剪力

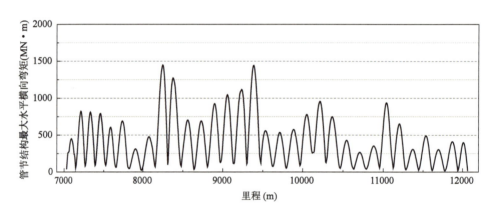

图 8-31　设防地震 + 水平横向 + 非一致激励 + 升温工况条件下管节结构最大水平横向弯矩

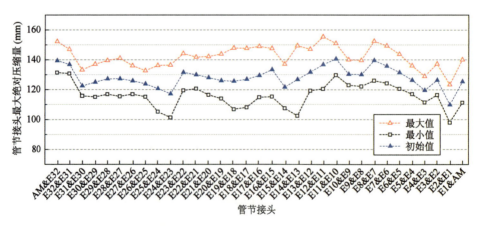

图 8-32　设防地震 + 水平纵向 + 非一致激励 + 降温工况条件下管节接头最大绝对压缩量

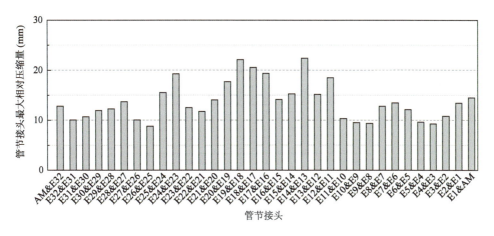

图 8-33 设防地震 + 水平纵向 + 非一致激励 + 降温工况条件下管节接头最大相对压缩量

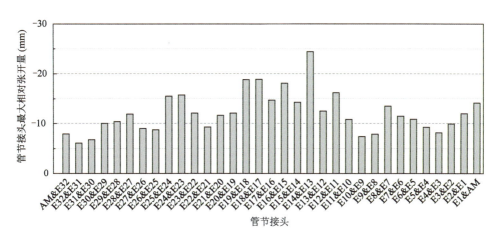

图 8-34 设防地震 + 水平纵向 + 非一致激励 + 降温工况条件下管节接头最大相对张开量

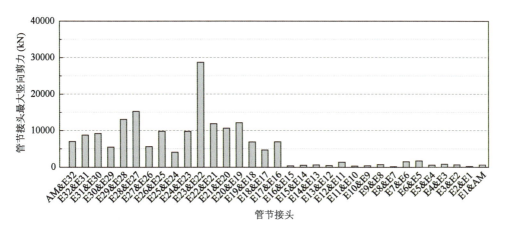

图 8-35 设防地震 + 水平纵向 + 非一致激励 + 降温工况条件下管节接头最大竖向剪力

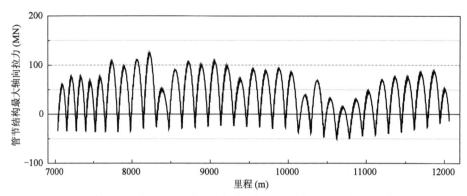

图 8-36　设防地震+水平纵向+非一致激励+降温工况条件下管节结构最大轴向拉力

(2) 水平横向地震动输入

图 8-37 和图 8-38 分别为设防地震+水平横向+非一致激励+降温工况条件下的管节接头最大水平剪力和管节结构最大水平横向弯矩。相比于水平横向+一致激励,非一致激励时管节接头最大水平剪力和管节结构最大水平横向弯矩均有较大幅度增大,且最大值出现位置发生了变化。管节接头最大水平剪力出现在 E24&E23 管节接头,为 33211kN;管节结构最大水平横向弯矩出现在 E24 管节,为 1454MN·m。

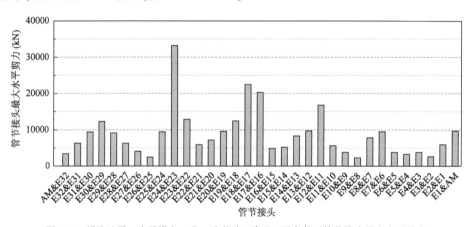

图 8-37　设防地震+水平横向+非一致激励+降温工况条件下管节接头最大水平剪力

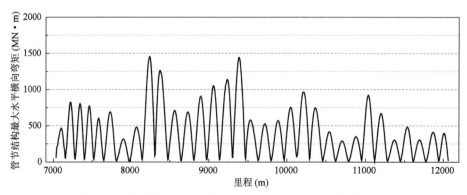

图 8-38　设防地震+水平横向+非一致激励+降温工况条件下管节结构最大水平横向弯矩

8.1.5.2 罕遇地震(100年超越概率4%)

1)一致激励+升温工况

(1)水平纵向地震动输入

图 8-39～图 8-43 分别为罕遇地震+水平纵向+一致激励+升温工况条件下的管节接头最大绝对压缩量、最大相对压缩量、最大相对张开量、最大竖向剪力以及管节结构最大轴向拉力。相比于设防地震水准,罕遇地震水准下管节接头最大相对张开量、最大相对压缩量、最大竖向剪力和管节结构最大轴向拉力均有一定程度增大。管节接头最大绝对压缩量出现在 E12&E11 管节接头,为193.63mm;管节接头最大相对压缩量出现在 E13&E12 管节接头,为24.96mm;管节接头最大相对张开量出现在 E12&E11 管节接头,为 -21.71mm;管节接头最大竖向剪力出现在 E23&E22 管节接头,为 31506kN;管节结构最大轴向拉力出现在 E19 管节,为 17.97MN。

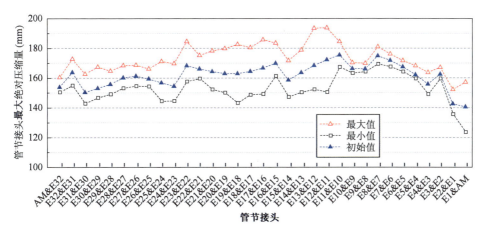

图 8-39　罕遇地震+水平纵向+一致激励+升温工况条件下管节接头最大绝对压缩量

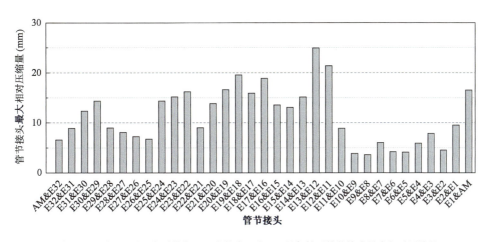

图 8-40　罕遇地震+水平纵向+一致激励+升温工况条件下管节接头最大相对压缩量

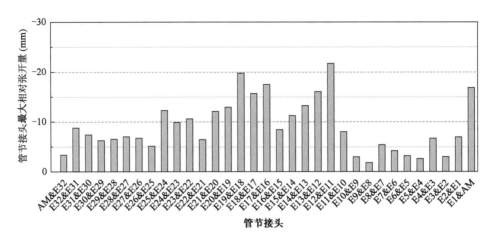

图 8-41 罕遇地震 + 水平纵向 + 一致激励 + 升温工况条件下管节接头最大相对张开量

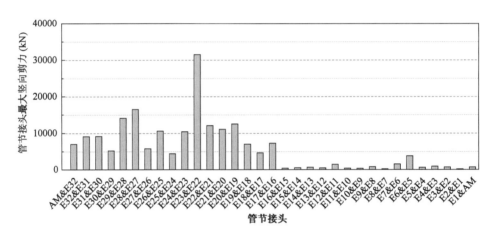

图 8-42 罕遇地震 + 水平纵向 + 一致激励 + 升温工况条件下管节接头最大竖向剪力

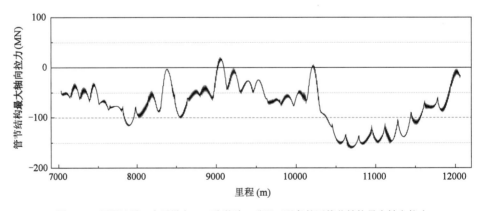

图 8-43 罕遇地震 + 水平纵向 + 一致激励 + 升温工况条件下管节结构最大轴向拉力

(2) 水平横向地震动输入

图 8-44 和图 8-45 分别为罕遇地震 + 水平横向 + 一致激励 + 升温工况条件下的管节接头最

大水平剪力和管节结构最大水平横向弯矩。相比于设防地震水准,罕遇地震水准下管节接头最大水平剪力和管节结构最大水平横向弯矩均有一定程度增大。管节接头最大水平剪力出现在 E13&E12 管节接头,为 41104kN;管节结构最大水平横向弯矩出现在 E12 管节,为 2488MN·m。

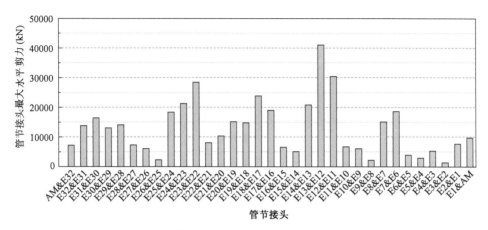

图 8-44 罕遇地震+水平横向+一致激励+升温工况条件下管节接头最大水平剪力

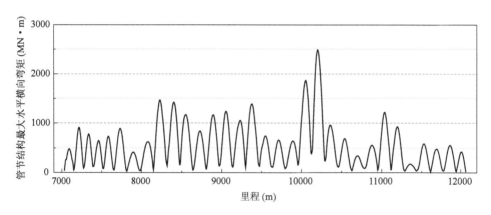

图 8-45 罕遇地震+水平横向+一致激励+升温工况条件下管节结构最大水平横向弯矩

2) 一致激励+降温工况

(1) 水平纵向地震动输入

图 8-46～图 8-50 分别为罕遇地震+水平纵向+一致激励+降温工况条件下的管节接头最大绝对压缩量、最大相对压缩量、最大相对张开量、最大竖向剪力以及管节结构最大轴向拉力。相比于设防地震水准,罕遇地震水准下管节接头最大相对张开量、最大相对压缩量、最大竖向剪力和管节结构最大轴向拉力均有一定程度增大。管节接头最大绝对压缩量出现在 E12&E11 管节接头,为 162.52mm;管节接头最大相对压缩量出现在 E13&E12 管节接头,为 27.74mm;管节接头最大相对张开量出现在 E12&E11 管节接头,为 -23.00mm;管节接头最大竖向剪力出现在 E23&E22 管节接头,为 31133kN;管节结构最大轴向拉力出现在 E21 管节,为 125MN。

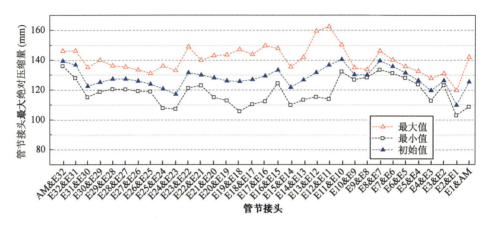

图 8-46　罕遇地震+水平纵向+一致激励+降温工况条件下管节接头最大绝对压缩量

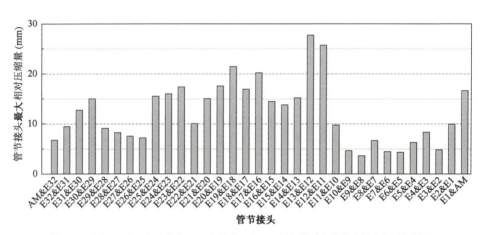

图 8-47　罕遇地震+水平纵向+一致激励+降温工况条件下管节接头最大相对压缩量

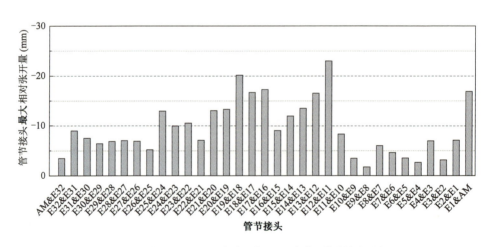

图 8-48　罕遇地震+水平纵向+一致激励+降温工况条件下管节接头最大相对张开量

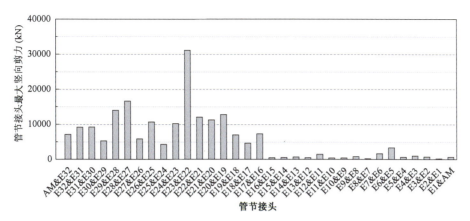

图 8-49　罕遇地震+水平纵向+一致激励+降温工况条件下管节接头最大竖向剪力

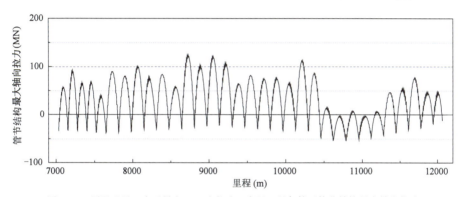

图 8-50　罕遇地震+水平纵向+一致激励+降温工况条件下管节结构最大轴向拉力

（2）水平横向地震动输入

图 8-51 和图 8-52 分别为罕遇地震+水平横向+一致激励+降温工况条件下的管节接头最大水平剪力和管节结构最大水平横向弯矩。相比于设防地震水准，罕遇地震水准下管节接头最大水平剪力和管节结构最大水平横向弯矩均有一定程度增大。管节接头最大水平剪力出现在 E13&E12 管节接头，为 41203kN；管节结构最大水平横向弯矩出现在 E12 管节，为 2498MN·m。

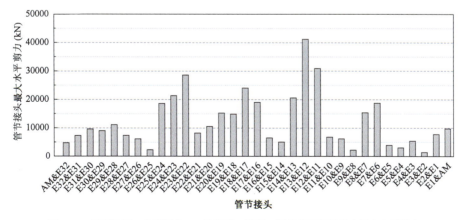

图 8-51　罕遇地震+水平横向+一致激励+降温工况条件下管节接头最大水平剪力

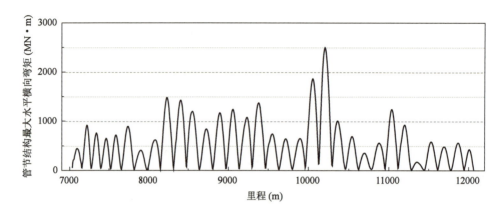

图8-52 罕遇地震+水平横向+一致激励+降温工况条件下管节结构最大水平横向弯矩

3) 非一致激励+升温工况

(1) 水平纵向地震动输入

图8-53~图8-57分别为罕遇地震+水平纵向+非一致激励+升温工况条件下的管节接头最大绝对压缩量、最大相对压缩量、最大相对张开量、最大竖向剪力以及管节结构最大轴向拉力。相比于设防地震水准，罕遇地震水准下管节接头最大相对张开量、最大相对压缩量、最大竖向剪力和管节结构最大轴向拉力均有一定程度增大。管节接头最大绝对压缩量出现在E12&E11管节接头，为194.94mm；管节接头最大相对压缩量出现在E19&E18管节接头，为30.30mm；管节接头最大相对张开量出现在E14&E13管节接头，为-33.66mm；管节接头最大竖向剪力出现在E23&E22管节接头，为32714kN；管节结构最大轴向拉力出现在E24管节，为66.6MN。

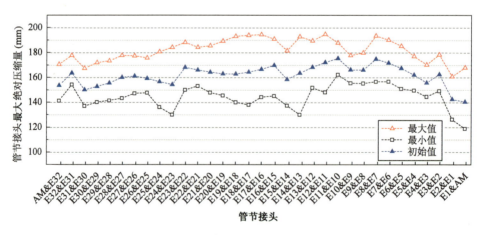

图8-53 罕遇地震+水平纵向+非一致激励+升温工况条件下管节接头最大绝对压缩量

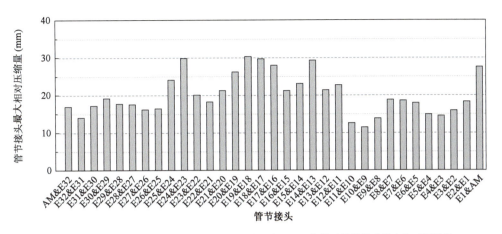

图 8-54 罕遇地震 + 水平纵向 + 非一致激励 + 升温工况条件下管节接头最大相对压缩量

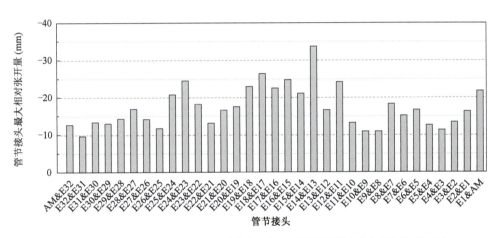

图 8-55 罕遇地震 + 水平纵向 + 非一致激励 + 升温工况条件下管节接头最大相对张开量

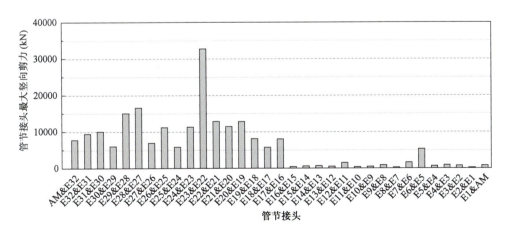

图 8-56 罕遇地震 + 水平纵向 + 非一致激励 + 升温工况条件下管节接头最大竖向剪力

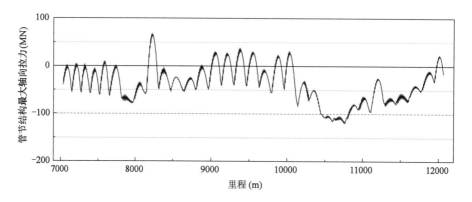

图 8-57 罕遇地震+水平纵向+非一致激励+升温工况条件下管节结构最大轴向拉力

(2) 水平横向地震动输入

图 8-58 和图 8-59 分别为罕遇地震+水平横向+非一致激励+升温工况条件下的管节接头最大水平剪力和管节结构最大水平横向弯矩。相比于设防地震水准,罕遇地震水准下管节接头最大水平剪力和管节结构最大水平横向弯矩均有一定程度增大。管节接头最大水平剪力出现在 E24&E23 管节接头,为 50218kN;管节结构最大水平横向弯矩出现在 E17 管节,为 2327MN·m。

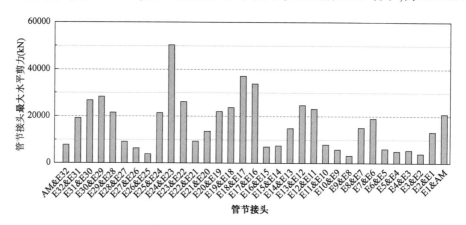

图 8-58 罕遇地震+水平横向+非一致激励+升温工况条件下管节接头最大水平剪力

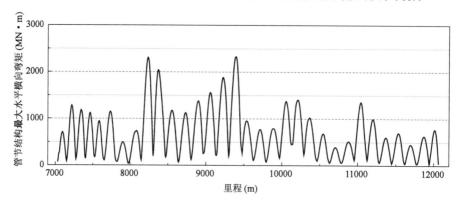

图 8-59 罕遇地震+水平横向+非一致激励+升温工况条件下管节结构最大水平横向弯矩

4) 非一致激励 + 降温工况

(1) 水平纵向地震动输入

图 8-60 ~ 图 8-64 分别为罕遇地震 + 水平纵向 + 非一致激励 + 降温工况条件下的管节接头最大绝对压缩量、最大相对压缩量、最大相对张开量、最大竖向剪力以及管节结构最大轴向拉力。相比于设防地震水准，罕遇地震水准下管节接头最大相对张开量、最大相对压缩量、最大竖向剪力和管节结构最大轴向拉力均有一定程度增大。管节接头最大绝对压缩量出现在 E12&E11 管节接头，为 163.49mm；管节接头最大相对压缩量出现在 E14&E13 管节接头，为 33.46mm；管节接头最大相对张开量出现在 E14&E13 管节接头，为 -34.41mm；管节接头最大竖向剪力出现在 E23&E22 管节接头，为 32419kN；管节结构最大轴向拉力出现在 E24 管节，为 202.67MN。

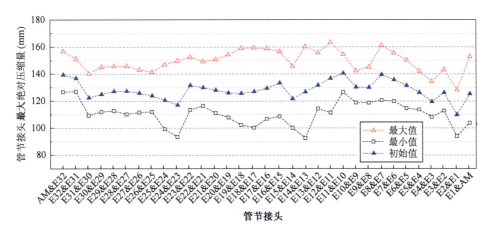

图 8-60　罕遇地震 + 水平纵向 + 非一致激励 + 降温工况条件下管节接头最大绝对压缩量

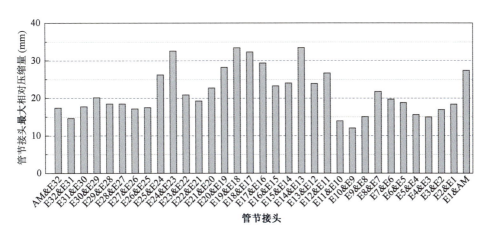

图 8-61　罕遇地震 + 水平纵向 + 非一致激励 + 降温工况条件下管节接头最大相对压缩量

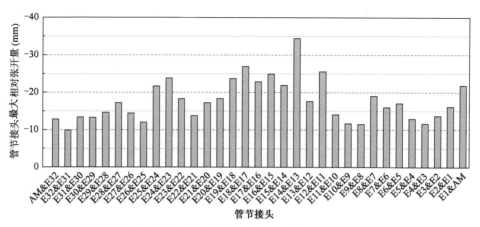

图 8-62 罕遇地震+水平纵向+非一致激励+降温工况条件下管节接头最大相对张开量

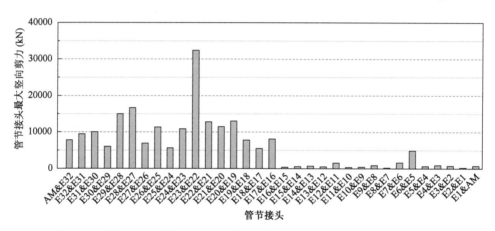

图 8-63 罕遇地震+水平纵向+非一致激励+降温工况条件下管节接头最大竖向剪力

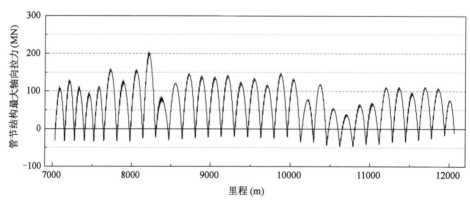

图 8-64 罕遇地震+水平横向+非一致激励+降温工况条件下管节结构最大轴向拉力

(2) 水平横向地震动输入

图 8-65 和图 8-66 分别为罕遇地震+水平横向+非一致激励+降温工况条件下的管节接头最大水平剪力和管节结构最大水平横向弯矩。相比于设防地震水准，罕遇地震水准下管节接头最大水平剪力和管节结构最大水平横向弯矩均有一定程度增大。管节接头最大水平剪力出现在

E24&E23 管节接头，为 50414kN；管节结构最大水平横向弯矩出现在 E17 管节，为 2326MN·m。

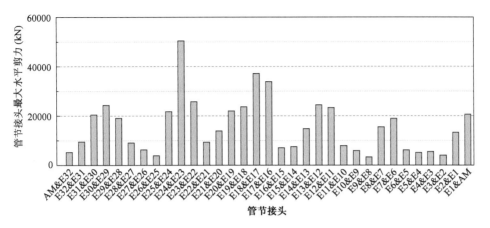

图 8-65　罕遇地震 + 水平横向 + 非一致激励 + 降温工况条件下管节接头最大水平剪力

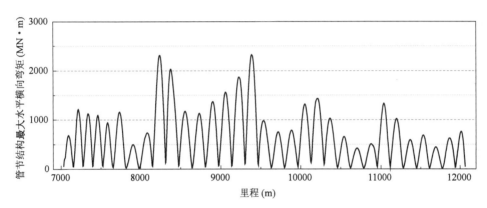

图 8-66　罕遇地震 + 水平横向 + 非一致激励 + 降温工况条件下管节结构最大水平横向弯矩

8.1.5.3　小结

对以上沉管隧道地震响应分析各工况的计算结果进行整理汇总，可以得到不同地震动作用下管节接头和管节结构各项地震响应的最大值，如表 8-11 所示。

沉管隧道纵向地震响应分析结果　　　　表 8-11

地震响应		设防地震（升温）		罕遇地震（升温）	
		一致激励	非一致激励	一致激励	非一致激励
管节接头	最大相对压缩量(mm)	18.55	20.29	24.96	30.30
	接头位置	E13&E12	E19&E18	E13&E12	E19&E18
	最大相对张开量(mm)	-16.81	-23.62	-21.71	-33.66
	接头位置	E12&E11	E14&E13	E12&E11	E14&E13
	最大水平剪力(kN)	19104.55	33094	41104	50218
	接头位置	E13&E12	E24&E23	E13&E12	E24&E23
	最大竖向剪力(kN)	28684.88	29702	31506	32714
	接头位置	E23&E22	E23&E22	E23&E22	E23&E22

续上表

地震响应		设防地震(升温)		罕遇地震(升温)	
		一致激励	非一致激励	一致激励	非一致激励
管节结构	最大轴向拉力(MN)	−19.03	2.94	17.97	66.60
	管节位置	E1	E19	E19	E24
	最大水平横向弯矩(MN·m)	1219.52	1446.54	2487.72	2326.81
	管节位置	E12	E17	E12	E17

地震响应		设防地震(降温)		罕遇地震(降温)	
		一致激励	非一致激励	一致激励	非一致激励
管节接头	最大相对压缩量(mm)	20.48	22.45	27.74	33.46
	接头位置	E13&E12	E14&E13	E13&E12	E14&E13
	最大相对张开量(mm)	−17.90	−24.43	−23.00	−34.41
	接头位置	E12&E11	E14&E13	E12&E11	E14&E13
	最大水平剪力(kN)	19143	33211	41203	50414
	接头位置	E13&E12	E24&E23	E13&E12	E24&E23
	最大竖向剪力(kN)	28566	28714	31133	32419
	接头位置	E23&E22	E23&E22	E23&E22	E23&E22
管节结构	最大轴向拉力(MN)	88.11	124.68	125.00	202.67
	管节位置	E21	E24	E21	E24
	最大水平横向弯矩(MN·m)	1228.83	1454.04	2498.38	2325.85
	管节位置	E12	E24	E12	E17

考虑升温作用时,设防地震水准不同工况下,管节接头相对压缩量的最大值为20.29mm,相对张开量的最大值为−23.62mm,水平剪力的最大值为33094kN,竖向剪力的最大值为29702kN;管节结构轴向拉力的最大值为2.94MN,水平横向弯矩的最大值为1447MN·m。罕遇地震水准不同工况下管节接头相对压缩量的最大值为30.30mm,相对张开量的最大值为−33.66mm,水平剪力的最大值为50218kN,竖向剪力的最大值为32714kN;管节结构轴向拉力的最大值为66.60MN,水平横向弯矩的最大值为2488MN·m。

考虑降温作用时,设防地震水准不同工况下,管节接头相对压缩量的最大值为22.45mm,相对张开量的最大值为−24.43mm,水平剪力的最大值为33211kN,竖向剪力的最大值为28714kN;管节结构轴向拉力的最大值为124.68MN,水平横向弯矩的最大值为1454MN·m。罕遇地震水准不同工况下管节接头相对压缩量的最大值为33.46mm,相对张开量的最大值为−34.41mm,水平剪力的最大值为50414kN,竖向剪力的最大值为32419kN;管节结构轴向拉力的最大值为202.67MN,水平横向弯矩的最大值为2498MN·m。

对沉管隧道进行抗震设计时,一般同时考虑结构承载力和变形。在地震作用下,沉管隧道结构承载力表现在沉管隧道管节接头的抗剪承载力上,主要由接头剪力键控制;而沉管隧道结构变形则体现在管节接头变形上,主要由接头压缩量和张开量控制。

据深中通道初步设计文件,管节接头抗剪承载力设计值为34000kN。罕遇地震工况下,管节接头最大水平剪力大于 34000kN,最大竖向剪力小于 34000kN,在现有计算条件下可能不满足管节接头水平抗剪承载能力要求。

8.1.6 参数变化优选分析

在对不同地震动作用工况进行分析的基础上,下面对沉管隧道管节分段方案以及地基刚度变化进行参数化分析,以研究整体式管节分段长度与地基参数之间的关联性,优化钢壳混凝土沉管隧道的整体式管节长度及合理布置方式。

考虑两种管节分段方案:

方案 1:由东向西,$5 \times 123.8m + 5 \times 165m + 167.2m$(最终接头长 2.2m + E23 管节长 165.0m) + $20 \times 165m + 123.8m = 5035m$,共 32 个管节,管节编号为 E32 ~ E1。

方案 2:由东向西,$3 \times 112.5m + 152.5m$(标准段长 145.5m + 最终接头长 7.0m) + $24 \times 180m + 2 \times 112.5m = 5035m$,共 30 个管节,管节编号为 E30 ~ E1。

地基弹簧参数以计算的土-结构相互作用弹簧刚度为基准,分别考虑向上增大 1~2 个数量级和向下减小 1~2 个数量级。

为便于分析,计算时地震动加速度考虑罕遇地震的非一致激励输入,不考虑管节温度的变化。

8.1.6.1 管节分段变化优选分析

本节通过比较分析两种不同管节分段方案下沉管隧道的地震响应,以确定合理的管节分段方案。

1)管节接头变形

图 8-67 和图 8-68 分别为两种管节分段方案的管节接头最大相对压缩量和最大相对张开量。由图可知,方案 2 的管节接头变形总体上比方案 1 略有增大。方案 2 的各管节接头最大相对压缩量较方案 1 增大 -8.8% ~98.1%,平均值为 3.4%;各管节接头最大相对张开量较方案 1 增大 -9.2% ~138.0%,平均值为 4.6%。

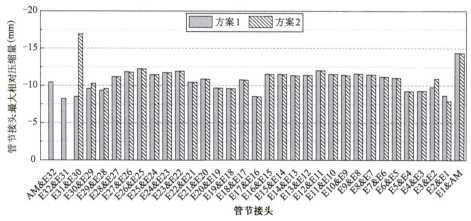

图 8-67 不同管节分段方案的管节接头最大相对压缩量

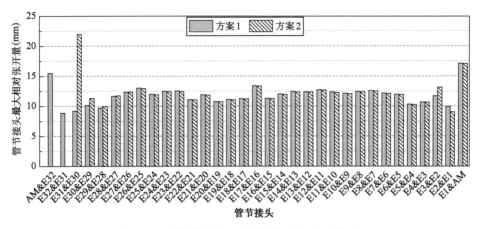

图 8-68　不同管节分段方案的管节接头最大相对张开量

2）管节接头剪力

图 8-69 和图 8-70 分别为两种管节分段方案的管节接头最大水平剪力和最大竖向剪力。由图可知，对于不同地震动作用工况，方案 2 的管节接头最大剪力总体上比方案 1 有所增大。方案 2 的各管节接头最大水平剪力较方案 1 增大 -16.3% ~ 756.0%，平均值为 24.3%；各管节接头最大竖向剪力较方案 1 增大 -42.7% ~ 314.4%，平均值为 13.4%。

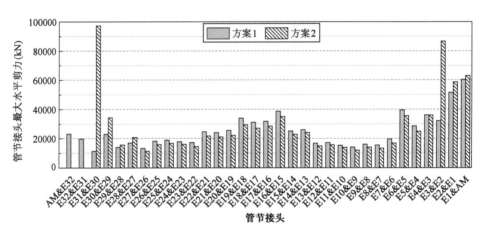

图 8-69　不同管节分段方案的管节接头最大水平剪力

3）管节结构内力

图 8-71 和图 8-72 分别为两种管节分段方案的管节结构最大轴向拉力和最大水平横向弯矩。由图可知，对于不同地震动作用工况，方案 2 的管节结构最大轴向拉力总体上比方案 1 有所增大。方案 2 的各管节结构最大轴向拉力较方案 1 增大 -46.0% ~ 51.0%，平均值为 0.4%；各管节结构最大水平横向弯矩较方案 1 增大 -34.4% ~ 187.3%，平均值为 12.4%。

4）小结

综合以上分析可以发现，方案 2 的各管节接头变形、剪力以及管节结构的内力总体上均比方案 1 有所增大。因此，方案 1 优于方案 2，是更合理的管节分段方案。

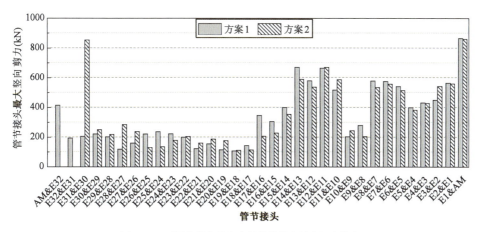

图 8-70 不同管节分段方案的管节接头最大竖向剪力

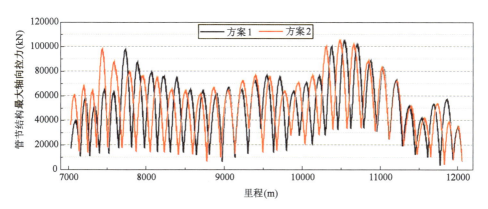

图 8-71 不同管节分段方案的管节结构最大轴向拉力

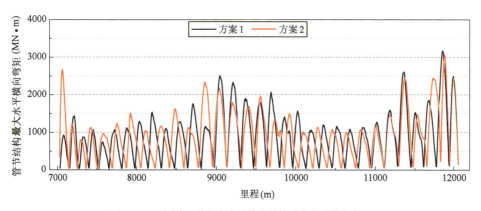

图 8-72 不同管节分段方案的管节结构最大水平横向弯矩

8.1.6.2 地基参数变化影响分析

本节讨论地基弹簧刚度变化对沉管隧道地震响应的影响,以计算的土-结构相互作用弹簧刚度为基准,在数值上分别考虑向上增大 1~2 个数量级和向下减小 1~2 个数量级,共形成 5 个工况。5 种地基弹簧刚度分别用 $0.01K_1$、$0.1K_1$、K_1、$10K_1$、$100K_1$ 表示。计算时采用方案 1 的管节分段模式。

1）管节接头变形

图 8-73 和图 8-74 分别为不同地基弹簧刚度情况下管节接头的最大相对压缩量和最大相对张开量，当地基弹簧刚度相对基准刚度增大时，管节接头最大变形量随地基弹簧刚度的增大而有明显减小。当地基弹簧刚度增大到基准刚度的 10 倍时，管节接头最大相对压缩量减小 15.2%～61.1%，平均值为 25.4%；管节接头最大相对张开量减小 16.2%～60.8%，平均值为 25.7%。当地基弹簧刚度增大到基准刚度的 100 倍时，管节接头最大相对压缩量减小 57.2%～82.0%，平均值为 65.5%；管节接头最大相对张开量减小 58.5%～82.8%，平均值为 66.6%。

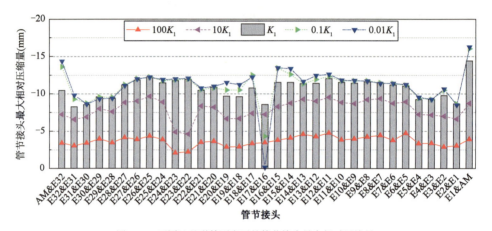

图 8-73　不同地基弹簧刚度下的管节接头最大相对压缩量

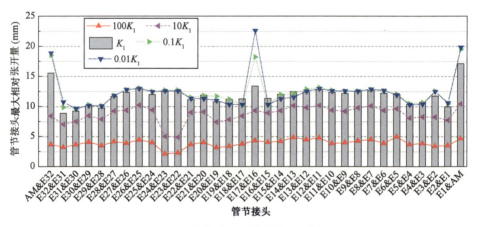

图 8-74　不同地基弹簧刚度下的管节接头最大相对张开量

当地基弹簧刚度相对基准刚度减小时，管节接头最大变形量整体随地基弹簧刚度的减小而略有增大。当地基弹簧刚度减小到基准刚度的 1/10 时，管节接头最大相对压缩量增大 -49.6%～30.0%，平均值为 3.0%；管节接头最大相对张开量增大 -9.1%～36.6%，平均值为 3.9%。当地基弹簧刚度减小到基准刚度的 1/100 时，管节接头最大相对压缩量增大 -98.0%～37.2%，平均值为 3.1%；管节接头最大相对张开量增大 -8.6%～69.5%，平均值为 4.2%。

2)管节接头剪力

图 8-75 为不同地基弹簧刚度情况下沉管隧道管节接头的最大水平剪力。

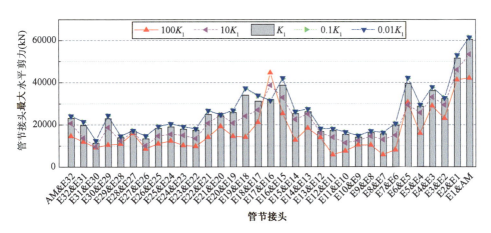

图 8-75 不同地基弹簧刚度下的管节接头最大水平剪力

整体而言,当地基弹簧刚度相对基准刚度增大时,管节接头最大水平剪力随地基弹簧刚度的增大而有所减小。当地基弹簧刚度增大到基准刚度的 10 倍时,管节接头的最大水平剪力减小 $-21.4\% \sim 30.6\%$,平均值为 14.0%;当地基弹簧刚度增大到基准刚度的 100 倍时,管节接头的最大水平剪力减小 $-40.0\% \sim 66.3\%$,平均值为 34.2%。

整体而言,当地基弹簧刚度相对基准刚度减小时,管节接头最大水平剪力随地基弹簧刚度的减小而略有增大。当地基弹簧刚度减小到基准刚度的 1/10 时,管节接头的最大水平剪力增大 $-1.7\% \sim 9.1\%$,平均值为 4.8%;当地基弹簧刚度减小到基准刚度的 1/100 时,管节接头的最大水平剪力增大 $-1.5\% \sim 10.3\%$,平均值为 5.4%。

3)管节结构内力

图 8-76、图 8-77 分别为不同地基弹簧刚度情况下沉管隧道管节结构的最大轴向拉力和最大水平横向弯矩。

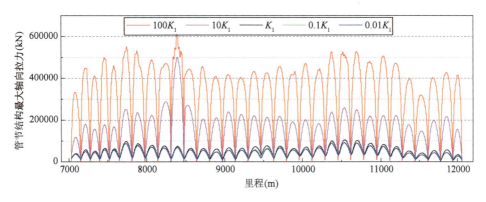

图 8-76 不同地基弹簧刚度下的管节结构最大轴向拉力

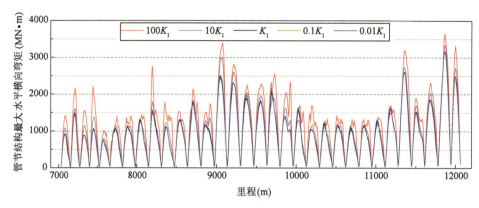

图 8-77 不同地基弹簧刚度下的管节结构最大水平横向弯矩

整体而言，当地基弹簧刚度相对基准刚度增大时，管节结构内力随地基弹簧刚度的增大而有所增大。当地基弹簧刚度增大到基准刚度的 10 倍时，管节结构最大轴向拉力增大 138.5% ~ 568.9%，平均值为 218.5%；管节结构最大水平横向弯矩增大 -16.0% ~ 30.3%，平均值为 6.9%。当地基弹簧刚度增大到基准刚度的 100 倍时，管节结构最大轴向拉力增大 401.3% ~ 1099.8%，平均值为 572.1%；管节结构最大水平横向弯矩增大 6.8% ~ 87.1%，平均值为 32.9%。

整体而言，当地基弹簧刚度相对基准刚度减小时，管节结构最大轴向拉力随地基弹簧刚度的减小而有所减小，而管节结构最大水平横向弯矩随地基弹簧刚度的减小而略有增大。当地基弹簧刚度减小到基准刚度的 1/10 时，管节结构最大轴向拉力减小 5.7% ~ 23.2%，平均值为 13.1%；管节结构最大水平横向弯矩增大 -2.0% ~ 5.3%，平均值为 1.5%。当地基弹簧刚度减小到基准刚度的 1/100 时，管节结构最大轴向拉力减小 4.7% ~ 23.7%，平均值为 13.6%；管节结构最大水平横向弯矩增大 -2.0% ~ 5.9%，平均值为 1.8%。

4）小结

当地基弹簧刚度相对基准刚度增大时，管节接头最大变形量和最大水平剪力随地基弹簧刚度的增大而有所减小，管节结构最大轴向拉力和最大水平横向弯矩随地基弹簧刚度的增大而有所增大。地基加固，地基刚度增大，有助于减小管节接头变形及剪力键剪力。

当地基弹簧刚度相对基准刚度减小时，管节接头最大变形量和最大水平剪力随地基弹簧刚度的减小而有所增大，管节结构最大轴向拉力随地基弹簧刚度的减小而略减小，管节结构最大水平横向弯矩随地基弹簧刚度的减小而略增大。

8.2 超长沉管隧道动力参数变化段的三维精细化分析

8.2.1 研究思路

在对工程图纸和相关资料进行研究、总结的基础上，选取西人工岛斜坡段部分沉管管节进行三维实体建模，模型包括地基土、沉管隧道结构、GINA 止水带、水平剪力键、竖向剪力键等。

通过对模型各要素的准确模拟,真实反映沉管隧道斜坡段在地震中的受力情况。

使用大型有限元软件,采用人工波,进行设防地震工况和罕遇地震工况下水平横向地震和水平纵向地震时程分析,计算得到隧道本身的应力与变形、管节接头张开量和压缩量、水平剪力键和竖向剪力键的剪力,并对结果进行比较研究。

8.2.2 时程分析法

本研究采用时程分析法。时程分析法是向结构基本运动方程输入地震加速度记录并进行积分,求得整个时间历程内结构地震作用效应的一种结构动力计算方法。自20世纪60年代开始,因其概念明确且能够反映地震动三要素(幅值、频谱和持时)对结构的影响等特点,逐步发展成为通用的结构分析方法之一。时程分析法概念明确,并可以考虑各种复杂的分析情况。

土-地下结构有限元时程分析方法的主要分析步骤:根据分析对象与模型特点,建立合适的有限元模型;选取合适的地震波,选用地震波时需充分考虑到地震动的三要素(幅值、频谱、持时)对计算结果的影响;以时间历程的方式将地震动作为荷载施加到有限元模型上,得到整个结构模型的动力时程响应。

8.2.2.1 时程分析原理

结构体系动力反应的控制方程为:

$$\boldsymbol{M}\ddot{\boldsymbol{U}}(t) + \boldsymbol{C}\dot{\boldsymbol{U}}(t) + \boldsymbol{K}\boldsymbol{U}(t) = \boldsymbol{P}(t) \tag{8-21}$$

式中:$\boldsymbol{M},\boldsymbol{C},\boldsymbol{K}$——分别为结构的质量矩阵、阻尼矩阵和刚度矩阵;

$\boldsymbol{U}(t)$——对应于结构之外的固定坐标系总位移向量;

$\boldsymbol{P}(t)$——作用于结构上的动荷载。

土-地下结构相互作用体系动力时程分析的基本原理为:将地震运动视为一个随时间而变化的过程,并将地下结构物和周围岩土体介质视为共同受力变形的整体,通过直接输入地震加速度记录,在满足变形协调条件的前提下分别计算结构物和岩土体介质在各时刻的位移、速度、加速度、应变和内力,验算场地的稳定性,进行结构截面设计。时程分析法具有普遍适用性。在地质条件、结构形式复杂,须考虑地基和结构的动力相互作用以及地基和结构的非线性动力特性时,应采用动力时程分析方法,且迄今尚无其他计算方法可以代替。

地震反应分析中的大质量法(Large Mass Method)由P. Leger等提出,其核心是:在结构各支承点处附加一个虚拟的大质量(图8-78),该质量一般应取结构质量的10^6倍以上,从而使结构的质量相对于大质量块可以忽略;将地震动加速度时乘以大质量块的质量,转换成力的时程,施加在支撑节点上,并释放支承点处所施加激励方向的自由度,利用大质量的惯性力将地震荷载施加到需要激励的目标结构上。

如图8-78所示,连续土体经有限元离散后,土层的地震反应分析就相当于一个具有m个支座的离散化系统在地震荷载下的反应。地震发生时,与基岩连接的支承节点随地面运动,而土层非支承节点本身不受外力荷载的作用。以下标 s 表示与土层结构单元非支承节点有关的项,以下标 f 表示与土层结构支承节点有关的项。引入大质量块,并采用集中质量矩阵,则结构体系动力基本方程可写成:

$$\begin{bmatrix} M_{ss} & 0 \\ 0 & M_{ff} + M_L \end{bmatrix} \begin{Bmatrix} \ddot{U}_s \\ \ddot{U}_f \end{Bmatrix} + \begin{bmatrix} C_{ss} & C_{sf} \\ C_{fs} & C_{ff} \end{bmatrix} \begin{Bmatrix} \dot{U}_s \\ \dot{U}_f \end{Bmatrix} + \begin{bmatrix} K_{ss} & K_{sf} \\ K_{fs} & K_{ff} \end{bmatrix} \begin{Bmatrix} U_s \\ U_f \end{Bmatrix} = \begin{Bmatrix} P_s \\ P_f \end{Bmatrix} \quad (8\text{-}22)$$

式中:P_s——作用在土层结构非支承节点上的外力向量(对于地震荷载,$P_s = 0$);

P_f——作用在支承节点上的外力向量,即输入的地震荷载。因此,有:

$$\begin{bmatrix} M_{ss} & 0 \\ 0 & M_{ff} + M_L \end{bmatrix} \begin{Bmatrix} \ddot{U}_s \\ \ddot{U}_f \end{Bmatrix} + \begin{bmatrix} C_{ss} & C_{sf} \\ C_{fs} & C_{ff} \end{bmatrix} \begin{Bmatrix} \dot{U}_s \\ \dot{U}_f \end{Bmatrix} + \begin{bmatrix} K_{ss} & K_{sf} \\ K_{fs} & K_{ff} \end{bmatrix} \begin{Bmatrix} U_s \\ U_f \end{Bmatrix} = \begin{Bmatrix} 0 \\ P_f \end{Bmatrix} \quad (8\text{-}23)$$

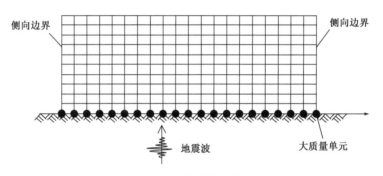

图 8-78　土体有限元模型

根据静力学原理,任一支承节点处的运动必然引起结构所有节点处的位移。若将因支承运动所引起的其他节点处的位移称为拟静力位移,则结构的绝对位移可以分为拟静力位移 U_t 和动位移 U_d 两部分,即:

$$U = U_t + U_d \quad (8\text{-}24)$$

于是,单元节点位移向量可以改写成:

$$\begin{Bmatrix} U_s \\ U_f \end{Bmatrix} = \begin{Bmatrix} U_{t,s} \\ U_{t,f} \end{Bmatrix} + \begin{Bmatrix} U_{d,s} \\ U_{d,f} \end{Bmatrix} \quad (8\text{-}25)$$

式中:$U_{t,s}, U_{d,s}$——分别表示土层结构非支承节点的拟静力位移和动位移;

$U_{t,f}, U_{d,f}$——分别表示支承节点的静位移和动位移。地震发生时,支承节点随基岩面一起运动,因此 $U_{d,f} = 0$。

结构非支承节点的拟静力位移 $U_{t,s}$ 可以由下式求得:

$$U_{t,s} = -K_{ss}^{-1} K_{sf} U_{t,f} = -R U_{t,f} \quad (8\text{-}26)$$

式中:R——影响矩阵,$R = K_{ss}^{-1} K_{sf}$,其力学意义为由土层结构支承节点的单位静位移所引起的非支承点的拟静力位移。

若忽略支承点运动速度 $\dot{U}_f$ 引起的阻尼力,将上式按第二个方程展开得:

$$M_L\ddot{U}_f + M_{ff}\ddot{U}_f + K_{fs}U_f + K_{ff}U_f = P_f \tag{8-27}$$

由于大质量块 M_L 的存在,上式左端第一项远远大于后三项,后三项的影响可以忽略不计,因此上式可以简化为:

$$M_L\ddot{U}_f = P_f \tag{8-28}$$

结合以上各式,有:

$$P_f = M_L\ddot{U}_f = M_L\ddot{U}_{t,f} + M_L\ddot{U}_{d,f} = M_L\ddot{U}_{t,f} \tag{8-29}$$

得:

$$\ddot{U}_{t,f} = M_L^{-1}P_f \tag{8-30}$$

将式(8-23)按第一个方程展开:

$$M_{ss}\ddot{U}_s + C_{ss}\dot{U}_s + C_{sf}\dot{U}_f + K_{ss}U_s + K_{sf}U_f = 0 \tag{8-31}$$

即:

$$M_{ss}\ddot{U}_s + C_{ss}\dot{U}_s + K_{ss}U_s = -C_{sf}\dot{U}_f - K_{sf}U_f \tag{8-32}$$

结合式(8-25),式(8-32)可写成:

$$M_{ss}\ddot{U}_{d,s} + C_{ss}\dot{U}_{d,s} + K_{ss}U_{d,s} = -M_{ss}\ddot{U}_{t,s} - C_{ss}\dot{U}_{t,s} - K_{ss}U_{t,s} - C_{sf}\dot{U}_{t,f} - K_{sf}U_{t,f} \tag{8-33}$$

代入并整理得:

$$M_{ss}\ddot{U}_{d,s} + C_{ss}\dot{U}_{d,s} + K_{ss}U_{d,s} = M_{ss}R\ddot{U}_{t,f} + (C_{ss}R - C_{sf})\dot{U}_{t,f} \tag{8-34}$$

上式右端第二项是由地面速度引起的阻尼力,可以忽略不计。再将以上各式代入得:

$$M_{ss}\ddot{U}_{d,s} + C_{ss}\dot{U}_{d,s} + K_{ss}U_{d,s} = M_{ss}RM_L^{-1}P_f \tag{8-35}$$

式(8-35)就是多点激励下大质量法求解土层结构地震反应的动力运动方程。

8.2.2.2 土体动本构关系

在强震作用下,土层介质一般会进入非线性状态,因此合理地选择土介质非线性动力特性的计算模型是土层地震反应分析中的一个重要问题。对此,国内外许多研究工作已建立多种计算类型,适用于不同类型的土壤。但在实际工程中进行场地土层的地震反应分析时,应用最广泛的方法是采用等效线性化方法来考虑土体的非线性特质。等效线性化方法是 Seed 提出的土层非线性地震反应分析的工程实用方法,由于概念清晰、使用方便,成为目前土层地震反应分析中应用最广、经验积累最为丰富的计算方法,而且与当前的土介质动力特性参数的试验与测试水平相协调。

等效线性化模型利用黏弹性模量 E(或剪切模量 G)和等效阻尼比 λ 这两个参数来反映土动应力-动应变关系的两个基本特征——非线性和滞后性,并且将黏弹性模量与阻尼比均表示为应变幅的函数。

Martin 和 Seed 给出的动剪切模量比的表达式为：

$$\frac{G}{G_{max}} = 1 - \left[\frac{\left(\frac{\gamma}{\gamma_0}\right)^{2B}}{1+\left(\frac{\gamma}{\gamma_0}\right)^{2B}}\right]^A \tag{8-36}$$

式中：G——剪切模量；

G_{max}——初始最大剪切模量；

γ——动剪应变；

γ_0, A, B——土性试验参数。

对于阻尼比 λ，则有以下经验公式：

$$\lambda = \lambda_0 \left(1 - \frac{G}{G_{max}}\right)^\beta \tag{8-37}$$

式中：λ_0——土体的最大阻尼比；

β——阻尼比曲线的形状系数。

式(8-36)、式(8-37)中，土体黏弹性模量和阻尼比均是随应变幅值的变化而变化的，但这里的应变幅值不是指每一次往返作用的应变幅值，而是指一个动力作用过程的应变幅值，例如一次地震过程的等效应变幅值。在工程应用中，等效应变幅值通常取一个动力作用过程中的最大应变幅值与一个折减系数的乘积。对于地震过程，折减系数一般取 0.65。在分析问题时，一般先根据预估应变幅值确定土层的等效剪切模量和阻尼比，这些值在一个动力计算过程中不再改变，从而求出每一个土体单元的平均剪应变，找出新的等效剪应变后根据上述关系求出剪应变对应的剪切模量和阻尼比，再进行下一次迭代计算，直到相邻两次计算的误差达到允许的范围为止。利用等效线性化方法对土层进行非线性分析，实质就是进行多次线性计算，由于剪切模量在每次动力计算过程中保持不变，可使计算量大大减少。

8.2.2.3 阻尼

阻尼是一切物体的固有动力特性，描述物体在振动过程中的能量耗散，在动力分析问题中不可忽视。常见的通用有限元程序往往会提供多种阻尼模型来模拟阻尼的黏滞效应，例如瑞利阻尼（比例阻尼）、材料阻尼、常阻尼比、振型阻尼比、单元阻尼等。由于计算方法的限制，时域方法的瞬态分析中无法直接设置常阻尼比，一般通过瑞利阻尼来拟合逼近常阻尼比。

工程中最常用的阻尼模型是瑞利阻尼，又叫比例阻尼，对大多数实际工程问题都适用。它的原理是用 α 阻尼（质量项）与 β 阻尼（刚度项）来逼近一个常阻尼比，见图 8-79。已知结构总阻尼比 ζ，则用两个频率点上 α 阻尼与 β 阻尼产生的等效阻尼比之和与其相等，就可以求出近似的 α 阻尼与 β 阻尼，用作输入：

$$\zeta = \frac{\alpha}{2\omega_1} + \frac{\beta\omega_1}{2} = \frac{\alpha}{2\omega_2} + \frac{\beta\omega_2}{2} \tag{8-38}$$

式中:ζ——结构总阻尼比;

ω_1, ω_2——自振频率。

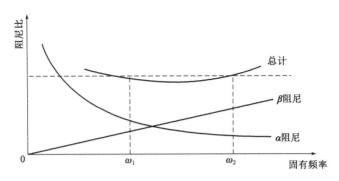

图 8-79　用 α 阻尼与 β 阻尼拟合常阻尼比

选定 ω_1、ω_2(或 f_1 与 f_2),就可以得到输入用的 α 阻尼与 β 阻尼:

$$\alpha = \frac{4\pi f_1 f_2 \zeta}{f_1 + f_2} \tag{8-39}$$

$$\beta = \frac{\zeta}{\pi(f_1 + f_2)} \tag{8-40}$$

尽管 α 阻尼与 β 阻尼概念简单、明确,但在使用中也要注意一些可能的误区:首先,α 阻尼与质量有关,主要影响低阶振型,而 β 阻尼与刚度有关,主要影响高阶振型;如果要做的是非线性瞬态分析,同时刚度变化很大时,那么使用 β 阻尼很可能会造成收敛困难;使用大质量法时,因为模型中有虚拟的人工大质量单元,那么按常用方法使用 α 阻尼会造成失真;此外,在模型里加上刚性连接时,也应该检查 β 阻尼会不会造成虚假的计算结果。

8.2.2.4　积分时间步长与网格划分原则

瞬态分析求解精度受到积分时间步长的影响。从理论上讲,积分时间步长越小,精度越高。太大的积分时间步长对较高阶模态响应的误差影响较大,从而影响整体的响应结果;太小的积分时间步长则会浪费不必要的计算成本。对于常用的 Newmark 积分方法,若 ω 为控制频率,积分时间步长(ITS)的取值应为:

$$\text{ITS} = \frac{1}{20\omega} \tag{8-41}$$

过大的有限元网格尺寸对地震波高频分量具有滤波作用,但过小的有限元网格尺寸会导致计算规模过大、计算时间过长。有限元模型动力分析中,一般要求波传播方向的网格单元边长 $d \leq (1/8 \sim 1/12)\lambda_{\min}$,其中 $\lambda_{\min}$ 为土层中地震波有效频率分量中的最小波长,$\lambda_{\min} = V_s/f_{控}$,$V_s$ 为土层的剪切波速,$f_{控}$ 为地震波的控制频率。

8.2.3　精细化模型构建

基于对设计图纸、场地设计地震动参数研究报告等的研究分析,对西斜坡段的 E1～E6 管节建立土-结构共同作用的精细化有限元模型。该计算段长约948.8m,该范围内沉管埋深较浅,且涵盖了爬坡段,其空间布局和结构受力具有较典型的意义。

8.2.3.1 地层条件

根据地质调绘和钻孔揭露,结合区域地层的对比分析,场地内地层自新至老为:第四系全新统海相沉积层,岩性为淤泥、淤泥质土和淤泥质黏土夹砂等;第四系晚更新统晚期陆相沉积层,岩性主要为软~可塑状黏土,其下部多分布有薄层稍密~密实状的粉砂~砾砂,局部夹有透镜体状的圆砾土;燕山晚期侵入岩(基岩),为燕山期细~粗粒花岗岩、花岗闪长岩。

计算范围内的主要土层有5层:淤泥层、粉质黏土层、粉砂~中砂层、全风化岩层和中风化岩层。根据地质勘察报告及土层剪切波速,考虑建模复杂程度,简化局部小夹层,见图8-80。E1~E4管节基底考虑采用深层水泥搅拌桩(DCM)加固,加固范围见图8-81,加固深度至强风化花岗岩层顶。

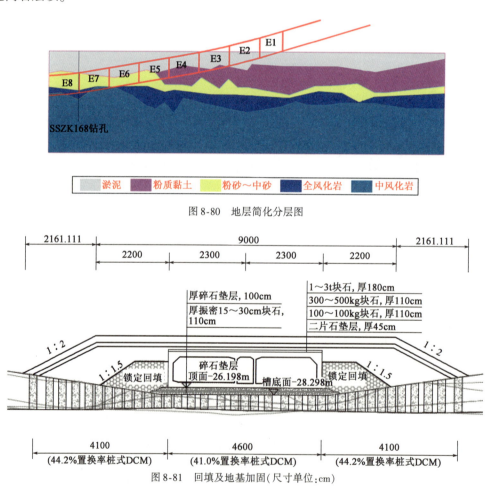

图8-80 地层简化分层图

图8-81 回填及地基加固(尺寸单位:cm)

根据沉管隧道设计图纸和地震动参数研究报告,本次计算采用SSZK169钻孔和SSZK154钻孔的物理力学指标作为计算依据,见表8-12、表8-13。

SSZK169 钻孔土层参数表 表 8-12

序号	土层名称	层底深度(m)	层厚(m)	剪切波速(m/s)	密度(t/m³)
1	淤泥	9.8	9.8	106	1.61
2	粉细砂	12.6	2.8	152	1.73
3	中粗砂	13.7	1.1	226	1.89
4	粉细砂	14.8	1.1	238	1.92
5	碎块状强风化花岗岩(计算基底)	—	—	554	2.50

SSZK154 钻孔土层参数表 表 8-13

序号	土层名称	层底深度(m)	层厚(m)	剪切波速(m/s)	密度(t/m³)
1	淤泥	3.7	3.7	87	1.61
2	淤泥质粉质黏土夹砂	8.5	4.8	105	1.61
3	淤泥质粉质黏土	16.0	7.5	127	1.61
4	粉质黏土	18.5	2.5	147	1.71
5	粉细砂	20.2	1.7	213	1.86
6	中粗砂	22.6	2.4	282	2.01
7	中砂	24.3	1.7	301	2.06
8	全风化花岗岩(计算基底)	—	—	501	2.50

本次计算采用的动弹性模量和阻尼比由一维地震动反应分析得到。

8.2.3.2 模型简化

采用壳单元模拟管节，采用弹簧单元模拟管节接头，采用六面体和五面体实体单元模拟土体。

建模长度方向：从 E6 管节至 E1 管节，共 6 个管节，管节长度为 $5 \times 165m + 123.8m = 948.8m$，管节编号为 E6~E1，里程范围为 K11+116~K12+66。

建模深度方向：从 E6 管节底至 E1 管节，高程从 -40.39m 变化至 -1.173m。

建模宽度方向：沉管结构宽度 B 为 46m，向两侧分别扩展至 $3B$ 范围，整个宽度为 $7B = 7 \times 46m = 322m$。

深度方向土体单元尺寸为 1.0~1.5m，宽度方向单元长度为 3.0~4.0m，长度方向单元长度为 5.0~10.0m。模型单元数为 417763 个，节点数为 392648 个。整体模型见图 8-82。模型土层分层见图 8-83。回填及加固示意图见图 8-84。沉管管节模型见图 8-85。GINA 止水带与剪力键见图 8-86。管节连接见图 8-87。

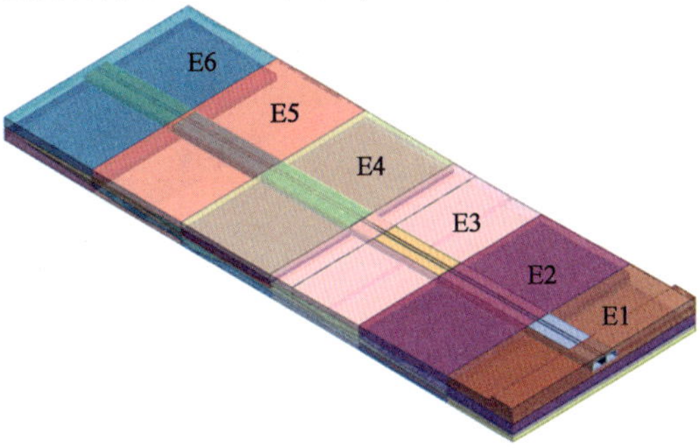

图 8-82 整体模型图

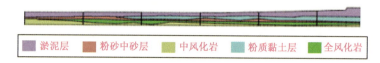

图 8-83 模型土层分层图

图 8-84 回填及加固示意图

图 8-85 沉管管节模型

图 8-86 GINA 止水带、剪力键图

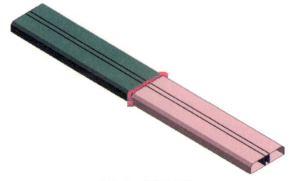

图 8-87 管节连接图

8.2.3.3 GINA 止水带模拟

采用 Trelleborg 公司的 GINA 止水带,型号包括 320-370-37、320-370-51、320-370-62 和 320-370-66,其力-压缩量曲线见图 8-8。GINA 止水带固定装置装配图见图 8-88。针对不同的水深使用不同的型号,见表 8-14。

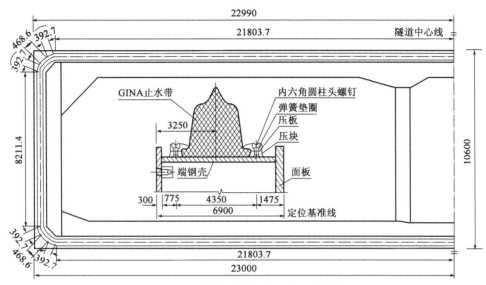

图 8-88 GINA 止水带固定装置装配图(尺寸单位:mm)

GINA 止水带选型计算汇总表 表 8-14

参数	E5~E6 段	E4~E5 段	E3~E4 段	E2~E3 段	E1~E2 段
管节接头底面高程(m)	−28.972	−26.200	−23.327	−19.771	−15.437
GINA 止水带的主体硬度(邵尔 A)	62	62	62	51	37
GINA 止水带鼻尖硬度(邵尔 A)	51	51	51	51	37
施工阶段 GINA 止水带承受的平均压力(kN/m)	939.1	822.8	702.4	553.2	371.5
GINA 止水带轴线周长(m)	108.653	108.653	108.653	108.653	108.653

GINA 止水带的基本材质为橡胶,是高度非线性的弹性体。模拟中采用非线性弹簧单元,初始压缩量及刚度见表 8-15。假设弹簧的初始位移为零,压缩位移为正,拉伸位移为负。

GINA 止水带初始压缩量及刚度表 表 8-15

参数	E5~E6 段	E4~E5 段	E3~E4 段	E2~E3 段	E1~E2 段
GINA 止水带的主体硬度	62	62	62	51	37
初始变形量(kN/m)	148	143	137	145	130
初始刚度(kN/m)	6679	6140	5526	4262	2618

8.2.3.4 剪力键模拟

管节与管节之间设置 2 组水平向混凝土剪力键(底部)、4 组竖向钢剪力键(侧墙、中墙),见图 8-89。中墙及侧墙各设置 2 组竖向钢剪力键,侧墙钢剪力键采用高强螺栓与钢壳内部横隔板连接,中墙钢剪力键直接与中墙钢壳端面板焊接。底板设置2组水平向混凝土剪力键,位于行车底板压仓混凝土中。剪力键剖面见图8-90。

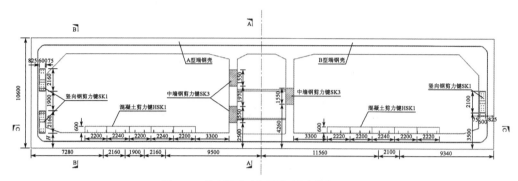

图8-89 剪力键平面布置图(尺寸单位:mm)

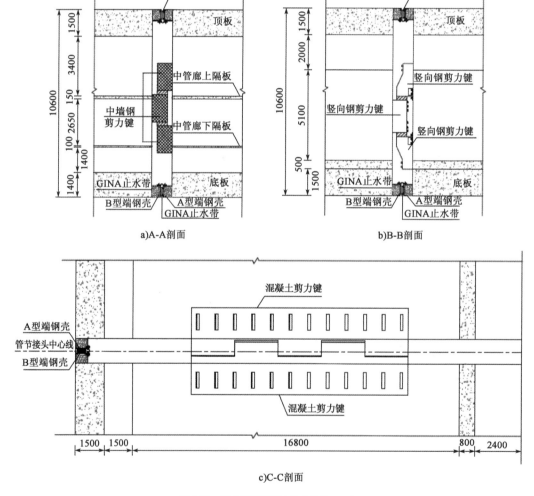

图8-90 剪力键剖面图(尺寸单位:mm)

管节接头的 2 组侧墙竖向钢剪力键刚度的建议取值为 1.3×10^5 kN/m,2 组中墙竖向钢剪力键刚度的建议取值为 1.9×10^5 kN/m,4 组水平向混凝土剪力键刚度采用两段线性弹簧单元模拟,其中第一阶段容许变形范围设为 4mm(沥青垫层),刚度取值见图 8-91。模型中用单独的 8 个弹簧来模拟剪力键。

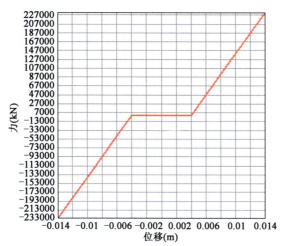

图 8-91 水平混凝土剪力键变形曲线

8.2.4 地震动输入

8.2.4.1 地震波的选取

考虑两个地震作用水准:设防地震(100 年超越概率为 10%)和罕遇地震(100 年超越概率为 4%)。根据工程场地设计地震动参数研究报告,隧道场地地表处水平向地震动峰值加速度见表 8-16,西人工岛场地地表处水平向地震动峰值加速度见表 8-17。设防地震、罕遇地震的地表峰值调幅分别按照 0.16m/s^2、0.21m/s^2 确定。

隧道场地地表处水平向地震动峰值加速度(单位:cm/s²)　　　　表 8-16

超越概率	50 年 10%	100 年 10%	100 年 4%
计算模型 1	99.4,109.4,100.0[①]	144.0,132.0,139.4	177.0,151.9,177.8
计算模型 2	69.7,63.9,74.9	82.6,95.9,73.8	88.5,106.1,86.0
计算模型 3	109.3,107.2,104.4	120.0,115.7,128.5	144.7,135.5,142.4
取值	130.0	160.0	210.0

注:①3 个值代表 3 个不同随机相位的地震动时程,余同。

西人工岛场地地表处水平向地震动峰值加速度(单位:cm/s²)　　　　表 8-17

超越概率	50 年 10%	100 年 10%	100 年 4%
计算模型 1	86.8,86.4,78.8[①]	99.8,90.5,96.2	115.4,109.0,107.9
计算模型 2	69.9,70.5,65.6	74.6,78.5,78.3	78.8,99.6,78.4
取值	130.0	160.0	210.0

注:①3 个值代表 3 个不同随机相位的地震动时程,余同。

根据场区地震安全性评价报告,选取100年超越概率为10%和4%的基岩人工地震动加速度进行沉管隧道地震响应分析。场地基岩地震动加速度时程见图8-10。

8.2.4.2 基底面的确定

对地下结构而言,地震波由基底输入才能真实反映结构的地震响应。确定基底面是进行抗震分析的关键环节,直接影响计算结果的精度和可信度。根据工程总体地质条件以及本工程的实际情况,基底面取地表下50m处中风化岩。

8.2.5 时间步长的确定

考虑模型体量及计算时间,整个地震波的计算时间取40s,计算时间步长取0.02s。

8.2.6 边界条件

底部边界采用大质量单元及竖向固定约束方式。
顶部边界采用自由边界。
侧向边界采用沿地基土竖向固定、其他两个方向自由的约束方式。
模型的边界条件见图8-92。

图8-92 模型边界条件

8.2.7 地震分析工况

分别进行设防地震工况与罕遇地震工况下的抗震分析,地震分析工况见表8-18。

地震分析工况表　　　　　　　　　　表8-18

地震动输入方向	地震作用等级	水　准	地表峰值加速度调幅(m/s²)
水平纵向	设防地震	100年超越概率10%	0.16
水平纵向	罕遇地震	100年超越概率4%	0.21
水平横向	设防地震	100年超越概率10%	0.16
水平横向	罕遇地震	100年超越概率4%	0.21

8.2.8 计算结果

8.2.8.1 设防地震工况

1)水平纵向地震作用下的计算结果

设防地震工况水平纵向地震作用下的计算结果见图8-93~图8-122。

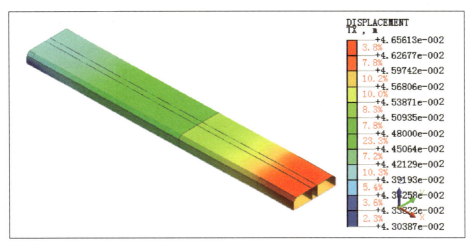

图 8-93　设防地震工况水平纵向地震作用下 E1、E2 管节最大 x 向位移（有限元软件截图）

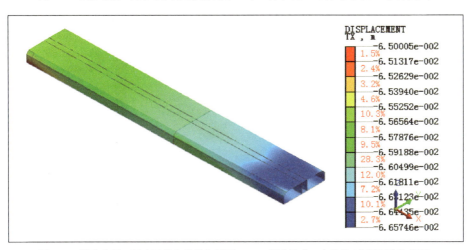

图 8-94　设防地震工况水平纵向地震作用下 E1、E2 管节最小 x 向位移（有限元软件截图）

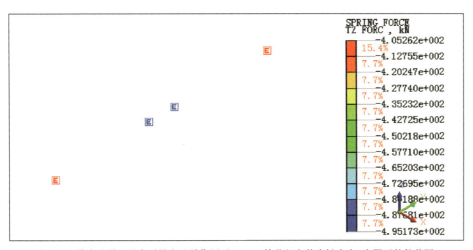

图 8-95　设防地震工况水平纵向地震作用下 E1、E2 管节竖向剪力键内力（有限元软件截图）

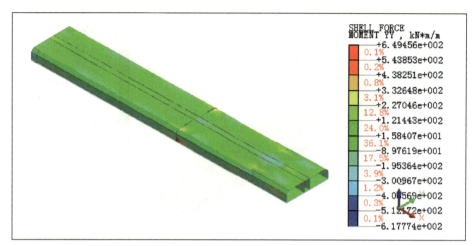

图 8-96　设防地震工况水平纵向地震作用下 E1、E2 管节弯矩（有限元软件截图）

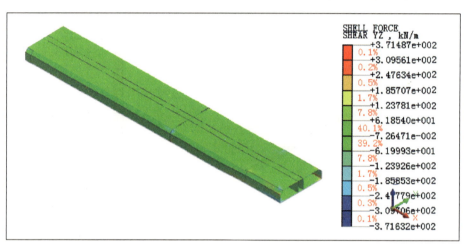

图 8-97　设防地震工况水平纵向地震作用下 E1、E2 管节剪力（有限元软件截图）

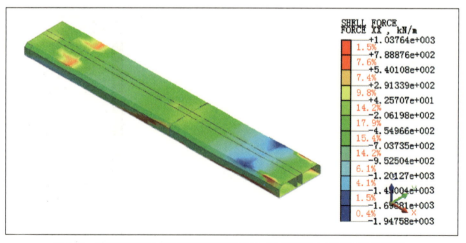

图 8-98　设防地震工况水平纵向地震作用下 E1、E2 管节轴力（有限元软件截图）

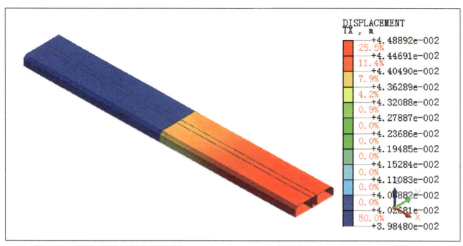

图 8-99　设防地震工况水平纵向地震作用下 E2、E3 管节最大 x 向位移（有限元软件截图）

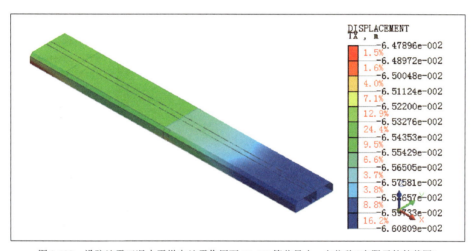

图 8-100　设防地震工况水平纵向地震作用下 E2、E3 管节最小 x 向位移（有限元软件截图）

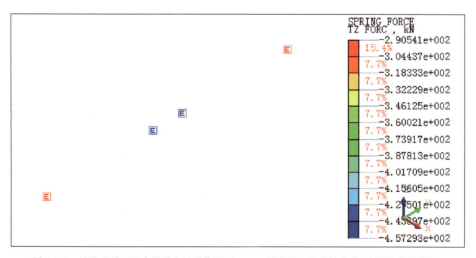

图 8-101　设防地震工况水平纵向地震作用下 E2、E3 管节竖向剪力键内力（有限元软件截图）

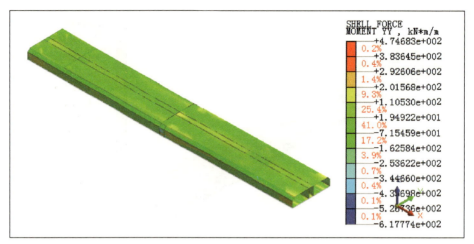

图 8-102　设防地震工况水平纵向地震作用下 E2、E3 管节弯矩（有限元软件截图）

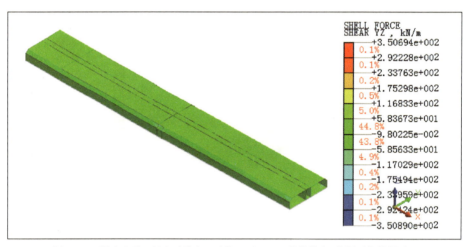

图 8-103　设防地震工况水平纵向地震作用下 E2、E3 管节剪力（有限元软件截图）

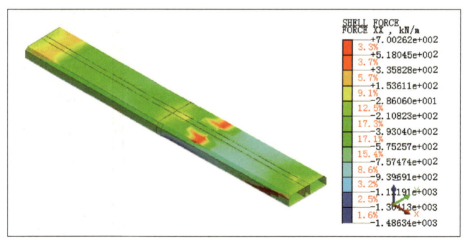

图 8-104　设防地震工况水平纵向地震作用下 E2、E3 管节轴力（有限元软件截图）

第8章 超长沉管隧道抗震分析方法与减振控制

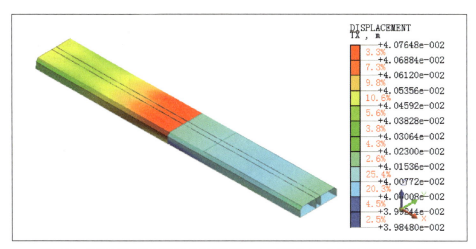

图 8-105 设防地震工况水平纵向地震作用下 E3、E4 管节最大 x 向位移（有限元软件截图）

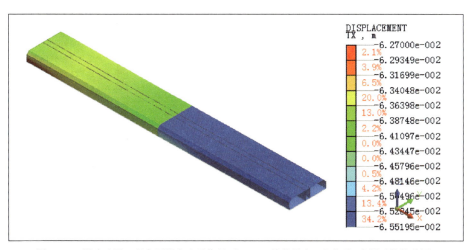

图 8-106 设防地震工况水平纵向地震作用下 E3、E4 管节最小 x 向位移（有限元软件截图）

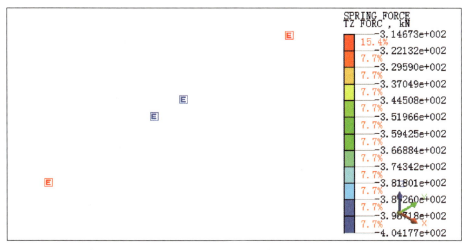

图 8-107 设防地震工况水平纵向地震作用下 E3、E4 管节竖向剪力键内力（有限元软件截图）

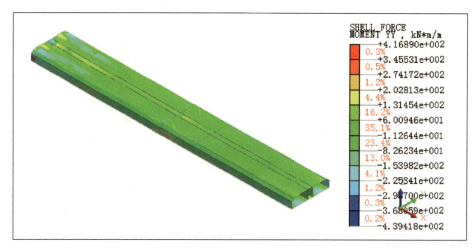

图 8-108　设防地震工况水平纵向地震作用下 E3、E4 管节弯矩（有限元软件截图）

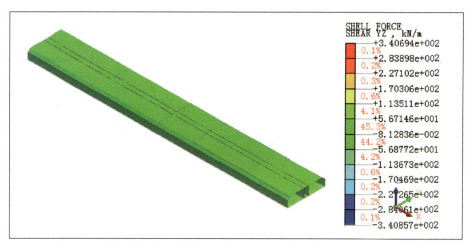

图 8-109　设防地震工况水平纵向地震作用下 E3、E4 管节剪力（有限元软件截图）

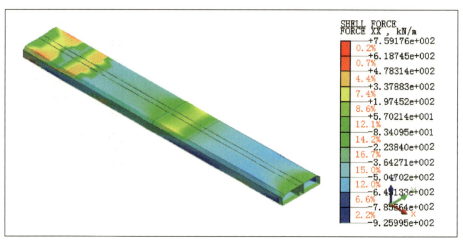

图 8-110　设防地震工况水平纵向地震作用下 E3、E4 管节轴力（有限元软件截图）

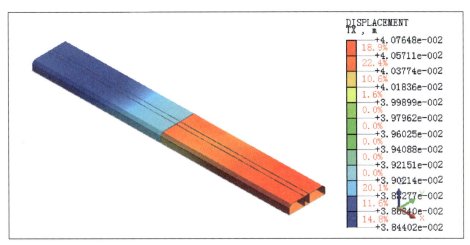

图 8-111　设防地震工况水平纵向地震作用下 E4、E5 管节最大 x 向位移(有限元软件截图)

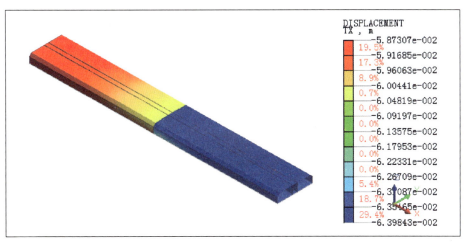

图 8-112　设防地震工况水平纵向地震作用下 E4、E5 管节最小 x 向位移(有限元软件截图)

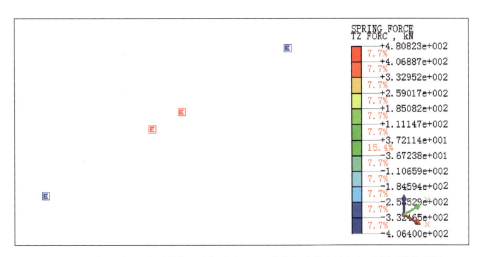

图 8-113　设防地震工况水平纵向地震作用下 E4、E5 管节竖向剪力键内力(有限元软件截图)

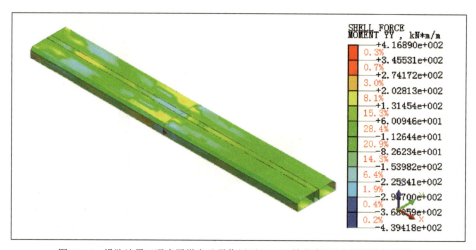

图 8-114　设防地震工况水平纵向地震作用下 E4、E5 管节弯矩(有限元软件截图)

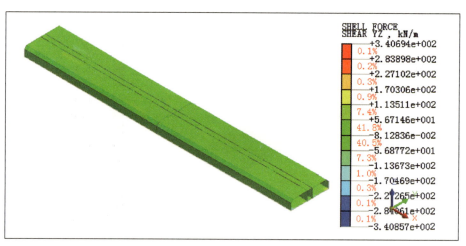

图 8-115　设防地震工况水平纵向地震作用下 E4、E5 管节剪力(有限元软件截图)

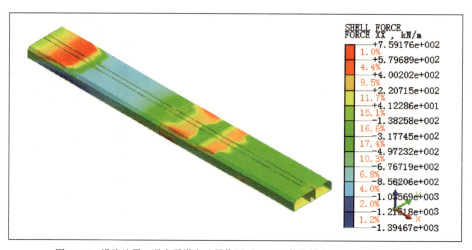

图 8-116　设防地震工况水平纵向地震作用下 E4、E5 管节轴力(有限元软件截图)

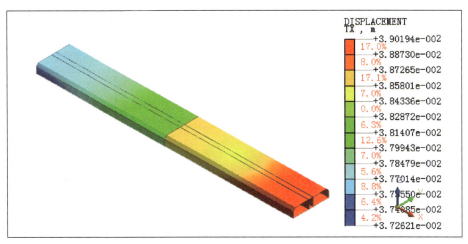

图 8-117　设防地震工况水平纵向地震作用下 E5、E6 管节最大 x 向位移（有限元软件截图）

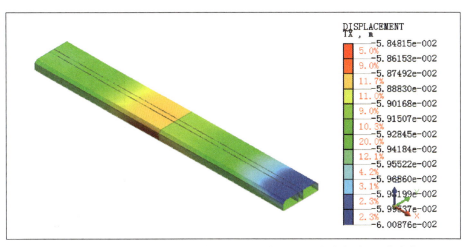

图 8-118　设防地震工况水平纵向地震作用下 E5、E6 管节最小 x 向位移（有限元软件截图）

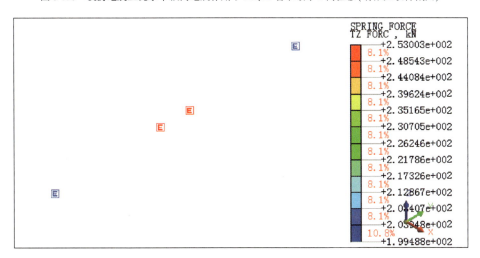

图 8-119　设防地震工况水平纵向地震作用下 E5、E6 管节竖向剪力键内力（有限元软件截图）

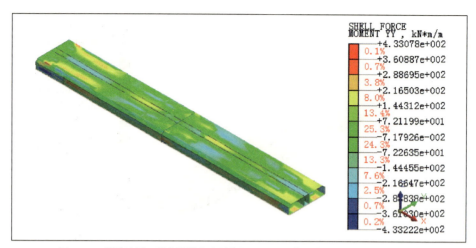

图 8-120　设防地震工况水平纵向地震作用下 E5、E6 管节弯矩（有限元软件截图）

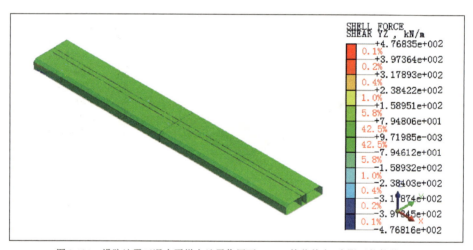

图 8-121　设防地震工况水平纵向地震作用下 E5、E6 管节剪力（有限元软件截图）

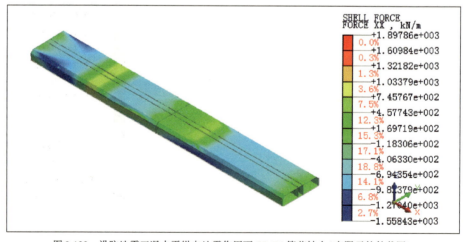

图 8-122　设防地震工况水平纵向地震作用下 E5、E6 管节轴力（有限元软件截图）

2）水平横向地震作用下的计算结果

设防地震工况水平横向地震作用下的计算结果见图 8-123～图 8-157。

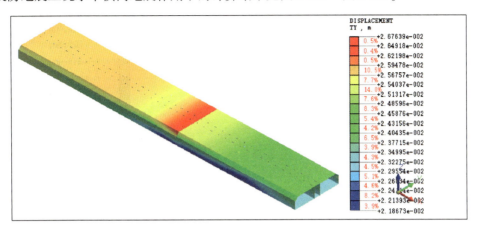

图 8-123　设防地震工况水平横向地震作用下 E1、E2 管节最大 y 向位移（有限元软件截图）

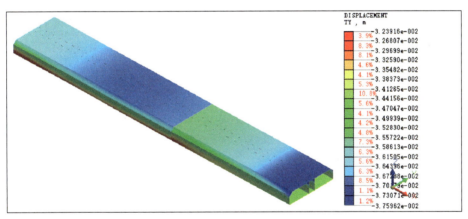

图 8-124　设防地震工况水平横向地震作用下 E1、E2 管节最小 y 向位移（有限元软件截图）

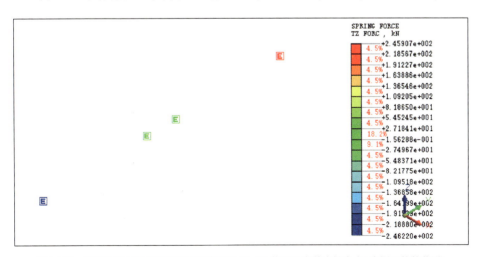

图 8-125　设防地震工况水平横向地震作用下 E1、E2 管节竖向剪力键内力（有限元软件截图）

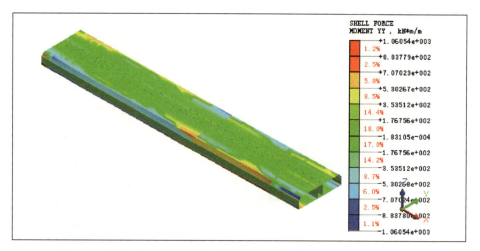

图 8-126 设防地震工况水平横向地震作用下 E1、E2 管节弯矩(有限元软件截图)

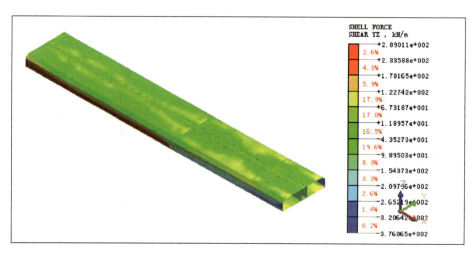

图 8-127 设防地震工况水平横向地震作用下 E1、E2 管节剪力(有限元软件截图)

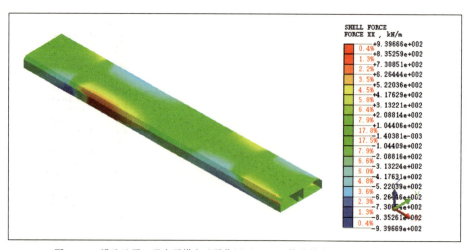

图 8-128 设防地震工况水平横向地震作用下 E1、E2 管节轴力(有限元软件截图)

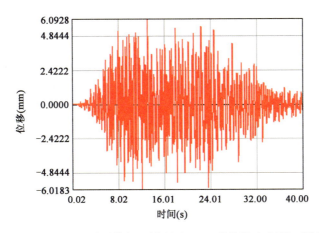

图 8-129　设防地震工况水平横向地震作用下 E1、E2 管节顶、底水平相对位移时程

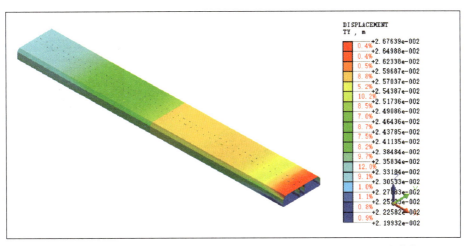

图 8-130　设防地震工况水平横向地震作用下 E2、E3 管节最大 y 向位移（有限元软件截图）

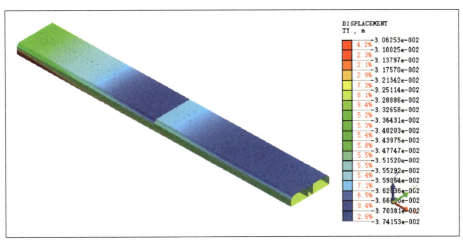

图 8-131　设防地震工况水平横向地震作用下 E2、E3 管节最小 y 向位移（有限元软件截图）

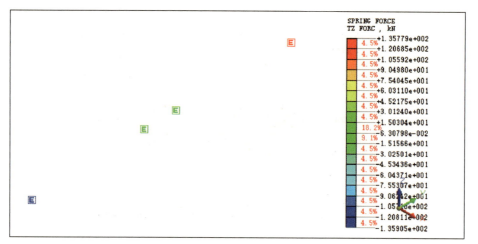

图 8-132　设防地震工况水平横向地震作用下 E2、E3 管节竖向剪力键内力（有限元软件截图）

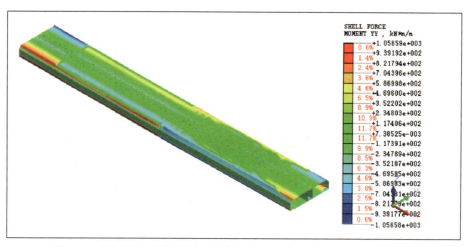

图 8-133　设防地震工况水平横向地震作用下 E2、E3 管节弯矩（有限元软件截图）

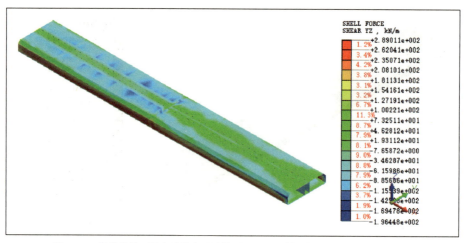

图 8-134　设防地震工况水平横向地震作用下 E2、E3 管节剪力（有限元软件截图）

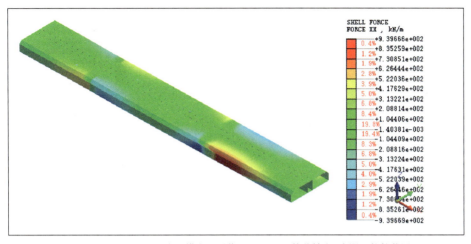

图 8-135　设防地震工况水平横向地震作用下 E2、E3 管节轴力（有限元软件截图）

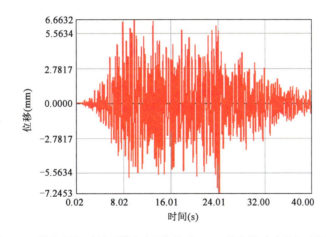

图 8-136　设防地震工况水平横向地震作用下 E2、E3 管节顶、底水平相对位移时程

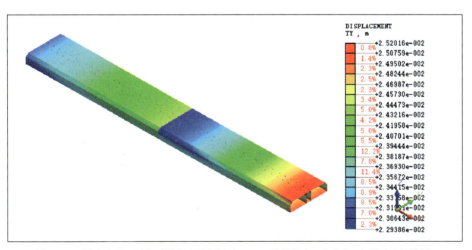

图 8-137　设防地震工况水平横向地震作用下 E3、E4 管节最大 y 向位移（有限元软件截图）

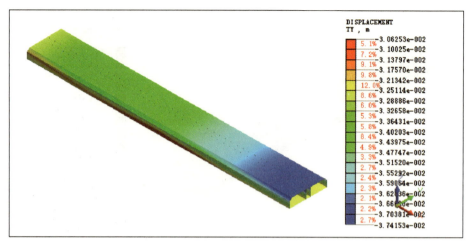

图 8-138　设防地震工况水平横向地震作用下 E3、E4 管节最小 y 向位移（有限元软件截图）

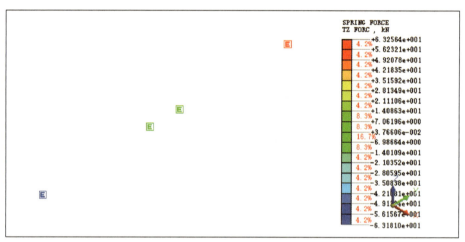

图 8-139　设防地震工况水平横向地震作用下 E3、E4 管节竖向剪力键内力（有限元软件截图）

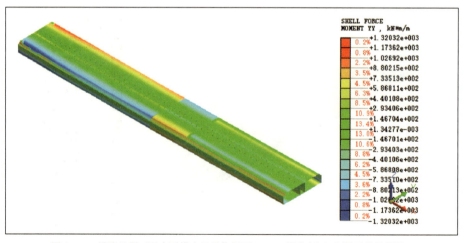

图 8-140　设防地震工况水平横向地震作用下 E3、E4 管节弯矩（有限元软件截图）

第8章 超长沉管隧道抗震分析方法与减振控制

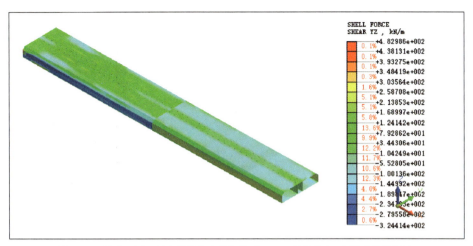

图 8-141　设防地震工况水平横向地震作用下 E3、E4 管节剪力（有限元软件截图）

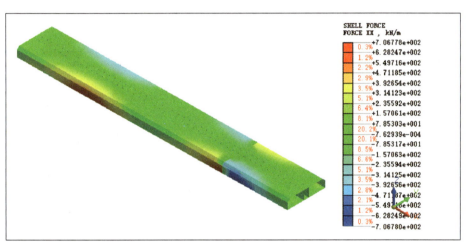

图 8-142　设防地震工况水平横向地震作用下 E3、E4 管节轴力（有限元软件截图）

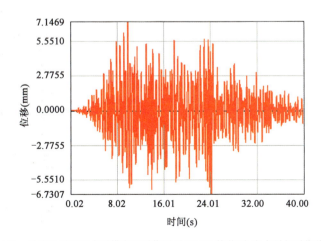

图 8-143　设防地震工况水平横向地震作用下 E3、E4 管节顶、底水平相对位移时程

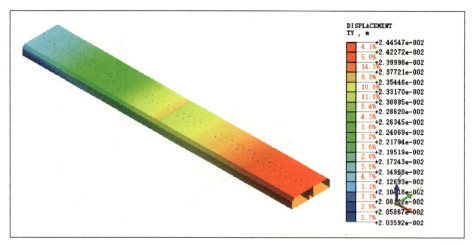

图 8-144　设防地震工况水平横向地震作用下 E4、E5 管节最大 y 向位移(有限元软件截图)

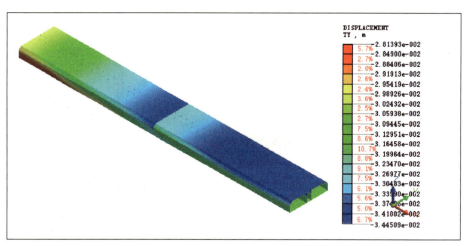

图 8-145　设防地震工况水平横向地震作用下 E4、E5 管节最小 y 向位移(有限元软件截图)

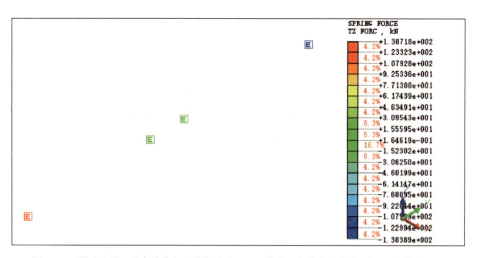

图 8-146　设防地震工况水平横向地震作用下 E4、E5 管节竖向剪力键内力(有限元软件截图)

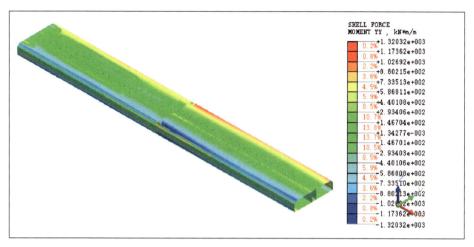

图 8-147　设防地震工况水平横向地震作用下 E4、E5 管节弯矩（有限元软件截图）

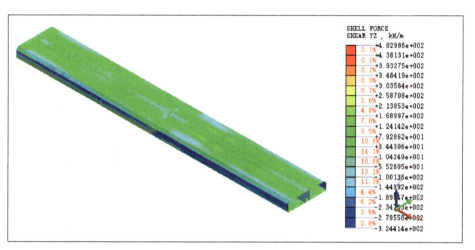

图 8-148　设防地震工况水平横向地震作用下 E4、E5 管节剪力（有限元软件截图）

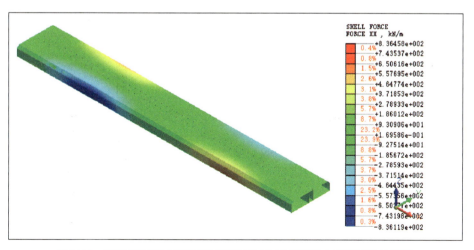

图 8-149　设防地震工况水平横向地震作用下 E4、E5 管节轴力（有限元软件截图）

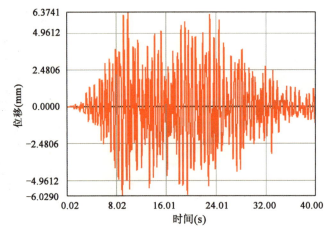

图 8-150　设防地震工况水平横向地震作用下 E4、E5 管节顶、底水平相对位移时程

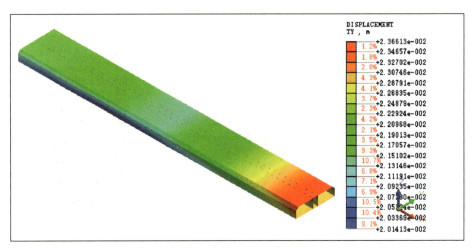

图 8-151　设防地震工况水平横向地震作用下 E5、E6 管节最大 y 向位移（有限元软件截图）

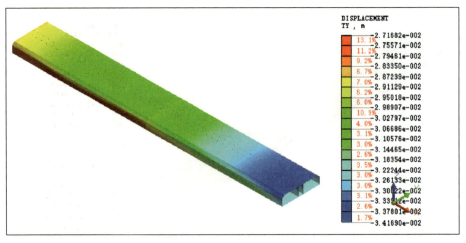

图 8-152　设防地震工况水平横向地震作用下 E5、E6 管节最小 y 向位移（有限元软件截图）

第8章 超长沉管隧道抗震分析方法与减振控制

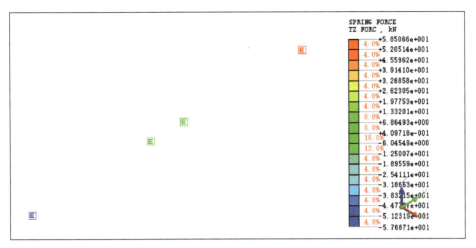

图 8-153 设防地震工况水平横向地震作用下 E5、E6 管节竖向剪力键内力(有限元软件截图)

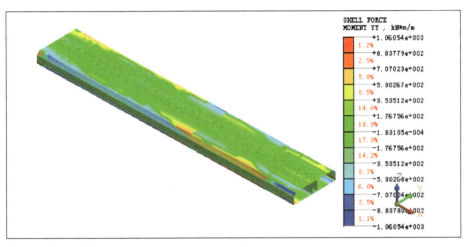

图 8-154 设防地震工况水平横向地震作用下 E5、E6 管节弯矩(有限元软件截图)

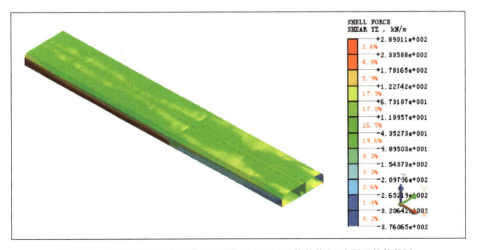

图 8-155 设防地震工况水平横向地震作用下 E5、E6 管节剪力(有限元软件截图)

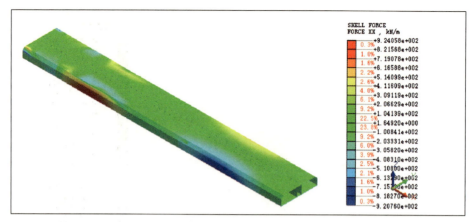

图 8-156　设防地震工况水平横向地震作用下 E5、E6 管节轴力（有限元软件截图）

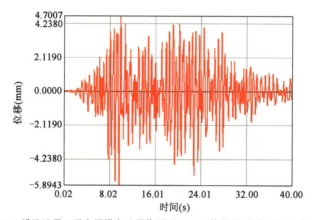

图 8-157　设防地震工况水平横向地震作用下 E5、E6 管节顶、底水平相对位移时程

8.2.8.2　罕遇地震工况

1）水平纵向地震作用下的计算结果

罕遇地震工况水平纵向地震作用下的计算结果见图 8-158～图 8-167。

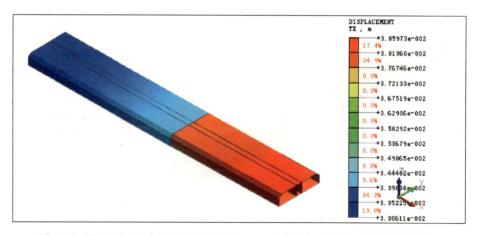

图 8-158　罕遇地震工况水平纵向地震作用下 E1、E2 管节最大 x 向位移（有限元软件截图）

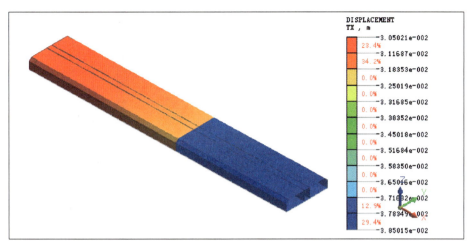

图 8-159　罕遇地震工况水平纵向地震作用下 E1、E2 管节最小 x 向位移（有限元软件截图）

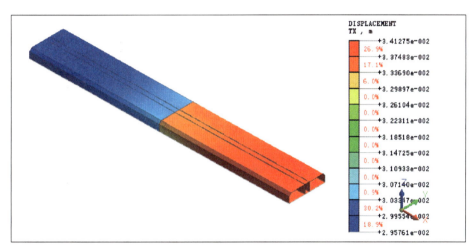

图 8-160　罕遇地震工况水平纵向地震作用下 E2、E3 管节最大 x 向位移（有限元软件截图）

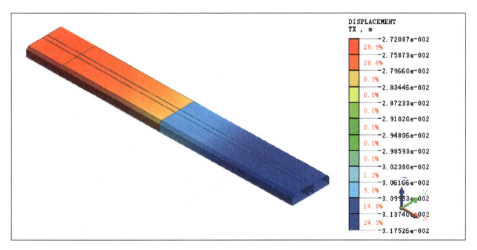

图 8-161　罕遇地震工况水平纵向地震作用下 E2、E3 管节最小 x 向位移（有限元软件截图）

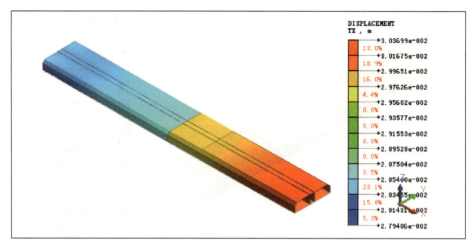

图 8-162　罕遇地震工况水平纵向地震作用下 E3、E4 管节最大 x 向位移（有限元软件截图）

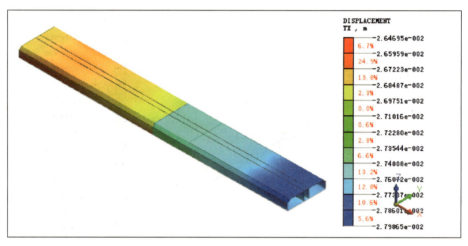

图 8-163　罕遇地震工况水平纵向地震作用下 E3、E4 管节最小 x 向位移（有限元软件截图）

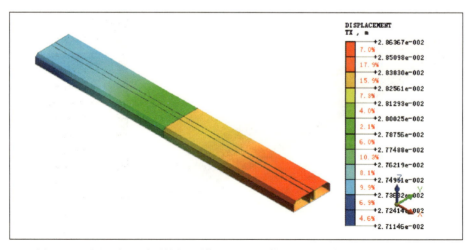

图 8-164　罕遇地震工况水平纵向地震作用下 E4、E5 管节最大 x 向位移（有限元软件截图）

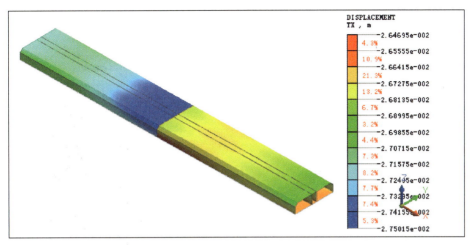

图 8-165　罕遇地震工况水平纵向地震作用下 E4、E5 管节最小 x 向位移（有限元软件截图）

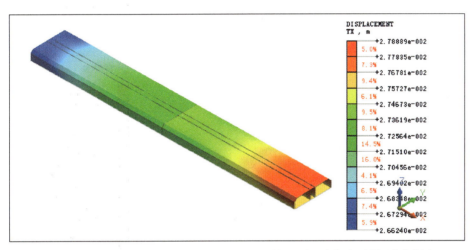

图 8-166　罕遇地震工况水平纵向地震作用下 E5、E6 管节最大 x 向位移（有限元软件截图）

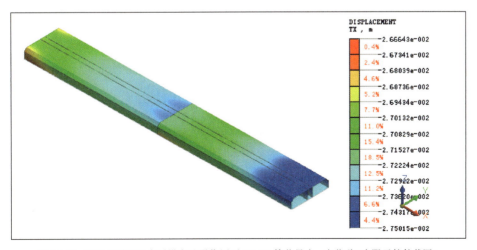

图 8-167　罕遇地震工况水平纵向地震作用下 E5、E6 管节最小 x 向位移（有限元软件截图）

2）水平横向地震作用下的计算结果

罕遇地震工况水平横向地震作用下的计算结果见图 8-168～图 8-182。

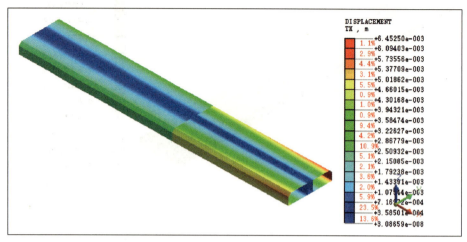

图 8-168　罕遇地震工况水平横向地震作用下 E1、E2 管节最大 y 向位移（有限元软件截图）

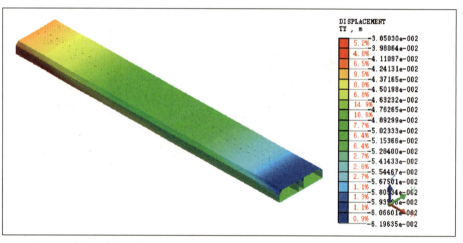

图 8-169　罕遇地震工况水平横向地震作用下 E1、E2 管节最小 y 向位移（有限元软件截图）

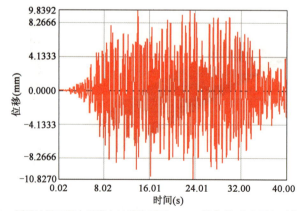

图 8-170　罕遇地震工况水平横向地震作用下 E1、E2 管节顶、底水平相对位移时程

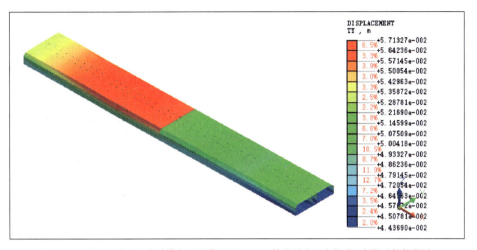

图 8-171　罕遇地震工况水平横向地震作用下 E2、E3 管节最大 y 向位移（有限元软件截图）

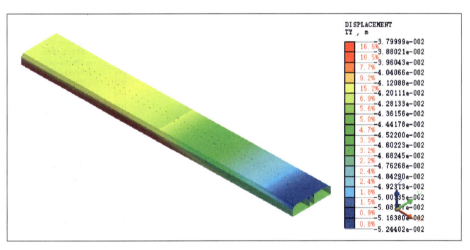

图 8-172　罕遇地震工况水平横向地震作用下 E2、E3 管节最小 y 向位移（有限元软件截图）

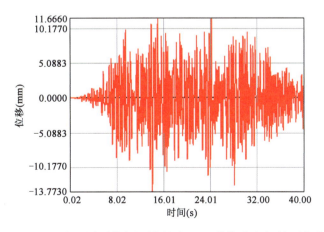

图 8-173　罕遇地震工况水平横向地震作用下 E2、E3 管节顶、底水平相对位移时程

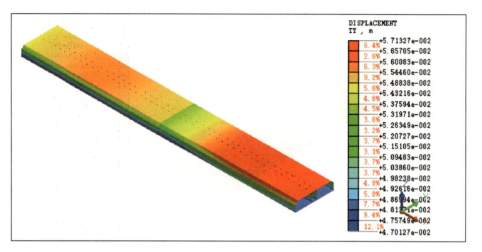

图 8-174　罕遇地震工况水平横向地震作用下 E3、E4 管节最大 y 向位移（有限元软件截图）

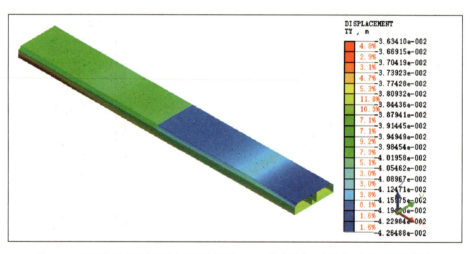

图 8-175　罕遇地震工况水平横向地震作用下 E3、E4 管节最小 y 向位移（有限元软件截图）

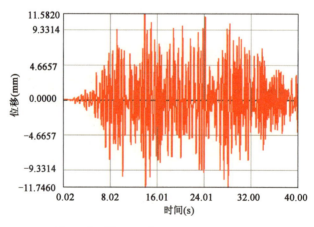

图 8-176　罕遇地震工况水平横向地震作用下 E3、E4 管节顶、底水平相对位移时程

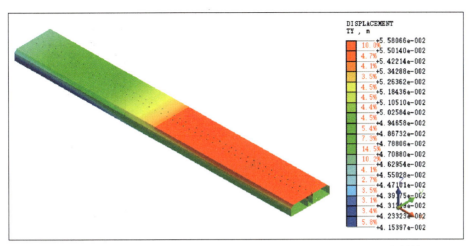

图 8-177　罕遇地震工况水平横向地震作用下 E4、E5 管节最大 y 向位移（有限元软件截图）

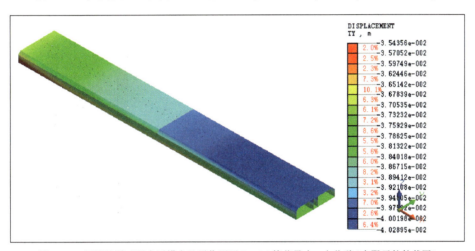

图 8-178　罕遇地震工况水平横向地震作用下 E4、E5 管节最小 y 向位移（有限元软件截图）

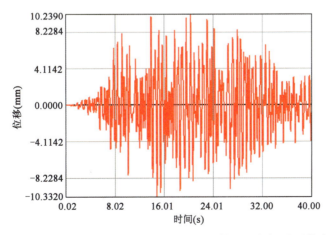

图 8-179　罕遇地震工况水平横向地震作用下 E4、E5 管节顶、底水平相对位移时程

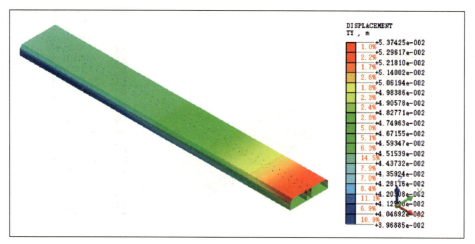

图 8-180　罕遇地震工况水平横向地震作用下 E5、E6 管节最大 y 向位移（有限元软件截图）

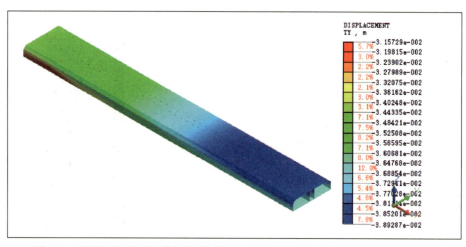

图 8-181　罕遇地震工况水平横向地震作用下 E5、E6 管节最小 y 向位移（有限元软件截图）

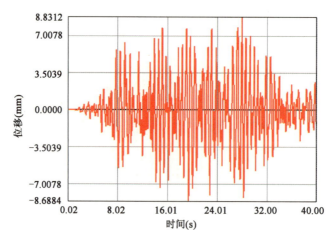

图 8-182　罕遇地震工况水平横向地震作用下 E5、E6 管节顶、底水平相对位移时程

8.2.8.3 小结

根据以上计算结果进行汇总,GINA 止水带接头变形见表 8-19,水平横向地震作用水平剪力键计算结果见表 8-20,设防地震作用下沉管结构内力见表 8-21,水平向地震层间位移角见表 8-22。

GINA 止水带接头变形　　　　　　　　　　　　　　　表 8-19

地震动输入方向	最大张开量(mm)		最大压缩量(mm)	
	设防地震	罕遇地震	设防地震	罕遇地震
水平纵向	3.8	5.5	3.6	8.0

水平横向地震作用水平剪力键计算结果　　　　　　　　　表 8-20

接　头	设防工况		罕遇工况	
	相对位移差(mm)	剪力(kN)	相对位移差(mm)	剪力(kN)
E1&E2	3.43	343	9.43	12652300
E2&E3	1.74	174	4.58	13914
E3&E4	1.37	137	2.79	279
E4&E5	2.70	270	4.00	400
E5&E6	0.94	94	1.95	195

设防地震作用下沉管结构内力　　　　　　　　　　　　表 8-21

地震动输入方向	最大弯矩(kN·m/m)	最大剪力(kN/m)	最大轴力(kN/m)
水平纵向	649	477	1947
水平横向	1320	482	939

水平向地震层间位移角　　　　　　　　　　　　　　　表 8-22

区域	地震动水准	水平向相对位移(mm)	层高(mm)	弹塑性修正系数	层间位移角	层间位移角限值
E1~E2 管节	设防地震	6.09	9100	1.0	1/1494	1/550
	罕遇地震	10.83	9100	1.3	1/646	1/250
E2~E3 管节	设防地震	7.25	9100	1.0	1/1255	1/550
	罕遇地震	13.77	9100	1.3	1/508	1/250
E3~E4 管节	设防地震	7.15	9100	1.0	1/1272	1/550
	罕遇地震	11.75	9100	1.3	1/774	1/250
E4~E5 管节	设防地震	6.37	9100	1.0	1/1428	1/550
	罕遇地震	10.33	9100	1.3	1/677	1/250
E5~E6 管节	设防地震	5.90	9100	1.0	1/1542	1/550
	罕遇地震	8.83	9100	1.3	1/792	1/250

①水平纵向地震动输入时,管节接头纵向变形量比较大,而水平及竖向剪力键剪力比较小,主要关注管节接头变形量;水平横向地震动输入时,水平剪力键剪力比较大,而管节接头变

形量及竖向剪力键剪力比较小,主要关注水平剪力键。

设防地震工况水平纵向地震作用下,管节接头张开量的最大值为3.8mm,压缩量的最大值为3.6mm;罕遇地震工况水平纵向地震作用下,管节接头张开量的最大值为5.5mm,压缩量的最大值为8.0mm。

设防地震工况水平横向地震作用下,水平剪力键的最大位移差为3.43mm,最大水平剪力为343kN;罕遇地震工况水平横向地震作用下,水平剪力键的最大位移差为9.43mm,最大水平剪力为12652300kN,大于水平剪力键的限值。分析原因,是计算选用的4mm沥青垫层不足以缓冲罕遇地震的影响,故建议在结构和防水构造允许的情况下,在水平剪力键处设置10mm厚的沥青垫层。

②设防地震工况水平纵向地震作用下,管节结构最大轴向压力为649kN/m,管节结构最大剪力为477kN/m,管节结构最大弯矩为1947kN·m/m。设防地震工况水平横向地震作用下,管节结构最大轴向压力为1320kN/m,管节结构最大剪力为482 kN/m,管节结构最大弯矩为939 kN·m/m。

③设防地震工况水平横向地震作用下,结构层间位移角最大为1/1255。罕遇地震工况水平横向作用下,结构层间位移角最大为1/508,均满足规范要求。

8.3 超长钢壳混凝土沉管隧道减振控制技术研发

钢壳混凝土沉管隧道应根据预期的承载力、位移控制要求,选择适当的减振构造。钢壳混凝土沉管隧道的减振装置一般设置在管节接头位置,在管节接头张开量超过止水带的容许变形能力时应设置减振装置,包括钢拉索、拉杆或无黏结的预应力筋等纵向限位装置,可布置在管节顶板内侧或底部压重混凝土内部。GINA止水带接头变形计算结果见表8-23,管节接头张开量均未超过止水带的容许变形能力,故不必设置限制接头张开的减振措施。

GINA 止水带接头变形计算结果汇总表　　表 8-23

管节接头	平时工况		地震工况(取危险工况)		合　计		容　许　值	
	张开量（mm）	压缩量（mm）	张开量（mm）	压缩量（mm）	张开量（mm）	压缩量（mm）	张开量（mm）	压缩量（mm）
AM&E32	26.76	-12.69	17.40	-12.80	44.16	-25.50	90	-49
E32&E31	21.95	-10.61	14.63	-9.87	36.58	-20.49	92	-46
E31&E30	22.28	-11.22	17.74	-13.37	40.02	-24.60	76	-61
E30&E29	21.63	-10.34	20.15	-13.28	41.78	-23.62	77	-59
E29&E28	21.76	-10.78	18.49	-14.64	40.25	-25.41	78	-57
E28&E27	24.92	-11.75	18.49	-17.19	43.41	-28.94	80	-55
E27&E26	26.93	-12.68	17.13	-14.43	44.07	-27.12	79	-55
E26&E25	27.38	-12.74	17.49	-12.01	44.87	-24.75	78	-57

续上表

管节接头	平时工况		地震工况(取危险工况)		合计		容许值	
	张开量(mm)	压缩量(mm)	张开量(mm)	压缩量(mm)	张开量(mm)	压缩量(mm)	张开量(mm)	压缩量(mm)
E25&E24	27.26	-12.48	26.18	-21.66	53.43	-34.14	77	-59
E24&E23	27.45	-13.01	32.56	-23.86	60.01	-36.87	76	-61
E23&E22	28.25	-13.32	20.85	-18.27	49.10	-31.58	93	-45
E22&E21	29.24	-14.21	19.25	-13.74	48.48	-27.95	91	-48
E21&E20	28.33	-13.16	22.67	-17.21	51.00	-30.37	89	-51
E20&E19	28.43	-13.46	28.15	-18.33	56.58	-31.78	87	-53
E19&E18	28.19	-13.12	33.41	-23.69	61.59	-36.81	87	-54
E18&E17	28.15	-13.30	32.32	-26.92	60.46	-40.21	88	-52
E17&E16	28.24	-13.34	29.33	-22.84	57.58	-36.18	89	-50
E16&E15	28.57	-13.34	23.22	-24.91	51.79	-38.43	92	-46
E15&E14	27.80	-13.28	23.98	-21.91	51.79	-35.18	77	-59
E14&E13	27.58	-13.02	33.46	-34.41	61.05	-47.44	80	-54
E13&E12	26.72	-12.25	23.88	-17.60	50.60	-29.85	84	-48
E12&E11	25.97	-11.60	26.67	-25.56	52.63	-37.16	88	-42
E11&E10	24.46	-10.94	13.90	-14.03	38.36	-24.98	91	-38
E10&E9	27.46	-12.43	12.00	-11.67	39.45	-24.10	83	-45
E9&E8	26.10	-11.86	15.04	-11.50	41.14	-23.36	83	-45
E8&E7	26.35	-11.86	21.76	-19.06	48.11	-30.92	90	-39
E7&E6	27.77	-12.74	19.69	-15.97	47.46	-28.72	88	-43
E6&E5	28.65	-13.46	18.80	-17.04	47.45	-30.49	83	-49
E5&E4	26.57	-12.25	15.62	-12.90	42.19	-25.15	79	-55
E4&E3	27.42	-13.22	14.93	-11.63	42.34	-24.85	75	-62
E3&E2	28.15	-13.98	16.91	-13.67	45.06	-27.65	86	-55
E2&E1	27.77	-14.49	18.39	-16.10	46.16	-30.58	103	-47
E1&AM	17.01	-7.81	27.36	-21.81	44.38	-29.63	85	-73

本书重点研究在水平横向地震作用下水平剪力键垫层的减振耗能作用及其适用性,通过数值模拟方法,定义不同垫层工况,分别进行沉管隧道地震响应分析研究。

8.3.1 研究思路

在前文构建的三维精细化模型基础上,选取管节 E4、E5 及其管节接头进行三维数值模拟(图 8-183、图 8-184),根据混凝土水平剪力键垫层构造图,对管节接头水平剪力键设置不同传力刚度,分别计算,根据计算结果确定经济合理的传力垫层构造作为减振控制措施。

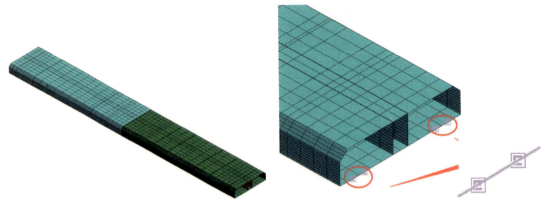

图 8-183　E4、E5 管节结构图　　　　　图 8-184　E4、E5 管节水平剪力键图

8.3.2　模型构建

E4、E5 管节埋深 1.3~6.6m，主要位于细砂、粉质黏土和粉砂层中。计算模型如图 8-185 所示，模型尺寸为 346m×330m×38.8m，模型单元数为 122125，节点数为 120820。模型地震动输入、时间步长和边界条件同第 8.2 节一致。

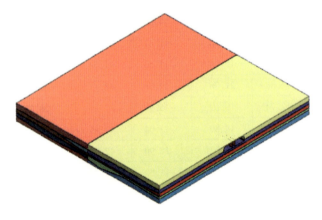

图 8-185　计算模型

8.3.3　水平剪力键设置

根据水平剪力键垫层构造图与设计方案（图 8-186~图 8-189），按不设置沥青层、设置 4mm 沥青层两种方案进行水平剪力键计算。

不设置沥青层方案，认为混凝土剪力键直接刚性接触，采用线性弹簧模拟。弹簧刚度根据剪力键的尺寸及混凝土刚度通过加载模拟计算得到。

设置 4mm 沥青层方案，采用非线性折线弹簧模拟，认为混凝土剪力键柔性接触。根据设计方案,采用弹性体改性沥青,计算时认为沥青弹性模量较小,当管节错动位移大于沥青层厚度时,混凝土剪力键变为刚性接触。

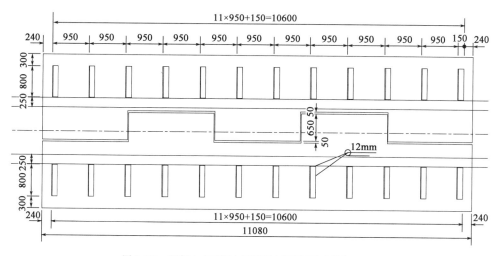

图 8-186　混凝土水平剪力键平面布置图(尺寸单位:mm)

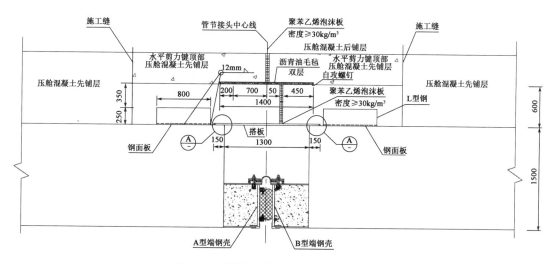

图 8-187　管节接头处断面图(尺寸单位:mm)

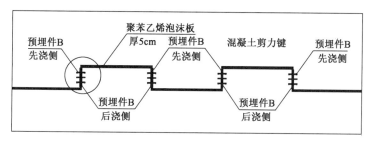

图 8-188　水平混凝土剪力键预埋件布置图

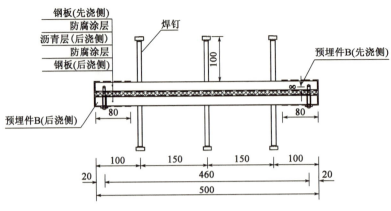

图 8-189 预埋件 B 详图(尺寸单位:mm)

8.3.3.1 刚性接触力-位移曲线

根据图 8-186～图 8-187,混凝土水平剪力键受力尺寸为 2200 mm × 700 mm × 600mm,受荷宽度为 550mm,混凝土等级为 C50。可按图 8-190 对其刚度进行测算,分别加载 1000kN、3000kN、7000kN 的力,用差分法计算得到近似的混凝土剪力键线弹性刚度。计算结果如表 8-24 所示。

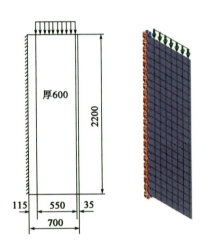

图 8-190 计算简图(尺寸单位:mm)

刚度计算结果表   表 8-24

加载力(kN)	位移(mm)	刚度(kN/mm)
1000	0.043	
3000	0.128	23300(近似值)
7000	0.300	

根据以上计算,不设置沥青层方案中,混凝土剪力键直接刚性接触,采用刚度为23300kN/mm的线性弹簧模拟。

8.3.3.2 柔性接触力-位移曲线

沥青层为弹性体改性沥青,沥青弹性模量取100kN/mm。当管节错动位移大于沥青层厚度时,混凝土剪力键变为刚性接触。

8.3.4 分析工况

地震分析工况见表8-25。

地震分析工况表   表8-25

地震动输入方向	地震动水准	水平剪力键是否设置沥青层	地表峰值加速度调幅(m/s^2)
水平横向	设防地震	设置4mm沥青层	0.16
		不设置沥青层	0.16
	罕遇地震	设置4mm沥青层	0.21
		不设置沥青层	0.21

8.3.5 计算结果

8.3.5.1 设防地震工况

1)设置4mm沥青层

设防地震工况下,设置4mm沥青层方案的计算结果见图8-191~图8-193。

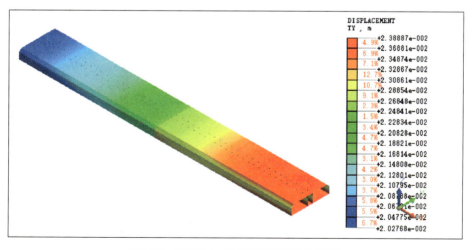

图8-191 管节最大y向位移(有限元软件截图)

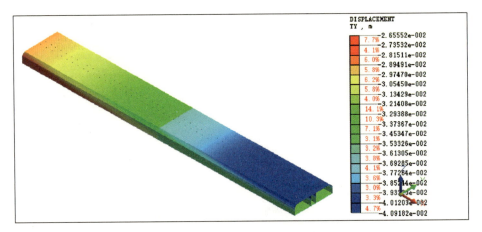

图 8-192 管节最小 y 向位移（有限元软件截图）

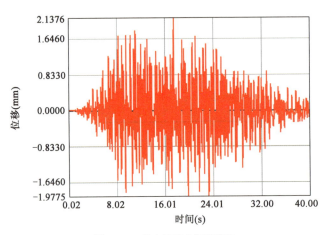

图 8-193 剪力键相对位移时程

2）不设置沥青层

设防地震工况下，不设置沥青层方案的计算结果见图 8-194～图 8-196。

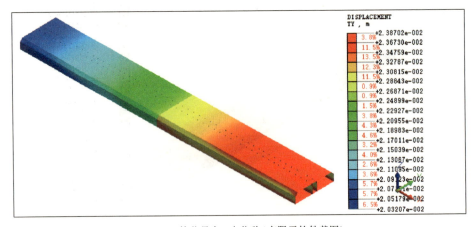

图 8-194 管节最大 y 向位移（有限元软件截图）

第8章 超长沉管隧道抗震分析方法与减振控制

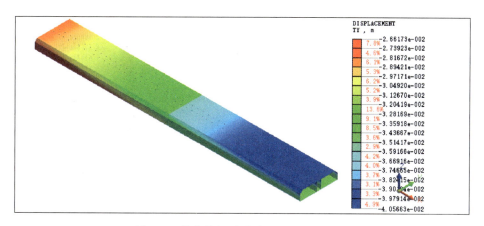

图8-195 管节最小 y 向位移（有限元软件截图）

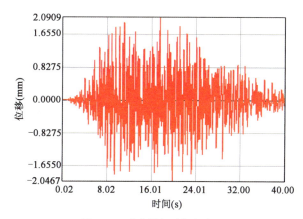

图8-196 剪力键相对位移时程

8.3.5.2 罕遇地震工况

1）设置4mm沥青层

罕遇地震工况下，设置4mm沥青层方案的计算结果见图8-197～图8-199。

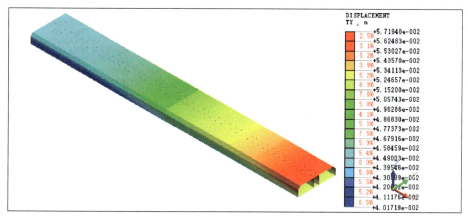

图8-197 管节最大 y 向位移（有限元软件截图）

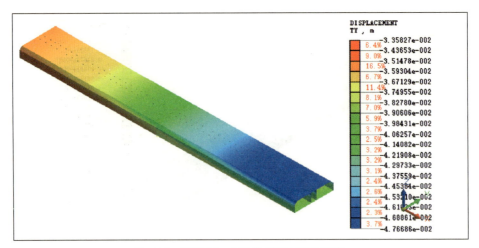

图 8-198　管节最小 y 向位移（有限元软件截图）

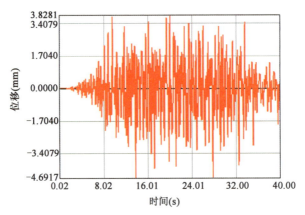

图 8-199　剪力键相对位移时程

2）不设置沥青层

罕遇地震工况下，不设置沥青层方案的计算结果见图 8-200～图 8-202。

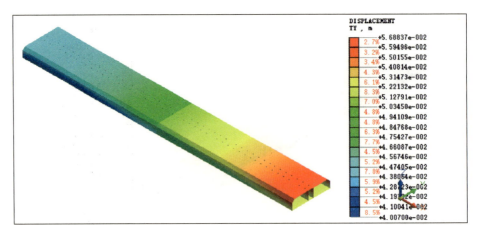

图 8-200　管节最大 y 向位移（有限元软件截图）

第8章　超长沉管隧道抗震分析方法与减振控制

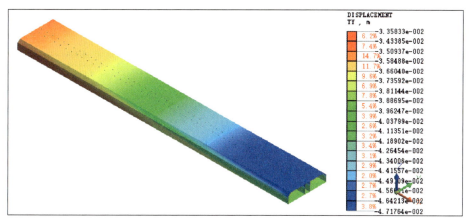

图8-201　管节最小y向位移(有限元软件截图)

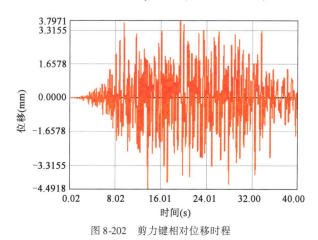

图8-202　剪力键相对位移时程

8.3.5.3　小结

将以上计算汇总于表8-26。

计算结果汇总表　　　　表8-26

工况		管节y向正向最大位移(mm)	管节y向负向最大位移(mm)	位移差(mm)	剪力(MN)
设防地震	设置4mm沥青层	23.89	-40.92	2.14	0.21
	不设置沥青层	23.87	-40.56	2.09	48.72
罕遇地震	设置4mm沥青层	57.19	-47.67	4.69	16.12
	不设置沥青层	56.88	-47.17	4.49	104.66

根据以上计算结果，E4、E5管节在设防地震和罕遇地震工况下，设置4mm沥青层与不设置沥青层时，管节的整体位移基本上一致，管节的整体位移主要与地震动加速度、地层情况等有关。

设防地震工况下，不设置沥青层方案水平剪力键处相对位移差为2.09mm，根据水平剪力键的接触刚度计算得到该处剪力为约 48.72MN,超过水平剪力键 35MN 的限值。而设置 4mm 沥青层方案的水平剪力键处相对位移差为 2.14mm,相对剪力很小。

罕遇地震工况下,不设置沥青层方案水平剪力键处相对位移差为 4.49mm,根据水平剪力键的接触刚度计算得到该处剪力约为 104.66MN,大大超过水平剪力键 35MN 的限值要求。而设置沥青垫层的水平剪力键处相对位移差为 4.69mm,根据水平剪力键的接触刚度计算得到该处单个剪力键剪力约为 16.12MN,合计 64.48MN,仍大于水平剪力键 35MN 的限值要求,但剪力值已减小约 40%。

可以看出,设置适当厚度的沥青垫层很好地缓冲了地震作用力,使得水平剪力键的剪力在允许范围内。结合等效质点-弹簧模型计算结果,E4、E5 管节并不是最危险位置,尤其是在非一致激励地震动输入工况下,水平剪力键的内力是一致激励工况下的两倍多。因此,建议在结构与防水构造允许的情况下,在水平剪力键处设置尽量厚一点的沥青垫层。

除管节接头的减振控制构造外,还可采取以下减振措施:
①加大剪力键受力面积、调整剪力键布置等结构措施。
②沉管隧道纵向地层变化或者荷载差异较悬殊的地段,不宜作为管节的分界点。
③暗埋段应结合纵向抗震分析合理设置抗震缝或沉降缝。
④可能发生较大不均匀沉降或液化的地层,应采用换填不液化土、桩基及其他地基处理方式。
⑤可液化地层中采用桩基时,桩基应穿过可液化土层,并有足够的长度打入稳定地层。
⑥沉管结构回填材料不应在发生地震时液化,粉细砂和颗粒均匀的中砂等不宜作为回填料,尤其不应作为锁定回填材料使用。
⑦回填防护坡度不宜陡于 1∶1.5,坡脚处为淤泥质类软黏土地层时应进行适当的护底处理;对回填荷载差异大的区段,应合理控制隧道结构上方的荷载过渡,可选用轻质的土工回填材料。

8.4 本章小结

通过等效质点-弹簧模型和三维精细化模型两种方案进行沉管隧道在各种工况下的抗震分析,着重分析了管节间的 GINA 止水带张开量、压缩量和剪力键的受力情况。计算表明两种方案的计算结果规律一致,且数值接近,可用于指导超长沉管隧道的结构抗震设计。

通过研究整体式管节在不同分段长度情况下的动力响应机制,分析不同管节分段长度情况下的接头变形、接头剪力和管节内力,选择钢壳混凝土沉管隧道合适的管节长度。结果表明,方案 1(标准管节长度为 165m)比方案 2(标准管节长度为 180m)更合理。

通过分析地基参数变化对沉管隧道动力响应的影响,掌握地基刚度对沉管接头变形、接头剪力和管节内力的影响程度,为沉管隧道结构设计的地基处理方案提供指导。地基加固,地基刚度增大,有助于减少管节接头变形、减小剪力键剪力。

建立斜坡段钢壳混凝土沉管隧道土-结构动力相互作用的局部三维精细化有限元模型,模型对地层变化、地基加固等进行细化模拟,通过不同弹簧单元反映管节接头间 GINA 止水带连接、水平剪力键、竖向剪力键受力情况,分析管节接头在不同地震工况下的受力情况及其合理性。同时结合规范,研究各沉管断面在设防地震工况和罕遇地震工况水平横向地震作用下的层间位移角,经计算均满足要求,保证沉管隧道在地震作用下的安全性。

梳理形成有效的钢壳混凝土沉管隧道减振控制技术。计算表明,管节接头不必设置限制接头张开的减振措施;设置一定厚度的沥青垫层可有效减小水平剪力键的剪力值,达到减振控制效果。结合三维精细化模型计算结果,建议水平剪力键的沥青垫层厚度取 10mm。

第 9 章　总结与展望

本书依托深中通道沉管隧道工程,为解决超大跨、变截面、厚回淤、水下分合流匝道隧道设置等诸多问题,通过试验、数值模拟、理论分析等手段,研究了混凝土脱空、开孔、受力状态、规格尺寸等参数对连接件受力性能的影响,提出了考虑脱空、开孔、拉压状态等因素的抗剪连接件设计方法;提出了包括钢壳顶板和底板、纵隔板和横隔板、抗剪连接件在内的主体结构合理构造,并开展节点构造模型试验,提出节点设计原则;结合隔仓浇筑模型试验、足尺模型试验及管节浇筑成果,研究提出了流通孔、浇筑孔与排气孔合理布置方案;对不同形式的型钢连接件进行试验研究、数值模拟与理论分析,提出了钢-混凝土截面采用 T 型连接件的新型连接形式及其设计方法;对受压翼缘界面构造形式进行了对比分析,基于稳定性能给出了设计建议。提出了钢壳混凝土沉管隧道抗震性能评价方法及减振控制技术;完成了钢壳混凝土沉管隧道结构设计指南研究,为相关工程设计提供了参考。

通过本书相关研究内容和结论,以及对收集的资料、信息的研究,认识到沉管隧道未来技术的需求和发展方向是:

①未来,沉管隧道会面临更大水深、更长的长度、更复杂的建设条件。

②沉管结构的设计要求更加严格,沉管的结构形式更加多元化,不同构造形式沉管的结构力学分析、适应性研究需求更加突出。

③沉管技术会沿着更有利于风险控制、施工过程更快速、更易进行质量控制的方向发展,更加信息化、智能化。

参 考 文 献

[1] GURSOY A. Immersed steel tube tunnels:an American experience[J]. Tunnelling & Underground Space Technology, 1995, 10(4):439-453.

[2] BICKEL J O, KUESEL T R, KING E H. Tunnel engineering handbook[M]. New York:Van Nostrand Reinhold Co. ,1982.

[3] European Committee for Standardization. Design of concrete structures[S]. Brussels:European Committee for Standardization 1992.

[4] LIEW J Y R,WANG T Y,SOHEL K M A. Tensile capacity of short anchor bolts and welded sandwich composite structures:US Provisional Patent,2008,61/047,130[P]. 2008.

[5] LIEW J Y R, SOHEL K M A. Lightweight steel-concrete-steel sandwich system with J-hook connectors[J]. Engineering Structures,2009,31(5):1166-1178.

[6] LIEW J Y R,SOHEL K M A,KOH C G. Impact tests on steel-concrete-steel sandwich beams with lightweight concrete core[J]. Engineering Structures,2009,31(9):2045-2059.

[7] NARAYANAN R, ROBERTS T M, NAJI F J. Design guide for steel-concrete-steel sandwich construction,Volume 1:general principles and rules for basic elements[S]. Ascot,Berkshire, UK:The Steel Construction Institute,1994.

[8] BOWERMAN H G, GOUGH M S, KING C M. Bi-Steel design and construction guide[S]. Scunthorpe:British Steel Ltd. ,1999.

[9] 日本土木学会.鋼コンクリートサンドイッチ構造設計指針(案)[S].东京:日本土木学会,1992.

[10] YAN J B,LIEW J Y R,ZHANG M H,et al. Experimental and analytical study on ultimate strength behavior of steel-concrete-steel sandwich composite beam structures[J]. Materials and Structures,2015,48(5):1523-1544.

[11] YAN J B,LIEW J Y R,QIAN X D,et al. Ultimate strength behavior of curved steel-concrete-steel sandwich composite beams[J]. Journal of Constructional Steel Research,2015,115:316-328.

[12] YAN J B,QIAN X D,LIEW J Y R,et al. Damage plasticity based numerical analysis on steel-concrete-steel sandwich shells used in the Arctic offshore structure[J]. Engineering Structures,2016,117:542-559.

[13] LENG Y B,SONG X B,CHU M,et al. Experimental study and theoretical analysis of resist-

ance of steel-concrete-steel sandwich beams[J]. Journal of Structrual Engineering,2014,141(2):04014113.

[14] LENG Y B,SONG X B,WANG H L. Failure mechanism and shear strength of steel-concrete-steel sandwich deep beams[J]. Journal of Constructional Steel Research,2015,106:89-98.

[15] LENG Y B,SONG X B. Experimental study on shear performance of steel-concrete-steel sandwich beams[J]. Journal of Constructional Steel Research,2016,120:52-61.

[16] LEEKITWATTANA M,BOYD S W,SHENOI R A. Evaluation of the transverse shear stiffness of a steel bi-directional corrugated-strip-core sandwich beam[J]. Journal of Constructional Steel Research,2011,67(2):248-254.

[17] 刘进.核电工程钢板混凝土组合剪力墙面外弯剪性能研究[D].北京:北京工业大学,2016.

[18] YAN J B. Finite element analysis on steel-concrete-steel sandwich beams[J]. Materials and Structures,2015,48(6):1645-1667.

[19] XIE M,FOUNDOUKOS N,CHAPMAN J C. Static tests on steel-concrete-steel sandwich beams[J]. Journal of Constructional Steel Research,2007,63(6):735-750.

[20] WANG Y,LIEW J Y R,LEE S C. Ultimate strength of steel-concrete-steel sandwich panels under lateral pressure loading[J]. Engineering Structures,2016,115:96-106.

[21] YAN J B,LIEW J Y R. Design and behavior of steel-concrete-steel sandwich plates subject to concentrated loads[J]. Composite Structures,2016,150:139-152.

[22] YAN J B,WANG J Y,LIEW J Y R,et al. Punching shear behavior of steel-concrete-steel sandwich composite plate under patch loads[J]. Journal of Constructional Steel Research,2016,121:50-64.

[23] YAN J B,LIEW J Y R,ZHANG M H,et al. Punching shear resistance of steel-concrete-steel sandwich composite shell structure[J]. Engineering Structures,2016,117:470-485.

[24] YAN J B,WANG J Y,LIEW J Y R,et al. Ultimate strength behaviour of steel-concrete-steel sandwich plate under concentrated loads[J]. Ocean Engineering,2016,118:41-57.

[25] 杨悦.核工程双钢板-混凝土结构抗震性能研究[D].北京:清华大学,2015.

[26] 卢显滨.双钢板-混凝土组合梁拟静力试验研究[D].哈尔滨:哈尔滨工业大学,2015.

[27] WRIGHT H D,ODUYEMI T O S,EVANS H R. The experimental behaviour of double skin composite elements [J]. Journal of Constructional Steel Research,1991,19(2):97-110.

[28] WRIGHT H D,ODUYEMI T O S,EVANS H R. The design of double skin composite elements [J]. Journal of Constructional Steel Research,1991,19(2):111-132.

[29] WRIGHT H D,ODUYEMI T O S. Partial interaction analysis of double skin composite beams [J]. Journal of Constructional Steel Research,1991,19(4):253-283.

[30] 栖原寿郎,西牧興,松石正克,等.鋼板とコンクリートから構成されるサンドイッチ式

複合構造物の強度に関する研究(第 1 報)[J]. 日本造船学会論文集,1977,141:205-216.

[31] 栖原寿郎,西牧興,松石正克,等. 鋼板とコンクリートから構成されるサンドイッチ式複合構造物の強度に関する研究(第 2 報)[J]. 日本造船学会論文集,1977,142:312-322.

[32] 栖原寿郎,西牧興,松石正克,等. 鋼板とコンクリートから構成されれサンドイッチ式複合構造物の強度に関する研究(第 3 報)[J]. 日本造船学会論文集,1979,145:164-175.

[33] SOHEL K M A,LIEW J Y R,KOH C G. Numerical modelling of lightweight steel-concrete-steel sandwich composite beams subjected to impact[J]. Thin-Walled Structures,2015,94:135-146.

[34] HUANG Z,LIEW J Y R. Structural behaviour of steel-concrete-steel sandwich composite wall subjected to compression and end moment[J]. Thin-Walled Structures,2016,98:592-606.

[35] HALLQUIST J. LS-DYNA keyword user manual—nonlinear dynamic analysis of structures[Z]. Livermore,California:Livermore Software Technology Corporation,2006.

[36] Dassault Systèmes. Abaqus 6.11 online documentation:Abaqus analysis user's manual[Z]. Dassault Systèmes,2011.

[37] FOUNDOUKOS N,CHAPMAN J C. Finite element analysis of steel-concrete-steel sandwich beams[J]. Journal of Constructional Steel Research,2008,64:947-961.

[38] WANG Y,LIEW J Y R,LEE S C. Theoretical models for axially restrained steel-concrete-steel sandwich panels under blast loading[J]. International Journal of Impact Engineering,2015,76:221-231.

[39] LIEW J Y R,WANG T Y. Novel steel-concrete-steel sandwich composite plates subject to impact and blast load[J]. Advances in Structural Engineering,2011,14(4):673-687.

[40] HUANG Z Y,WANG J Y,LIEW J Y R,et al. Lightweight steel-concrete-steel sandwich composite shell subject to punching shear[J]. Ocean Engineering,2015,102:146-161.

[41] DAI X X,LIEW J Y R. Fatigue performance of lightweight steel-concrete-steel sandwich systems[J]. Journal of Constructional Steel Research,2010,66(2):256-276.

[42] BOWERMAN H,CHAPMAN J C. Bi-steel steel-concrete-steel sandwich construction[C]//Composite Construction in Steel and Concrete Ⅳ Conference. ASCE. 2002.

[43] 清宮理,木村秀雄. 形鋼によるずれ止めの力学特性[C]//コンクリート工学年次論文報告集,1996,18:1385-1390.

[44] 清宮理. 未充填部を有するサンドイッチ部材の曲げおよびせん断特性[R]. 横須賀:運輸省港湾技術研究所,1996.

[45] British Standards Institution. Code of practice for the procedural control of temporary works and the permissible stress design of falsework: BS 5975[S].[S.l.:s.n.],2019.

[46] YAMADA M, KIYOMIYA O. Experimental study on the loading capacity of L-shape and headed stud shear connectors for composite structures[R]. Yoko suka: Port and Harbour Research Institute, Ministry of Transport, 1986.

[47] 周景星. 基础工程[M]. 北京:清华大学出版社,1996.

[48] MAEKAWA K, QURESHI J. Computational model for reinforcing bar embedded in concrete under combined axial pullout and transverse displacement[J]. Doboku Gakkai Ronbunshu, 1996,538:227-239.

[49] GELFI P, GIURIANI E, MARINI A. Stud shear connection design for composite concrete slab and wood beams[J]. Journal of Structural Engineering, 2002,128(12):1544-1550.

[50] VIEST I M. Full-scale tests of channel shear connectors and composite t-beams[R]. Urbana Champaign, Illinois: College of Engineering, University of Illinois at Urbana Champaign, 1951.

[51] HIROSHI Y, KIYOMIYA O. Load carrying capacity of shear connectors made of shape steel in steel-concrete composite members[R].[S.l.:s.n.],1987.

[52] American Concrete Institute. Building code requirements for structural concrete: ACI 318-14 [S]. Farmington Hills, Michigan: American Concrete Institute, 2014.

[53] 刘玉擎,武建敏,蒋劲松. 使用状态对焊钉连接件抗剪性能影响的试验研究[J]. 桥梁建设,2007(6):23-25,64.

[54] 刘玉擎,周伟翔,蒋劲松. 开孔板连接件抗剪性能试验研究[J]. 桥梁建设,2006(6):1-4,43.

[55] GAZETAS G, DOBRY R, TASSOULAS J L. Vertical response of arbitrarily shaped embedded foundations[J]. Journal of Geotechnical Engineering, 1985,111(6):750-771.

[56] DOBRY R, GAZETAS G. Dynamic response of arbitrarily shaped foundations[J]. Journal of Geotechnical Engineering, 1986,112(2):109-135.

[57] GEROLYMOS N, GAZETAS G. Winkler model for lateral response of rigid caisson foundations in linear soil[J]. Soil Dynamics and Earthquake Engineering, 2006,26(5):347-361.